KNAUR

HASAN MERALI

# Spielend leicht zum Erfolg

## Alles erreichen mit den zehn Regeln der kindlichen Intuition

*Aus dem amerikanischen Englisch
von Ulrike Strerath-Bolz*

Die amerikanische Originalausgabe erschien 2024 unter dem Titel
»Sleep Well, Take Risks, Squish the Peas«
bei Health Communications, Inc. c/o Simon & Schuster, LLC.

**Besuchen Sie uns im Internet:**
**www.droemer-knaur.de**

Deutsche Erstausgabe Mai 2025
Copyright © 2024 Merali Innovations Inc.
All Rights Reserved.
Published by arrangement with the original publisher,
Health Communications, Inc. c/o Simon & Schuster, LLC
© 2025 der deutschsprachigen Ausgabe Knaur Verlag
Ein Imprint der Verlagsgruppe Droemer Knaur GmbH & Co. KG
Maria-Luiko-Straße 54, 80636 München
Alle Rechte vorbehalten. Das Werk darf – auch teilweise – nur mit
Genehmigung des Verlags wiedergegeben werden.
Die Nutzung unserer Werke für Text- und Data-Mining
im Sinne von § 44b UrhG behalten wir uns explizit vor.
Redaktion: Lisa Harder
Covergestaltung: Kristin Pang
Coverabbildung: Yavdat / Shutterstock.com
Satz und Layout: Adobe InDesign im Verlag
Druck und Bindung: CPI books GmbH, Leck
ISBN 978-3-426-29384-3

Kontaktadresse nach EU-Produktsicherheitsverordnung:
produktsicherheit@droemer-knaur.de

2   4   5   3   1

*Für Arya,*
*die mich täglich inspiriert*

# Inhalt

# Wie sie es machen

*Wer ist diese kleine Person,
und warum hat sie sich eine Perle
in die Nase gesteckt?*

S tellen Sie sich bitte mal eine ganz andere Welt vor. Sie kommen mit Ihrem leuchtend roten Dreirad eines Morgens zur Arbeit, und gerade in dem Moment, in dem Sie in eine Parklücke fahren wollen, schneidet Sie jemand mit einem SUV von Power Wheels und nimmt Ihnen den Parkplatz weg. Es stellt sich heraus, dass der mit dem SUV Frankie ist. Er ist neu in der Firma, Sie kennen ihn noch nicht gut. Ohne eine Spur von Frust winken Sie ihm fröhlich zu, rufen »Guten Morgen!« und suchen sich einen anderen Parkplatz, der ein ganzes Stück vom Bürogebäude entfernt liegt. Aber so kommen Sie gleich zu einer kleinen Sporteinheit. Kaum dass Sie von Ihrem Dreirad abgestiegen sind, werden Sie von Lucy entdeckt, die Sie vor einer Woche kennengelernt haben. Sie rennt so schnell sie kann auf Sie zu, um Sie mit einer dicken Umarmung zu begrüßen. Aus irgendeinem Grund haben Sie das Hemd falsch herum an, Ihr Haar ist total zerzaust, und auf Ihrer Wange prangt eine Schokoladenspur von den Pfannkuchen mit Schokotropfen, die Sie zum Frühstück gegessen haben. Aber Lucy ist das egal. Tatsächlich merkt sie gar nichts davon, genauso wenig wie Sie. Sie sieht nur eine Person mit einem guten Herzen. Händchenhaltend spazieren Sie zusammen zur Arbeit.

Später an diesem Vormittag sitzen Sie in der Finanzbesprechung, die jedes Quartal stattfindet, sind begeistert und haben ein breites Lächeln im Gesicht, das die ganze Zeit nicht nachlässt. Wann immer möglich, versuchen Sie einen Scherz anzubringen, und Ihre Kollegen machen noch mehr Scherze, weil sie wissen, dass sie Sie damit zum Lachen bringen. *Diese Besprechung macht wirklich Spaß*, denken Sie sich.

In Ihrem Kopf tauchen viele Fragen auf, die Sie hemmungslos stellen, ohne sich Sorgen zu machen, man könnte Sie für dumm halten. Ihr Ziel besteht einzig und allein darin, die Dinge besser zu verstehen, was am Ende der Besprechung auch der Fall ist. Sie haben absolut keine Angst, Ihre Meinung zu sagen, und tatsächlich wird jede Ihrer Ideen von Ihren Kolleginnen und Kollegen anerkannt.

Im letzten Jahr haben ein paar Ihrer Ideen die Firma mächtig vorangebracht, aber Sie finden, dass Sie dafür noch keine angemessene Gehaltserhöhung bekommen haben. Deshalb machen Sie ohne zu zögern einen Termin mit Ihrer Chefin aus, um die Sache zu diskutieren. Ihre vielen ehrlichen Fragen und Ihr bemerkenswertes Selbstvertrauen sorgen dafür, dass sie Ihren Beitrag besser versteht. Mit der Folge, dass sie Ihnen sogar eine höhere Gehaltserhöhung vorschlägt, als Sie ursprünglich im Sinn hatten. Super, dann können Sie demnächst ein paar Spielsachen für Ihre Geschwister kaufen! Sie stellt während der Besprechung auch fest, dass Sie von allen in der Firma, die Sie kennen, als die großzügigste und mitfühlendste Person angesehen werden.

Als Sie nach der Besprechung an Ihrem Schreibtisch sitzen, arbeiten Sie an einer wichtigen Vorlage, deren Deadline nächste Woche ist. Ein Abschnitt beschäftigt sich mit einem besonders kniffligen Problem, bei dem Sie nicht ganz sicher sind, wie es zu lösen wäre. Das ist ein bisschen frustrierend. Doch Sie fangen sofort an, in der dritten Person mit sich selbst zu sprechen, um die Sache zu durchdenken. Und das funktioniert. Sie können den Abschnitt erfolgreich fertigstellen, und mit derselben Technik kriegen Sie auch Ihre Frustration in den Griff.

Da Sie so gerne Sport treiben, fällt es Ihnen schwer, lange am Schreibtisch zu sitzen. Deshalb findet die Besprechung am Ende des Vormittags während eines Spaziergangs statt. Ihre Mittagspause nehmen Sie heute später als die meisten anderen – nicht, weil Sie zu viel zu tun haben, sondern weil Sie einfach noch nicht hungrig sind. Sie essen nämlich nur, wenn Sie hungrig sind, und hören auf, wenn Sie satt sind. Ohne unnötige Snacks zwischendurch. Am Nachmittag sind Sie auch nicht müde, weil Sie sich nicht vollgestopft haben und weil Sie gut ausgeruht sind. Letzte Nacht haben Sie elf Stunden geschlafen, und am Spätnachmittag machen Sie regelmäßig ein Nickerchen. Als Sie später im Laufe Ihres Arbeitstages am Druckerraum vorbeikommen, bemerken Sie, dass Frankie mit dem IT-Support telefoniert, weil er irgendein Dokument nicht vom gemeinsamen Laufwerk laden kann. Sie hören, wie er offensichtlich frustriert sagt: »Das habe ich schon probiert.« Also denken Sie, hilfsbereit wie Sie sind, nicht daran, dass er Ihnen am Morgen den Parkplatz weggenommen hat, sondern Sie bitten ihn höflich, das Telefongespräch zu beenden, und verbringen die nächste Viertelstunde damit, zusammen mit ihm das Problem mit dem Laufwerk zu lösen. Wenn jemand Ihre Hilfe braucht, helfen Sie, das steht außer Frage.

Dies, meine Freundinnen und Freunde, war ein Blick in die schöne Welt der Kleinkinder. Eine Welt voller Staunen, Begeisterung und echtem Glück. Ein Ort, an dem vollkommene Ehrlichkeit herrscht, unerschütterliches Mitgefühl, kaum eine Beurteilung aufgrund der äußeren Erscheinung, dazu der Antrieb, aktiv zu sein und sich angemessen zu ernähren. Ein Ort der endlosen Ideen und der Lust am Ausprobieren. Natürlich gibt es Dinge, die ich weggelassen habe, zum Beispiel die fünf Minuten, in denen Sie geweint und gebrüllt haben, weil Sie Ihren Kugelschreiber verlegt hatten, oder die zahlreichen blauen Flecken, die Ihre Kolleginnen und Kollegen sich an Couchtischen und anderen Möbeln zugezogen haben, weil sie herumrannten und glaubten, sie könnten fliegen. Und die vollgekackten Windeln bei der morgendlichen Besprechung. Doch in diesem Buch geht es nun einmal um die positiven Seiten: Es geht darum, zu betonen, wie wir von diesen kleinen, schlauen Rackern lernen können, unser Arbeits- und Privatleben zu verbessern, und wie wir mit ihrer Hilfe ganz allgemein bessere Menschen werden können.

Würde es Ihnen gefallen, zu allen Menschen großzügig und freundlich zu sein, auch zu denen, die sich in der Vergangenheit egoistisch verhalten haben? Würde es Ihnen Freude bereiten, sich besser zu ernähren und Ihr Gewicht unter Kontrolle zu bekommen? Und würde es Ihnen guttun, bei der Arbeit so angstfrei zu sein, dass Sie alle erdenklichen Fragen stellen und sich dabei wohlfühlen könnten? Wie wäre das, wenn Sie die Fähigkeit und das Selbstvertrauen besäßen, im Privat- und Berufsleben mehr Risiken einzugehen? Ich bin sicher, das würden wir uns alle wünschen, doch in den Jahrzehnten, die seit unserer eigenen Kleinkinderzeit vergangen sind, hat das Leben die meisten von uns in eine andere Richtung geführt. Höchste Zeit also, dass wir wenigstens teilweise an diesen wunderbaren Ort zurückkehren. Verstehen Sie dieses Buch gern als Erinnerung an eine Lebensphase, die Sie wahrscheinlich gar nicht mehr so gut in Erinnerung haben. Eine Phase, in der Sie all das, was ich Ihnen als Wunschbild vor Augen geführt habe, konnten und wussten. In diesem Buch möchte ich Ihnen zeigen, warum es wichtig ist, wie ein Kleinkind zu handeln.

Treten wir für einen Moment einen Schritt zurück und betrachten die magische Kleinkindzeit etwas genauer. Jene Zeit, in der Kinder ihre ersten Schritte machen, in der sie lernen, zu sprechen und zu singen, in der sie ihre eigenen, einzigartigen Tanzbewegungen erfinden. Diese Lebensphase beginnt mit einem Jahr und erstreckt sich etwa bis zu einem Alter von drei Jahren – hier gibt es unterschiedliche Definitionen. Es ist eine Zeit der Entdeckungen und des Lernens neuer Fähigkeiten, die nahtlos in die nächste Phase übergeht: die Vorschulzeit. Vorschulkinder sind drei bis fünf Jahre alt. Sie stellen jede Menge Fragen, malen wunderbare Bilder (zumindest in den Augen ihrer Eltern) und lernen, die Toilette zu benutzen. In diesen zwei Lebensphasen, wenn die Kinder ständig mit neuen Aufgaben konfrontiert sind und die Welt kennenlernen, zeigen sie einige der besten Eigenschaften, die wir als Menschen haben können. Dieses Buch konzentriert sich auf genau diese beiden Lebensphasen und zieht dafür hauptsächlich Forschungsergebnisse heran, die sich mit Kindern zwischen einem und fünf Jahren beschäftigen. Ich erwähne das, weil ich den Begriff »Kleinkind« im Folgenden ganz allgemein für diese beiden Phasen verwende, die auf die Säuglingszeit (bis zu einem Jahr) folgt und der mittleren Kindheit (ab fünf Jahren) vorausgeht.

Wie kommt es nun, dass Kleinkinder eine so bemerkenswerte Offenheit, Hingabe an ihr Tun und unvergleichliche Neugier zeigen? Die Antwort ist einfach: Ihre Gehirne unterscheiden sich von denen Erwachsener. In der frühen Kindheit vollzieht sich ein schnelles Wachstum und eine starke Entwicklung des Gehirns, und dieses Gehirn ist von der Evolution auf Lernen ausgerichtet worden, oft mehr als das von Erwachsenen. Neuronen (also Gehirnzellen) haben Synapsen, die für die Kommunikation mit anderen Neuronen sorgen. Bei der Geburt hat jede Gehirnzelle etwa 2500 Synapsen, im Alter von zwei Jahren sind es 15 000. Die Fähigkeit des Gehirns, solche Kommunikationswege zu schaffen und zu reorganisieren, nennt man Neuroplastizität. Und genau diese Flexibilität erlaubt es Kleinkindern, anders zu denken und erstaunlich schnell zu lernen. Mit der Zeit durchläuft das Gehirn aber natürlicherweise einen Prozess, bei dem Synapsen wieder abgebaut werden, sodass bei Erwachsenen nur noch halb so viele Synapsen vorhanden sind.[1, 2] Sie können also aufgrund Ihrer Erfahrung möglicherweise Muster erkennen und damit viel schneller als ein Kleinkind zu Schlussfolgerungen kommen, doch Kleinkinder sind für alle Möglichkeiten offen und lernen, was auch immer es in jeder beliebigen Situation zu lernen gibt.

Ein zweiter Grund, warum das Gehirn eines Kleinkinds sich von dem eines Erwachsenen unterscheidet und warum sie sich so anders verhalten, liegt in der noch nicht vollendeten Entwicklung des präfrontalen Kortex. Dieser Bereich des Gehirns ist verantwortlich für unsere Handlungskontrolle und insofern auch zuständig für zielgerichtetes Verhalten. Wichtige Funktionen wie Planung und die Nutzung des Kurzzeitgedächtnisses, um Informationen greifbar zu halten, solange wir sie akut brauchen, sind Beispiele für die Arbeit des präfrontalen Kortex.[3] In diesem Bereich verfügen Kleinkinder ganz klar über weniger Fähigkeiten als ältere Kinder und Erwachsene. Andererseits hat ein unterentwickelter präfrontaler Kortex verschiedene Vorteile. So zeigen Erwachsene wesentlich mehr selektive Aufmerksamkeit, weil sie sich nur auf die relevantesten Informationen konzentrieren. Ihr präfrontaler Kortex filtert all das heraus, was das Gehirn für irrelevant hält. Kleinkinder verteilen ihre Aufmerksamkeit viel breiter, sodass ihnen mehr Details auffallen.

Ich sehe das am besten, wenn ich mit meiner Tochter Arya spazieren gehe. Wenn ich allein unterwegs wäre, würde ich den Weg zur Kita in fünf Minuten schaffen. Mit ihr zusammen brauche ich eher fünfzehn Minuten. Das liegt nicht nur an ihren kurzen Beinen, sondern daran, dass sie Dinge bemerkt, die mir gar nicht auffallen, und stehen bleiben muss, um sie genau zu betrachten. Obwohl sie diesen Weg nun schon Hunderte Male gegangen ist, findet sie immer wieder etwas Neues, wozu sie mir eine Frage stellen muss. Da ist ein Vogel, den sie noch nie gehört hat, der Duft von nassem Gras nach dem Regen, eine Wolke, die vielleicht aussieht wie ein Hase. Diese Aufmerksamkeit des Kleinkinds auf viele Details sorgt dafür, dass sie Informationen besser sammeln als Erwachsene. Und das wiederum führt zu einer besseren Anpassungsfähigkeit an verschiedene Situationen.[4]

Eine weitere Folge des noch nicht ausgereiften präfrontalen Kortex ist Kreativität. Kinder denken viel flexibler als Erwachsene. Sie können zum Beispiel einem einzigen Gegenstand verschiedene Nutzungsmöglichkeiten zuordnen. Wenn Erwachsene ein Objekt sehen, verbinden sie es automatisch mit bestimmten Funktionen, und zwar aufgrund früherer Erfahrungen und mithilfe ihres ausgereiften präfrontalen Kortex.[5] Kleine Kinder haben diese Angewohnheit nicht, was eine Erklärung dafür liefert, warum Kindergartenkinder bei der Marshmallow-Challenge so gut abschneiden. Dabei geht es darum, aus zwanzig Spaghetti, einem Meter Klebeband, einem Meter Schnur und einem Marshmallow möglichst schnell eine freistehende Struktur zu bauen.

Kindergartenkinder schlagen bei dieser Aufgabe Studierende an der Business School, Anwälte und die meisten anderen Erwachsenen. Bei Testreihen mit verschiedenen Gruppen gab es nur zwei, die den Kindergartenkindern überlegen waren: Architektinnen und Ingenieure bilden die eine, CEOs die zweite Gruppe, aber nur, wenn sie von einer ausführenden Kraft unterstützt wurden. CEOs allein konnten die Kindergartenkinder nicht schlagen. Einer der größten Unterschiede bei der Herangehensweise an die Aufgabe liegt darin, dass Erwachsene ihr Handeln planen, während Kinder immer wieder verschiedene Prototypen bauen und ihr Design dabei verbessern.[6] Der unausgereifte präfrontale Kortex kann also in neuartigen Situationen ein Vorteil sein. Wenn wir älter werden und unser präfrontaler Kortex ausreift, gewinnen wir zwar Handlungsfunktionen, verlieren aber gleichzeitig einige der natürlichen Fähigkeiten, die wir hatten, um zu forschen, zu lernen und kreativ zu sein.[7]

Und zu guter Letzt besitzen kleine Kinder eine dominierende rechte Gehirnhälfte. Diese rechte Gehirnhälfte fokussiert sich nicht auf Logik, wie es die linke Gehirnhälfte tut, sondern ist eher emotional, nonverbal und experimentell ausgelegt.[8] Das zeigt sich bei Kleinkindern auf verschiedene Weise: Sie leben im Augenblick und gehen Risiken ein. Sie wagen Sprünge aus großer Höhe, jagen Tiere und lassen alles stehen und liegen, um einem fremden Menschen zu helfen. Sie sind impulsiv, oft auf eine Weise, die wir nur bewundern können. Sie müssen nicht einen ganzen Tag lang nachdenken, mit Kolleginnen diskutieren und allerlei Pro und Kontra abwägen. Sie treffen schnelle Entscheidungen, und da sie über ein hohes Maß an Empathie verfügen, sind es oft gute Entscheidungen. Manchmal verletzen sie sich, doch ihre Fähigkeit, ständig ihre physischen und kognitiven Grenzen zu überschreiten, erweitert ihr Selbstvertrauen beim Umgang mit neuen Aufgaben.

Wenn Kleinkinder älter werden und ihr Gehirn ausreift, übernimmt die linke Gehirnhälfte mehr Aufgaben. Dann erwacht der Drang, die Welt besser zu verstehen, und die ständigen »Warum?«-Fragen setzen ein. Da die linke Gehirnhälfte zu diesem Zeitpunkt noch nicht so stark ist wie die rechte, haben Kinder keine Angst, jede nur mögliche Frage zu stellen, die ihnen in den Sinn kommt. Hierin unterscheiden sie sich von Erwachsenen, die vielleicht das Gefühl haben, eine Frage sei peinlich oder unangemessen. Kleinkinder sind auf ihre Ziele konzentriert: Lernen, Verstehen und ein möglichst intensiver Umgang mit den Menschen und ihrer ganzen Umgebung.

Das erwachsene Gehirn mit seinen verengten synaptischen Kommunikationswegen, einem ausgereiften präfrontalen Kortex und einem ausgeglichenen Verhältnis zwischen den Gehirnhälften hat viele Vorteile. Erwachsene können komplexe Aufgaben in die Zukunft hinein planen, können ihre Fähigkeit zum Nachdenken nutzen und Entscheidungen treffen, die einem logischen Muster folgen. Doch dieser Reifungsprozess geht auch mit Verlusten einher. Wir verlieren Kreativität, Spontaneität, Neugier, Furchtlosigkeit und den intensiven Drang, zu lernen und neue Hypothesen auszuprobieren.[9] Unser Glück, dass die Neuroplastizität auch im gesamten Erwachsenenalter erhalten bleibt. Wir können unser Gehirn jederzeit neu formen, uns verbessern und von anderen lernen.[10] In diesem Buch werden wir vielerlei Wege erkunden, auf denen Kleinkinder die besten Lehrer für unsere Selbstverbesserung sind.

Schon lange wollte ich dieses Buch schreiben. Als Forscher und Kinderarzt, der sich auf Notfallmedizin bei Kindern spezialisiert hat, habe ich das große Privileg, ständig mit Kindern umzugehen. Ich erlebe sie bei voller Gesundheit, mit überbesorgten jungen Eltern, die ihr Baby zu mir bringen, weil es Nahrung erbricht. Und ich erlebe sie, wenn ihr Leben am seidenen Faden hängt, wie bei dem Sechsjährigen, der beim Radeln von einem Auto angefahren wurde. Außerdem bin ich stolzer Vater eines Kleinkinds. Einige von Ihnen haben vielleicht auch das Glück, mit Kindern zu arbeiten oder eigene Kinder bzw. Enkelkinder zu haben. Doch selbst wenn Sie nicht regelmäßig mit Kindern zu tun haben oder sie nicht einmal mögen – wir können viel von ihnen lernen. Glauben Sie den Bildern aus dem Fernsehen oder der Popkultur nicht, die Ihnen weismachen wollen, Kleinkinder würden einen Wutanfall nach dem anderen bekommen und Essen durch die Gegend werfen. Eher informelle Definitionen des Begriffs »Kleinkind«, zum Beispiel als »eine Kreuzung aus Soziopath, tollwütigem Tier, Cockerspaniel, Dämon und Engel«[11] taugen auch nicht viel. Es gibt viele Missverständnisse über Kleinkinder – wer mit ihnen arbeitet oder welche großgezogen hat, weiß es besser. Allen Behauptungen zum Trotz gibt es so etwas wie die »Trotzphase« nicht, jedenfalls nicht, wenn man dieses Alter aus einem Blickwinkel betrachtet, der die Entwicklung angemessen berücksichtigt. Ebenso wenig wie den »Zuckerrausch« oder die mäkeligen Esser. Tatsächlich sind Kleinkinder unglaublich sanfte, liebevolle Seelen und in vielen Bereichen wesentlich weiter fortgeschritten in ihrem Denken und Handeln als Erwachsene.

Es gibt viele ausgezeichnete Bücher darüber, wie man sein Kind zu einem glücklichen, gesunden Menschen erzieht. Dieses Buch ist anders. Es bringt auch keine lustigen Zitate aus Kindermund (obwohl ich die liebe!). In diesem Buch sind die Rollen umgekehrt. Ich möchte Ihnen viele verschiedene Wege aufzeigen, wie diese intelligenten, neugierigen kleinen Menschen Sie lehren können, Ihr Arbeits- und Privatleben besser zu gestalten. Ich werde dabei auf eine Vielzahl interessanter Studien eingehen, die uns helfen zu verstehen, warum Kleinkinder in bestimmten Situationen auf eine bestimmte Weise reagieren. Es geht mir darum, Ihnen zu zeigen, wie viel besser unser Erwachsenenleben sein könnte, wenn wir einige oder alle Wesenszüge von Kleinkindern übernehmen würden.

An dieser Stelle gilt mein Dank all den Forscherinnen und Forschern, deren Studien ich für dieses Buch heranziehe. Alles an diesen Studien war großartig, vom Aufbau bis zu den objektiven Analysen, und es war mir eine Freude, die wichtigsten auszuwählen. Ich möchte auch betonen, dass die Forschenden im Umgang mit Kleinkindern ganz eigenen Herausforderungen begegnen mussten. In der Forschung werden bestimmte Personen – oder Subjekte, wie sie in diesem Zusammenhang genannt werden – ausgeschlossen, weil sie einige Kriterien für die jeweilige Studie nicht erfüllen. Es kann zum Beispiel sein, dass sie zu jung oder zu alt für ein bestimmtes Medikament oder einen Impfstoff sind. Ich fand es interessant, von den Gründen zu lesen, warum bestimmte Kleinkinder von Studien ausgeschlossen wurden: mangelnde Impulskontrolle, fehlende Kooperation, sinnlose Bemerkungen oder die Tatsache, dass sie versuchten, die Studienleiterinnen auszutricksen.[12, 13] Wie auch immer: Dieses Buch soll keinen umfassenden Überblick über die gesamte Forschungsliteratur zum Thema Psychologie und Entwicklung von Kindern liefern. Es handelt sich vielmehr um eine Darstellung der wichtigsten und interessantesten Studien im Hinblick auf die Frage, was wir von unseren Lehrerinnen und Lehrern im Kleinkindalter lernen können. Ich werde technische Details und Analysen dabei vernachlässigen und stattdessen versuchen, die Fakten so zu präsentieren, wie sie in der Studie stehen, hier und da mit meinen eigenen Interpretationen. Einige Themen sind vielleicht etwas kontrovers – auch das habe ich entsprechend vermerkt.

Lassen Sie uns also loslegen und die wunderbare Welt entdecken, in der diese kleinen Menschen denken und funktionieren. In den zehn folgenden Kapiteln werden wir ein breites Themenspektrum betrachten: Schlaf, Teamwork, Umgang mit Risiken und vieles mehr. Am Ende jedes Kapitels finden Sie ein paar entscheidende »Lerninhalte« – handhabbare Themen, die Sie in Ihrem eigenen Privat- und Berufsleben umsetzen können. Um das gesamte Buch zusammenzufassen, habe ich am Ende einen Kleinkind-Tagesplan eingefügt, den Sie für Ihr tägliches Leben nutzen können.

Der einzige Rat, den ich Ihnen darüber hinaus gebe, ist der folgende: Beobachten Sie Kleinkinder, pflegen Sie Umgang mit ihnen. Sie werden viele der Themen, die in diesem Buch aufgezeigt werden, wiedererkennen. Und Sie werden wahrscheinlich noch mehr Möglichkeiten entdecken, wie Ihnen das Denken und Handeln nach Art von Kleinkindern in Ihrem Leben helfen kann. Denken Sie daran: Irgendwann in Ihrem Leben waren Sie schon einmal so. Sie müssen nur ein paar Schritte zurückgehen, um Ihr glücklicheres, gesünderes Selbst wiederzufinden.

Erster Teil

# Ein goldenes Sternchen
# in Sachen Leben

# 1
# Die Basics

*Iss, was du willst, mach ein Nickerchen*
*und lauf herum*

Guter Nachtschlaf, gesunde Essgewohnheiten und Bewegung – all diese Faktoren wirken sich außerordentlich günstig auf unseren Körper und unseren Geist aus. Bessere Stimmung, ein geringeres Risiko für verschiedene Krankheiten, ein gesundes Gewicht und ein verbessertes Gedächtnis sind nur einige dieser Vorteile. Wenn Sie dafür sorgen, dass die Basics stimmen, hilft Ihnen das vermutlich, sich besser zu konzentrieren und effektiver zu arbeiten. Für die meisten von uns ist in mindestens einem dieser Bereiche noch Luft nach oben. Ohne Berücksichtigung dieser drei Elemente dürfte es schwerfallen, die Ideen umzusetzen, um die es später in diesem Buch gehen wird. Möglicherweise fehlt Ihnen sogar von vornherein die nötige Konzentration, um dieses Buch zu lesen. Deshalb steht dieses Kapitel ganz vorn. Nehmen wir uns also die Zeit und sehen uns genauer an, auf welch bemerkenswerte Weise Kleinkinder dafür sorgen, dass die Basics stimmen.

## Noch ein Löffelchen

Jack Danger liebt rohes Gemüse. In einer Reihe von Videos, die gepostet wurden, als er vier Jahre alt war, sieht man Jack, wie er zu Hause in Alaska durch seinen Garten spaziert, Gemüse pflückt und darauf herumkaut. In einer Szene zieht er eine Rübe aus dem Beet, bemerkt aber nach dem ersten Bissen, dass etwas damit nicht stimmt. »Da ist ... Dreck drauf.« Doch kein Problem, er schüttelt die Erde ab, mampft weiter und geht dann rüber zu dem Beet mit dem Grünkohl. Als seine Mom ihn fragt, wofür der Grünkohl gut ist, antwortet Jack zwischen zwei Bissen: »Das ist eine Pflanze mit Fasern. Die kann mir helfen, Kacka zu machen.«[1,2] Jack ist sicher ein Muster an gesunder Ernährung, wie es nicht für alle Kleinkinder zutrifft, doch die meisten Kleinkinder haben bessere Essgewohnheiten als die meisten Erwachsenen. Wir können einige wertvolle Lektionen von ihnen lernen.

Im Gegensatz zu Jack essen viele von uns nicht genug komplette Lebensmittel. Wenn wir in einem Land leben, wo es jederzeit genug zu essen gibt, ist ein erheblicher Teil der Lebensmittel hoch verarbeitet und besitzt eine hohe Kaloriendichte. Dies und die Tatsache, dass viele von uns einfach zu viel essen, zeigt sich an unserer Taille. Drei von zehn Kanadiern und vier von zehn US-Amerikanern sind fettleibig, Tendenz steigend. In den Vereinigten Staaten rechnet man damit, dass 2030 fast die Hälfte aller Erwachsenen fettleibig sein wird.[3]

Der Schlüsselfaktor für einen Gewichtsverlust ist nicht Bewegung, sondern eine geringere Kalorienaufnahme.[4] Bewegung ist unglaublich wichtig, aber eher dafür, die Kilos nicht wieder zuzulegen.[5] Wenn wir unsere Kalorienzufuhr begrenzen würden, könnten wir Übergewicht und Fettleibigkeit vermeiden. Das wussten Sie wahrscheinlich schon; trotzdem achten nur wenige von uns auf die Kalorienmengen, die wir verzehren. Und noch weniger von uns zeichnen diese Mengen auf. Wenn Sie das tun, umso besser – doch die meisten von uns tun es nicht.

Zum Glück gibt es eine viel einfachere Möglichkeit, unsere Kalorienzufuhr zu begrenzen. Erinnern Sie sich an Ihre Kindheit, an eine Zeit, als Sie mühelos dazu in der Lage waren, mit Essen aufzuhören, sobald Sie satt waren. Wenn Ihnen dann jemand mehr aufdrängen wollte, haben Sie sich gewehrt und vielleicht sogar mit dem Essen um sich geworfen! Diese kleinen Leute sind schlau und viel mehr mit ihrem Körper verbunden als wir Erwachsenen. Als Kinderarzt kann ich Ihnen gar nicht sagen, wie viele Kinder man zu mir bringt (sogar in die Notaufnahme), weil sie »nicht essen«. Und dies, obwohl das Kind eine vollkommen normale Gewichtszunahme zeigt. Isst dieses Kind wirklich zu wenig? Oder sind es vielleicht die Eltern, die mit zu großen Portionen rechnen? Kleinkinder wissen einfach besser, wie es sich anfühlt, wenn man satt ist und was der nächste Schritt sein sollte: nämlich aufzuhören.

Im Gegensatz zu Erwachsenen, die sich durch verschiedene Emotionen wie Langeweile zum Essen verleiten lassen oder essen, weil alle anderen rundherum es auch tun, besitzen Kleinkinder die erstaunliche Fähigkeit, nur dann zu essen, wenn sie Hunger haben. Und natürlich, um ein bisschen herumzuspielen. Unnormale Ernährungsmuster entwickeln sich im Leben von Kindern dann, wenn die Bezugsperson versucht, sie zum Essen zu bewegen, obwohl sie nicht hungrig sind.[6] Selbst wenn man ihnen zuckerreiche Speisen vorsetzt, können Kinder sich selbst regulieren und darauf verzichten. In einem Experiment beobachteten Forschende der Pennsylvania State University 31 (ursprünglich 32, aber ein Kind »verweigerte die Teilnahme«) drei- bis fünfjährige Kinder in einer Kindertagesstätte. Drei Monate lang bot man den Kindern zum Nachmittagssnack Weizencracker und süße Kekse an. Zu Beginn des Zeitraums hatten die Kinder drei Wochen lang Zugang zu beiden Möglichkeiten und konnten so viel davon essen, wie sie wollten. Dann folgte eine fünfwöchige Phase mit Einschränkungen. Während dieser Phase bekam jedes Kind eine große Portion Cracker, die Kekse jedoch standen in einem durchsichtigen Behälter auf dem Tisch. Die Kinder konnten die Kekse also sehen, durften sie aber nicht essen. Nach zehn Minuten mit den Crackern, während sie die Kekse anschauten, folgten zwei Minuten, in denen Kekse gegessen werden durften. Dann wurde der Behälter wieder verschlossen. Nach diesen fünf Wochen folgten wieder drei Wochen, in denen die Kinder Zugang sowohl zu Crackern als auch zu Keksen hatten, so wie in der Anfangsphase.

Erstaunlicherweise ergab die Analyse der Daten, dass es vor und nach der Einschränkungsphase keinen Unterschied in den Mengen von Crackern und Keksen gab, die die Kinder verzehrten. Während der Einschränkungsphase jedoch entschieden sich die Kinder häufiger für die Kekse, fragten häufiger danach und versuchten häufiger, an sie heranzukommen.[7] Der Effekt, dass Kleinkinder sich immer für süße Kekse entscheiden (ein Bild, das die meisten von uns haben), beruht also einfach darauf, dass man die Kekse als besondere Leckerei bezeichnet und sie ihnen vorenthält. Im Normalfall würden Kleinkinder sich nicht für Völlerei entscheiden.

Das kann man von Erwachsenen nicht so erwarten, doch wir können andere Strategien nutzen. Am einfachsten wäre es, Junkfood gar nicht im Haus zu haben. Wenn Sie Lust auf einen Snack haben und nur gesunde Sachen im Haus sind, greifen Sie eher danach, einfach weil Ihnen nichts anderes zur Verfügung steht. Und wenn Sie sich doch dazu entscheiden, ein paar Ihrer liebsten kalorienreichen Snacks vorrätig zu haben, sollten sie außer Sicht und nicht so leicht zugänglich sein. Daten von Erwachsenen zeigen, dass fettleibige Individuen eher dazu neigen, an verschiedenen Stellen im Haus Lebensmittel sichtbar vorrätig zu halten, als nicht fettleibige Personen.[8]

Kleinkinder sind aber nicht nur in der Lage, kalorienreiche Lebensmittel zu meiden und eher zu essen, um ihren Hunger zu stillen, als zum bloßen Vergnügen. Sie besitzen auch die bemerkenswerte Fähigkeit, die Portionsgröße und die Zahl ihrer Mahlzeiten pro Tag an den Kalorienbedarf anzupassen. In einer landesweiten Studie beobachtete ein Forschungsteam von Mathematica Policy Research eine zufällig zusammengestellte Gruppe von mehr als 3000 amerikanischen Säuglingen und Kleinkindern auf ihre Portionsgrößen und die Zahl der Mahlzeiten hin. Aufgrund von 24-Stunden-Protokollen, die die Eltern ausfüllten, stellten die Forschenden fest, dass Kleinkinder (Ein- und Zwei-jährige) kleinere Portionen verzehrten, wenn sie häufiger aßen, und größere, wenn sie seltener aßen.[9] Und dies, ohne auch nur darüber nachzudenken. Leider schwand diese Fähigkeit mit zunehmendem Alter der Kinder.[10] Doch die Strategie ist in jedem Fall ausgezeichnet: Denken Sie mal an Ihre letzte Mahlzeit, wenn Sie sich zum Essen hinsetzen. War sie groß oder klein? Und wie lange ist das her? Vielleicht können Sie die nächste Mahlzeit entsprechend anpassen und entweder Ihre Portionsgröße oder die Zahl der Mahlzeiten an Ihren Kalorienbedarf anpassen. Denn sowohl bei Erwachsenen[11] als auch bei Kindern[12] stehen Portionsgröße und Kalorienaufnahme in einem klaren Zusammenhang. Und wenn es uns nicht so leichtfällt, weniger zu uns zu nehmen, weil wir gelernt haben, unseren Teller leer zu essen, könnten wir von vornherein kleinere Portionen vorsehen.

Was das Thema Selbstregulierung beim Essen angeht, lohnt sich auch ein kurzer Blick ins Säuglingsalter. Kinder unter einem Jahr können nicht nur die Menge, die sie verzehren, angepasst an die Zahl der Mahlzeiten regulieren – so wie es Kleinkinder tun –, sondern auch angepasst an die Nährstoffdichte ihrer Nahrung. Gemeint ist die Zahl der Kalorien pro Gewichtseinheit in einem bestimmten Lebensmittel. Ein ganzer Kohlkopf hat zum Beispiel eine niedrige Nährstoffdichte: Er ist schwer, hat aber sehr wenige Kalorien. Nüsse dagegen haben eine sehr hohe Energie-dichte – sie enthalten viele Kalorien bei einem geringen Gewicht. Stellen wir uns kurz vor, ein Säugling, der sich im Wesentlichen von Püree und Milch oder fertiger Säuglingsnahrung ernährt, hätte auf einmal den Mund voller Zähne und wäre in der Lage, die Dinge zu essen, von denen sich ältere Kinder oder Erwachsene ernähren. Wenn dieser Säugling nun zum Mittagessen Fastfood bekäme, würde er automatisch einen Salat zum Abendessen wählen, weil sein innerer Kalorienzähler noch funktioniert. Leider geht genau diese Funktion im Alter von zwölf Monaten verloren,[13] aber wir können immer noch manuell nachrechnen.

Die Schwierigkeit beim Kalorienzählen liegt allerdings darin, dass es Zeit kostet und am Anfang etwas überfordernd wirkt. Wenn man es jedoch richtig macht, kann man damit effektiv Gewicht verlieren, und nach ein paar Monaten lässt auch der Zeitaufwand nach.[14] Es gibt jede Menge Forschung dazu, dass Erwachsene die Kalorienmenge ihrer Nahrung durchgehend unterschätzen. Wenn Sie also alles andere versucht haben, könnte es sich lohnen, einen Kalorienzähler zu benutzen.

Das nächste Mal, wenn Sie essen, hören Sie auf die Hinweise aus Ihrem Inneren: Sind Sie hungrig oder nicht? Nur weil die Uhr eine bestimmte Zeit anzeigt oder andere Leute essen oder Sie sich langweilen, muss das nicht heißen, dass Sie essen müssen. Und wenn Sie noch einen Schritt weiter gehen wollen, probieren Sie doch mal *Hara Hachi Bu* aus! Diese Methode wird von den gesündesten Menschen der Welt praktiziert, die auf der japanischen Insel Okinawa leben, und sie bedeutet: Hör auf zu essen, wenn du zu 80 Prozent satt bist.[15] Sie sind ein erwachsener Mensch, Sie müssen nicht mehr den letzten Bissen auf dem Teller aufessen, wie Sie es vielleicht gelernt haben (möglicherweise unter Tränen). Diese Idee von wegen »nur noch drei Bissen« trainiert Kinder letztlich darauf, ihre inneren Sättigungsgefühle zu ignorieren.[16] Es wird Zeit, dass wir damit aufhören, im Interesse unserer Kinder und in unserem eigenen Interesse. Kleinkinder können ihr Essverhalten sehr gut kontrollieren. Es sind die Eltern, die ihre Kinder zum Essen drängen, bestimmte Lebensmittel einschränken oder übermäßiges Essen vorführen und zu große Portionen anbieten. Würden sie damit aufhören, hätten wir wahrscheinlich alle eine bessere Beziehung zum Essen.[17] Es könnte hilfreich sein, Ihre Portionsgrößen und die Zahl der Mahlzeiten an Ihren tatsächlichen Bedarf anzupassen, so wie es Kleinkinder tun. Und wenn das alles nichts nützt, versuchen Sie es mit einem Kalorienzähler, es gibt ja viele ganz großartige Apps.

# Im Tiefschlaf

Wir alle haben es schon erlebt und erleben es (manchmal täglich): Schlaf ist die unabdingbare Voraussetzung für optimales Funktionieren, für Konzentration und Stimmung. Leider geben die meisten von uns dem Schlaf nicht genug Priorität und bekommen viel weniger, als sie benötigen.

Die aktuelle Empfehlung lautet, Erwachsene sollten in der Nacht regelmäßig mindestens sieben Stunden schlafen. Alles, was darunter liegt, wird mit einer ganzen Reihe von gesundheitlichen Problemen in Verbindung gebracht, darunter Bluthochdruck, Herz-Kreislauf-Erkrankung, Schlaganfall, Depression, Demenz und Fettleibigkeit. Es gibt auch deutliche Hinweise darauf, dass eine Schlafdauer von weniger als sieben Stunden zu einem Absinken der Leistungsfähigkeit und einem Ansteigen der Fehlerrate führt.[18] Einige von uns akzeptieren ein Schlafdefizit unter der Woche und versprechen sich, dass sie am Wochenende aufholen werden. Nur leider hebt der Erholungsschlaf am Wochenende die meisten negativen Auswirkungen von Schlafmangel unter der Woche nicht auf, darunter auch die Gewichtszunahme.[19]

Für Kinder ist Schlaf sogar noch wichtiger, denn sie brauchen ihn für ihr Wachstum und ihre Entwicklung. Die Richtlinien der Weltgesundheitsorganisation (WHO) besagen, dass Kinder von einem bis zwei Jahren elf bis vierzehn Stunden guten Schlaf brauchen, Kinder zwischen drei und vier Jahren brauchen zehn bis dreizehn Stunden. Diese Empfehlung erstreckt sich über die gesamte Zeit von 24 Stunden und schließt Nickerchen ein.[20]

Irgendwann sind wir als Gesellschaft in Sachen Schlaf offenbar falsch abgebogen. Forscher der University of South Australia haben nämlich die Schlafdaten von fast 700 000 Kindern und Jugendlichen aus zwanzig Ländern untersucht, und zwar über den Zeitraum von 1908 bis 2005. Dabei konnten sie eine stetige Abnahme der Schlaflänge bei Kindern und Jugendlichen feststellen – über diesen Zeitraum von 97 Jahren hat die Schlafdauer um mehr als eine Stunde pro Nacht abgenommen.[21]

Es gibt viele Faktoren, die zu schlechtem und unzureichendem Schlaf beitragen. Ich möchte vor allem auf drei Punkte hinweisen, die Kleinkindern helfen, besser zu schlafen und Ihnen hoffentlich ebenfalls helfen können. Der erste Punkt ist eine feste Routine zum Schlafengehen, die vor allem Lesen einschließt. Der zweite Punkt betrifft weniger Zeit vor dem Bildschirm, bevor Sie schlafen gehen. Und der dritte: ein Nickerchen untertags.

## Routinen sind wichtig

Kleinkinder profitieren von Routinen, die ihnen ein Gefühl von Ordnung und Sicherheit geben. Und nirgendwo im Leben ist Routine so wichtig und hilfreich wie beim Zubettgehen. Einer der wichtigsten Faktoren, die dazu beitragen, dass Kleinkinder in der Nacht gut schlafen, ist das Einhalten einer festen Schlafenszeit und einer festen Abfolge von Aktivitäten vor dem Einschlafen. Viele Erwachsene haben keine regelmäßige Schlafenszeit und fühlen sich deshalb morgens oft müde oder schlecht gelaunt. Beides ist natürlich kontraproduktiv. Eine gute Routine vor dem Einschlafen hat für Kleinkinder viele Vorteile: Sie gehen früher ins Bett, schlafen leichter ein, werden nachts nicht so oft wach und vor allem: sie schlafen länger. Doch auch über die Schlafqualität hinaus hat eine feste Einschlafroutine viele Vorteile. Sie steht in Verbindung mit einer verbesserten Regulierung von Emotionen und Verhalten und fördert sogar die Lesefähigkeit.[22]

So eine Einschlafroutine muss nicht kompliziert sein. Tatsächlich ist es besser, wenn sie nur einige wenige Aktivitäten umfasst. Beliebte Aktivitäten für Kleinkinder sind Baden, Massage, Vorlesen und Schmusen. Und ich bin sicher, diese Punkte hätten auch bei Ihnen eine positive Wirkung.[23] Doch einer der wichtigsten Faktoren – das wissen alle Menschen, die mit Kindern umgehen – ist Regelmäßigkeit. Je mehr sich Kinder an ihre Routine halten, desto besser schlafen sie.[24] Und dasselbe gilt für Sie als Erwachsene: Halten Sie sich an Ihre Routine und Ihre feste Schlafenszeit.

Das Tolle daran, wenn man seine Schlafqualität mit Hilfe von Routinen verbessern will: Man hat in der Regel schnell Erfolg. Um herauszufinden, wie gut eine feste Einschlafroutine wirkt, führten Forschende des Children's Hospital in Philadelphia eine Studie durch, für die 200 Ein- bis Dreijährige nach dem Zufallsprinzip in zwei Gruppen eingeteilt wurden. Das bedeutete: Sobald die Familien der Teilnahme an der Studie zugestimmt hatten, entschied ein Computer wahllos, ob die Kinder der Interventionsgruppe oder der Kontrollgruppe zugeordnet werden sollten. Die Interventionsgruppe ist bei solchen Studien immer diejenige, an der eine neue Idee getestet wird, die Kontrollgruppe macht einfach so weiter wie bisher. Die Zuordnung per Zufallsgenerator wird angewandt, um Voreingenommenheiten auszuschließen und der Wahrheit etwas näher zu kommen.

Bei dieser Studie folgten die Bezugspersonen zunächst der bisherigen Routine, sodass grundlegende Vergleichsdaten gesammelt werden konnten. Dann bekamen die Bezugspersonen für zwei Wochen den Auftrag, drei einfache Dinge zu tun, bevor das Kind ins Bett gebracht wurde: Baden Sie das Kind, cremen Sie es mit Lotion ein und schließen Sie eine ruhige Aktivität an, etwa Schmusen oder ein Schlaflied. Die gesamte Routine sollte nach dem Bad noch eine halbe Stunde dauern. Die Mütter in der Kontrollgruppe brachten ihre Kinder während der gesamten Studiendauer so ins Bett, wie sie es immer taten. Einige von ihnen hatten möglicherweise eine feste Einschlafroutine, doch sie bekamen keine genauen Instruktionen, was und wie viel sie tun sollten. Nach der dreiwöchigen Studiendauer konnte man in der Interventionsgruppe verschiedene Verbesserungen beobachten, wenn man sie mit der Kontrollgruppe verglich: Die Kinder schliefen schneller ein, wurden nachts weniger häufig wach und schliefen länger.[25] Nachdem sich diese Ergebnisse nach zwei Wochen zeigten, schlossen die Forschenden eine weitere Testreihe bei Ein- bis Zweijährigen (und einigen Säuglingen) an. Die Ergebnisse waren sogar noch besser: Die Kinder mit der festen Einschlafroutine zeigten bereits nach drei Nächten Verbesserungen.[26]

Wenn Sie darüber nachdenken, was Sie als Einschlafroutine etablieren könnten, sollten Sie die Aktivitäten von Kleinkindern ansehen, die diesen beim Einschlafen helfen. Eine Abendroutine, die der eines Kleinkindes ähnelt, könnte auch Ihnen zu einem besseren Nachtschlaf verhelfen.[27] Bisher haben wir darüber gesprochen, wie wichtig eine feste Schlafenszeit und ein Bad sind, doch was sollten wir unmittelbar vor dem Einschlafen tun? Die Antwort auf diese Frage finden wir in einer unglaublichen Studie zum Thema Entwicklung im Kindesalter, bei der mehr als 4000 Kinder aus zwanzig amerikanischen Städten von ihrer Geburt bis zum Alter von fünf Jahren begleitet wurden. Die Kinder wurden sogar von den Forschenden zu Hause besucht, sodass man sich ein Bild von den Aktivitäten zur Schlafenszeit machen konnte. Im Rahmen einer umfassenderen Studie wurde eine bemerkenswerte Reihe von Faktoren untersucht, doch konzentrieren wir uns auf den Schlaf: Es konnte festgestellt werden, dass sprachbasierte Aktivitäten vor dem Einschlafen mit einer längeren Schlafdauer in Verbindung standen. Sprachbasierte Aktivitäten sind Dinge wie Vorlesen, Geschichtenerzählen oder Singen.[28] Das perfekte Ende Ihrer Einschlafroutine scheint also ein gutes Buch zu sein.

# Bildschirm aus

Jedes Kleinkind wird Ihnen sagen, dass die letzten Minuten jeder beliebigen Einschlafroutine darin bestehen müssen, die Bettdecke festzustecken. Es beruhigt sie, wenn sie unter einer gemütlichen Decke liegen, und es schenkt ihnen jenes Gefühl der Sicherheit, das sie brauchen, um in ihrem eigenen Bett schlafen zu können. Die Medienmogulin Arianna Huffington hat erwachsene Töchter, die dieses Ritual wahrscheinlich nicht mehr brauchen, aber sie hat es für etwas ganz anderes adaptiert: für ihr Handy. Als Fürsprecherin eines besseren Schlafs und Autorin des Buchs *The Sleep Revolution* weiß sie, wie wichtig es ist, vor dem Schlafengehen nicht auf einen Bildschirm zu starren.[29] Deshalb hat sie für ihr Handy ein Bett mit Wäsche aus Satin entworfen, das außerhalb ihres Schlafzimmers steht und in dem das Handy jede Nacht aufgeladen wird.[30]

Wenn Sie schon mal irgendetwas über besseren Schlaf gelesen haben, ist Ihnen höchstwahrscheinlich der Rat begegnet, die Bildschirmzeit vor dem Schlafengehen einzuschränken. Das ist gar nicht so einfach umzusetzen, denn Smartphones und Streaming-TV sind aus verschiedenen Gründen eine regelrechte Sucht geworden. Trotzdem ist es enorm wichtig, dass Sie sich diesen Dingen am späten Abend entziehen, wenn Sie besser schlafen wollen. Und das Thema geht alle an, auch Kleinkinder. In einer Studie von Forschenden der East Michigan University wurden fast 500 Zweijährige zweimal zu Hause besucht, sodass die Forschenden sämtliche Aktivitäten rund um die Schlafenszeit des Kindes aufzeichnen konnten. Die Eltern bekamen sogar Mikrofone angesteckt, sodass mitgehört werden konnte, wenn Eltern und Kind allein waren. Die Beobachtungen erstreckten sich auf die Stunde vor der Einschlafroutine und auf die Routine selbst. Um den Schlaf der Kinder akkurat messen zu können, bekamen sie einen Aktivitätsmesser, eine Art Armbanduhr, die in der Lage ist, den Schlaf objektiv aufzuzeichnen. Wie erwartet, stand Bildschirmzeit in der Phase vor oder während der Einschlafroutine in Verbindung mit mehr Schlafschwierigkeiten. Die Kinder schliefen später ein und weniger gut durch.[31]

Es gibt verschiedene Gründe, warum Bildschirmzeit vor dem Schlafengehen schädlich ist. Zum einen stört sie die Ausschüttung von Melatonin. Melatonin ist ein Hormon, das von der Zirbeldrüse im Gehirn produziert und nachts ausgeschüttet wird. Es reguliert den zirkadianen Rhythmus (unsere innere Uhr) und erleichtert das Einschlafen.[32, 33] Licht, vor allem kurzwelliges blaues Licht, wie es vom Smartphone abgestrahlt wird, unterdrückt die Melatoninproduktion.[34] Und ein niedriger Melatoninspiegel kann Schlaflosigkeit hervorrufen. Deshalb hilft das Einnehmen von Melatonin beim Einschlafen, vor allem dann, wenn der zirkadiane Rhythmus aus dem Takt geraten ist (zum Beispiel durch einen Jetlag). Übrigens sinkt der natürliche Melatoninspiegel mit zunehmendem Alter. Je älter Sie also sind, desto wichtiger ist es, den Melatoninspiegel zu unterstützen und nicht zu senken. Auf diese Weise schützen Sie Ihren natürlichen Schlaf-Wach-Rhythmus.

Der zweite Grund, warum Bildschirmzeit vor dem Schlafengehen kontraproduktiv ist: Das Licht, das die Geräte aussenden, führt zu einem wachen, aufmerksamen Zustand. Das liegt zum Teil an der schon erwähnten Unterdrückung der Melatoninproduktion, doch auch am Tag, wenn man im Blut praktisch kein Melatonin nachweisen kann, macht Licht uns wach. Studien mit Positronen-Emissions-Tomografie (PET), die die Gehirnaktivität messen kann, zeigen, dass eine Lichtexposition bei Nacht mehrere Gehirnareale aktiviert, die mit Aufmerksamkeit zu tun haben.[35]

Und schließlich ist das alles auch eine Zeitfrage. Je mehr Zeit Sie mit Fernsehen, Sprachnachrichten oder YouTube verbringen, desto weniger Zeit bleibt Ihnen zum Schlafen.[36] Das Problem: Schlaf scheint so etwas wie die letzte Option zu sein. Doch wenn Sie eine Schlafroutine entwickeln und die Vorteile eines verbesserten Schlafs bemerken, werden Sie sich wahrscheinlich entschließen, viel mehr und öfter zu schlafen.

Wir müssen also davon ausgehen, dass die Auswirkungen von Bildschirmzeit im Wesentlichen physiologischer Art sind und dass Erwachsene davon genauso betroffen sind wie Kleinkinder, wahrscheinlich sogar mehr, weil ihr Melatoninspiegel ohnehin altersbedingt sinkt. Forschende in Belgien, die 844 flämische Erwachsene im Alter zwischen 18 und 94 Jahren beobachteten, konnten zeigen, dass die Benutzung eines Handys zur Schlafenszeit mit mehr Berichten über Schlaflosigkeit, Erschöpfung und längere Schlaflosigkeit in Verbindung stand.[37] Vielleicht besteht die beste Möglichkeit, sich gegen den Drang zum Bingewatching oder übermäßigen Scrollen zu wappnen, darin, alle elektronischen Geräte mit Ausnahme eines einfachen Weckers aus dem Schlafzimmer zu verbannen. In einer Studie mit dem sehr passenden Titel »Sleeping with the Frenemy« konnten Forschende der University of East London zeigen, dass sich das subjektive Wohlbefinden von Erwachsenen in drei von vier Parametern verbesserte, wenn Sie eine Woche lang kein Handy im Schlafzimmer hatten.[38] Sie könnten wie die Teilnehmenden dieser Studie – und Ms. Huffington – davon profitieren, wenn Sie dieses Experiment ebenfalls durchführen und Ihr Handy für eine Weile aus Ihrem Schlafzimmer verbannen.

## Powernaps

Kleinkinder sind ein extrem glücklicher Haufen. In den Kapiteln 3 und 5, in denen es um Lachen und Spiel geht, werden wir noch sehen, wie sehr sie ihr Leben zu genießen wissen. Mit Spaß und Kichern verbringen sie einen Großteil ihres Tages, und es gibt eigentlich nur zwei Dinge, die ihnen die Laune verderben. Das eine ist, wie bei allen Menschen, der Hunger, das andere Schlafmangel. Sie sind extrem darauf angewiesen, gut ausgeruht zu sein.

Wenn man ein Schläfchen ausfallen lässt, ist das der sicherste Weg zu einem nörgelnden Kleinkind. Selbst Kleinkinder, die mit hohem Fieber ins Krankenhaus kommen, kehren nach einer einzigen Dosis Fiebersaft zu ihrem normalen, erfreulichen Zustand zurück. Doch ein ausgefallenes Schläfchen lässt sich nicht so leicht aus der Welt schaffen.

Damit sie ausreichend Schlaf bekommen, bauen Kleinkinder in ihren Tagesablauf immer ein Nickerchen ein. Im ersten Jahr, also zwischen dem ersten und zweiten Geburtstag, sind es sogar mindestens zwei. Sobald sich der zweite Geburtstag nähert, gehen sie zu einem Nickerchen pro Tag über, bis am Ende des Kleinkindalters Schluss damit ist. Die meisten Kinder hören irgendwann auf, ein Mittagsschläfchen zu halten, doch weitaus die meisten Kleinkinder tun es, und wir sprechen hier nicht von Kurzschlaf. Im Alter von einem Jahr verbringen neun von zehn Kleinkindern zwischen zwei und vier Stunden am Tag schlafend, im Alter von vier Jahren liegt die Quote der Kinder, die zwischen anderthalb und zweieinhalb Stunden schlafen, immer noch bei 80 Prozent.[39] Kleinkinder brauchen nur eine Gelegenheit zum Schlafen, dann tun sie es. Letztlich genügen eine ruhige Zeit am Tag, ein passender Ort und das richtige Licht.[40]

Und warum halten Kleinkinder jeden Tag ein Nickerchen? Wegen der vielen Vorteile, die das bringt, darunter nicht zuletzt die Konsolidierung von Gelerntem in einer Phase rasanter Entwicklung des Gehirns. Um dies zu illustrieren, untersuchten Forschende der University of Sussex die Art, wie Kleinkinder Wörter lernen, eine extrem wichtige Aufgabe in diesem Alter. Sie beobachteten 48 dreijährige Vorschulkinder und lasen ihnen eine Woche lang Geschichten vor. Die Hälfte der Kinder bekam drei verschiedene Geschichten vorgelesen, die andere Hälfte dieselbe Geschichte zu drei unterschiedlichen Zeiten. Und die eine Hälfte der Kinder hielt gleich nach dem Vorlesen ein Nickerchen, die andere nicht. Alle Kinder wurden auf ihr Wortverständnis hin getestet: unmittelbar nach dem Vorlesen, zweieinhalb Stunden später, dann noch einmal nach 24 Stunden und nach Ablauf der Woche. Wie erwartet zeigten die Kinder, die drei Mal dieselbe Geschichte gehört hatten, ein besseres Wortverständnis. Interessanterweise hatte aber das Schläfchen nach dem Vorlesen starke Auswirkungen auf die Leistung – so sehr, dass die Kinder, die drei verschiedene Geschichten gehört, nach dem Vorlesen aber geschlafen hatten, genauso viele Wörter behalten hatten wie diejenigen, die mehrmals dieselbe Geschichte gehört, danach aber nicht geschlafen hatten.[41] Die stärkste Leistung zeigten die Kinder, die dieselbe Geschichte mehrmals gehört und nach dem Vorlesen geschlafen hatten. Es gibt im Übrigen auch verschiedene Studien, bei denen Kleinkinder am Schlafen untertags gehindert wurden. Sie alle zeigen, wenig überraschend, dass Kinder weniger leistungsfähig beim Lösen schwieriger Aufgaben sind, wenn sie kein Nickerchen gehalten haben.[42]

Bei Erwachsenen wird ein modifizierter Ansatz empfohlen: Halten Sie ein Nickerchen am frühen Nachmittag, und sorgen Sie dafür, dass es weniger als dreißig Minuten dauert. Man spricht in diesem Zusammenhang auch vom Powernap. Es kann bei Schlaflosigkeit helfen und sowohl die Leistungsfähigkeit als auch die Lernfähigkeit erhöhen.[43]

Fassen wir zusammen: Legen Sie eine Schlafenszeit fest, bei der Sie jede Nacht mindestens sieben Stunden Schlaf bekommen, und halten Sie sich daran, wenn möglich auch am Wochenende. Mindestens eine Stunde vor dem Zubettgehen legen Sie Ihr Smartphone weg und schalten alle anderen Bildschirmgeräte ab, auch Ihren Computer oder Tablet. Um zu vermeiden, dass Sie während der Nacht auf Ihr Smartphone blicken, verbannen Sie es aus dem Raum, in dem Sie schlafen. Und entscheiden Sie sich für zwei Aktivitäten, die Sie in gleichbleibender Reihenfolge jeden Abend durchführen. Die eine Aktivität kann mit Ihrer persönlichen Hygiene zu tun haben: ein Bad oder Zähneputzen (oder beides). Bei der anderen geht es um irgendeine ruhige Beschäftigung: Hören Sie Musik oder schreiben Sie Ihre Gedanken mit der Hand auf Papier. Beenden Sie Ihren Abend mit Lesen. Und selbst wenn es schwierig zu organisieren ist: Versuchen Sie am Nachmittag einen Kurzschlaf einzubauen, vielleicht erst einmal nur an den Tagen, an denen Sie nicht arbeiten müssen.

## Bewegung ist wichtig

Obwohl wir genau wissen, wie viele Vorteile Bewegung hat, kann es schwierig sein, regelmäßig die Zeit und Energie dafür aufzubringen. Doch je mehr wir es aufschieben, desto mühsamer wird es, wenn wir immer weiter zunehmen und Bewegung bisher nicht in unseren Tagesablauf eingebaut haben. Kleinkinder scheinen nie eine Ausrede zu haben, nicht aktiv zu sein. Sie sind echte Vorbilder, wenn es darum geht, sich regelmäßig zu bewegen. Gehen Sie mal mit einem dreijährigen Kind in den Park. Sobald es ein Klettergerüst erspäht, wird es darauf zu rennen, um hochzuklettern und runterzuspringen. Kinder fordern sich ständig mit immer schwierigeren körperlichen Aktivitäten heraus und finden im Park auch Mitstreiter, die ihre Motivation erhalten. Wenn sie sich verletzen, führt das normalerweise nur zu einer kurzen Unterbrechung, bevor es weitergeht. Ich habe zahllose Kleinkinder gesehen, die selbst mit einem schmerzhaften Knochenbruch weitermarschierten. Sie gehen bis zur Erschöpfung, bevor sie eine Pause auch nur erwägen. Und Sie können drauf wetten, dass Kleinkinder keinen Tag auslassen oder gar drei Trainingstage pro Woche planen. Sie trainieren instinktiv jeden Tag. Eine solche Hingabe an regelmäßige Bewegung würde uns allen wirklich guttun. Und so ist es kein Wunder, dass etwas ältere Kinder bei Fitnesstests etwa so gut abschneiden wie trainierte erwachsene Ausdauersportlerinnen und -sportler.[44]

Denken Sie mal eine Minute lang darüber nach, wie viele Stunden am Tag Sie sitzend verbringen – am Schreibtisch, auf der Couch oder im Auto. Inaktivität ist für viele Erwachsene der

Normalzustand, stundenlang, oft halbe Tage lang, bevor wir endlich mal aufstehen und uns bewegen. Bei Kleinkindern ist es genau umgekehrt. Tatsächlich wird empfohlen, dass Kleinkinder nie mehr als eine Stunde am Stück inaktiv sein sollten.[45] Mindestens einmal pro Stunde sollten sie aufstehen und springen, rennen, tanzen. Selbst wenn Sie sich richtig Mühe geben, wird es Ihnen schwerfallen, ein Kleinkind eine ganze Stunde zum Stillsitzen zu bringen – sie haben einfach einen eingebauten Bewegungsdrang. Und der ist wichtig, denn sowohl Kleinkinder als auch Vorschulkinder sollten am Tag mindestens drei Stunden lang körperlich aktiv sein.[46] Die meisten Erwachsenen sind froh, wenn sie das in einer Woche schaffen.

Im Gegensatz zu Erwachsenen, die sich oft nicht an einmal gesetzte Gesundheitsrichtlinien halten, gelingt es Kleinkindern unglaublich gut und auf natürliche Weise, ihre Trainingsziele zu erreichen. In einer der besten Studien zum Messen der Aktivitätslevel von Kindern statteten Forschende in Neuseeland Kinder mit Akzelerometern aus, die sie eine Woche lang ständig tragen sollten. Diese Akzelerometer sind Sensoren, die Bewegung messen. Ihre Fitbit-Uhr hat z. B. einen Akzelerometer, um Ihre Schritte zu zählen. Dass es den Forschenden gelang, 380 Kinder dazu zu bringen, diese Geräte so lange um die Taille zu tragen, ist bereits für sich genommen preisverdächtig. Auf jeden Fall konnten sie damit die Schlafzeit, die im Sitzen verbrachte Zeit, leichte körperliche Aktivität und mittlere bis starke körperliche Aktivität messen. Nach einer Woche, in der die Daten von Hunderten Kindern gesammelt worden waren, zeigte sich, dass die Zweijährigen fast fünf Stunden pro Tag leichten körperlichen Aktivitäten nachgingen, die Dreijährigen etwas mehr als fünf Stunden lang und die Fünfjährigen fünf Stunden und zwanzig Minuten. Geht man bei den Fünfjährigen von zehneinhalb Stunden Schlaf aus, dann waren sie 40 Prozent ihrer im Wachzustand verbrachten Zeit körperlich aktiv. Und das jeden Tag.[47]

Einer der entscheidenden Unterschiede zwischen Erwachsenen und Kindern besteht in der sitzend verbrachten Zeit. In der eben erwähnten Studie zeigte sich, dass die Zweijährigen pro Tag etwa siebeneinhalb Stunden sitzend verbrachten. Britische Erwachsene kommen unter der Woche auf neuneinhalb Stunden täglich und auf je neun Stunden am Samstag und Sonntag.[48]

Für die meisten von uns dürfte es unmöglich sein, so viel Zeit mit körperlicher Aktivität zu verbringen wie ein Kleinkind. Doch wir sollten alle mehr Wert darauf legen. Selbst wenn Sie im Beruf einer im Wesentlichen sitzenden Tätigkeit nachgehen, versuchen Sie jede Stunde einmal aufzustehen und sich zu bewegen. Andere Vorschläge in Bezug aufs Berufsleben betreffen Meetings im Gehen oder ein zwanzigminütiges Schreibtischworkout jeden Tag. Unabhängig von Ihrem derzeitigen Trainingslevel ist jede Steigerung hilfreich und wird Sie hoffentlich motivieren, sich noch mehr zu verbessern.

### Von Kleinkindern lernen
#### 1. Regel:
#### *Eignen Sie sich gesunde Gewohnheiten an.*

- **Essen Sie nur, wenn Sie hungrig sind.
  Wenn die Sättigung einsetzt, hören Sie auf zu essen.
  Sie müssen Ihren Teller nicht leer essen. Wenn jemand
  Sie dazu überreden will, »noch einen Bissen« zu essen,
  zermatschen Sie die Erbsen und machen abstrakte Kunst
  daraus.**
- **Schalten Sie eine Stunde vor dem Zubettgehen alle Bildschirmgeräte aus. Katzenvideos können Sie auch
  morgen noch anschauen.**
- **Legen Sie sich eine Einschlafroutine zu. Wenn Sie
  jemanden dazu überreden können, Sie mit Körperlotion
  einzucremen, umso besser.**

- Bitten Sie um eine Gutenachtgeschichte. Wenn das nicht klappt, lesen Sie sich selbst etwas vor.
- Machen Sie sich das tägliche Nickerchen zur festen Gewohnheit. Powernaps sind für Sieger gemacht.
- Nutzen Sie jedes bisschen freie Zeit für ein Training, selbst wenn es nur ein kurzer Spaziergang ist. Machen Sie das jeden Tag.

# 2
# Freundlichkeit

*Was auch immer du tust,*
*ich teile meine Sticker mit dir*

In der Notaufnahme müssen wir oft dafür sorgen, dass Kinder nichts essen, aus einer ganzen Reihe von Gründen. Manche kommen mit schlimmen Bauchschmerzen zu uns, sodass wir befürchten müssen, dass eine Operation nötig sein wird. Andere erbrechen sich so sehr, dass wir zunächst ihre Übelkeit in den Griff bekommen müssen, bevor wir sie langsam wieder ans Trinken und Essen heranführen. Das ist für jeden Menschen eine der schlimmsten Erfahrungen im Krankenhaus, doch ganz besonders für einen kleinen Menschen, der ohnehin nur isst, wenn er hungrig ist. Denn es kann ja Stunden dauern, bis die Ergebnisse einer Blut- oder Ultraschalluntersuchung vorliegen. Einige Kinder reagieren sehr gereizt, wie jeder, der nicht essen darf.

Doch etwas Bemerkenswertes geschieht, wenn ich nach einiger Zeit wieder ins Zimmer komme. Die Eltern sitzen auf der Stuhlkante und warten sowohl auf die gute Nachricht, dass alles okay ist, als auch auf grünes Licht, dass ihr Kind wieder essen darf. Sofort danach geben sie dem Kind seinen Lieblingssnack, fast immer Kekse. Und unmittelbar danach zieht ein breites Lächeln über das Gesicht des Kindes. Doch obwohl sie seit Stunden nichts gegessen haben und man ihnen ihren Lieblingssnack anbietet, denken Sie zuallererst ans Teilen. Aus irgendeinem Grund, auf magische Weise, wissen sie, dass ich auch seit meinem Schichtbeginn vor sieben Stunden nichts gegessen habe. Und so bekomme ich, wenn ich bei ihnen auf der Bettkante sitze, um den Bauch noch ein letztes Mal abzutasten und abzuhorchen, oft sogar den ersten Keks aus der Packung angeboten, ganz bestimmt aber den dritten, gern auch angeleckt. Für mich sind das immer herzerwärmende Momente – für ein Kleinkind ist das ein ganz normales Verhalten. Es gibt keine Gruppe von Menschen, die freundlicher und großzügiger sind, als Kleinkinder.

Ohne es zu wissen, steigern Kleinkinder ihr eigenes Wohlbefinden durch solche Freundlichkeiten. Und dasselbe gilt für Erwachsene. Es zeigt sich zum Beispiel, dass es das Glück des Schenkenden vermehrt, wenn man Geld für andere ausgibt, und zwar universell und unabhängig vom Einkommensniveau des Landes, in dem die Menschen leben.[1] Mehr noch: Forschende der University of British Columbia konnten nachweisen, dass bei älteren Erwachsenen mit Bluthochdruck der Blutdruck deutlich niedriger war, wenn sie Geld für andere ausgaben, als in der Kontrollgruppe, die sich selbst etwas gönnte.[2] Doch die Vorteile von Freundlichkeit erstrecken sich nicht nur auf den Austausch von Geld. Wie ein Forschungstool zur Bewertung des gesamten Lebens zeigt, fördern auch einfache, alltägliche Freundlichkeiten die Lebenszufriedenheit.[3]

Das gilt auch fürs Büro: In einer Metastudie, in der 38 Einzelstudien betrachtet wurden, untersuchten Forschende der University of Arizona das Verhalten in beruflichen Zusammenhängen: Altruismus, Höflichkeit und andere positive Dinge, die Menschen im Büro tun und die nicht notwendigerweise Teil ihres Jobs sind. Die Studie zeigte einen Zusammenhang zwischen diesen Verhaltensweisen und einer Reihe von positiven individuellen und kollektiven Auswirkungen, darunter die Bewertung von Vorgesetzten, Produktivität und Effizienz.[4]

Doch allen nachgewiesenen Vorteilen zum Trotz haben im Jahr 2021 nur etwa 35 Prozent der Weltbevölkerung in 119 untersuchen Ländern Geld an Wohltätigkeitsorganisationen gespendet. Wie nicht anders zu erwarten, war die Spendenrate in Ländern mit hohem Durchschnittseinkommen höher als in Ländern mit niedrigem oder mittlerem Einkommen. Dafür hatten die Menschen in Ländern mit niedrigem oder mittlerem Einkommen bessere Ergebnisse, wenn es darum ging, Fremden zu helfen oder Zeit zur Verfügung zu stellen. Weniger als ein Viertel der Weltbevölkerung ist ehrenamtlich tätig. Die großzügigste Nation in dieser Hinsicht war Indonesien, ein Land, in dem fast zwei Drittel der Menschen ehrenamtlich tätig sind. In Deutschland lag die Quote bei 27 Prozent.[5] Diese Zahlen sind insofern etwas ins Negative verzerrt, als der World Giving Index nur Erwachsene berücksichtigt. Wenn Kleinkinder eingeschlossen würden, lägen die Zahlen in allen Ländern deutlich höher, zumindest, was die Hilfsbereitschaft Fremden gegenüber angeht.

Verglichen mit Kleinkindern zeigen Erwachsene in der Regel keine durchgehende Freundlichkeit. Die meisten von ihnen sind freundlich zu Kolleginnen und Familienmitgliedern, zumindest zeitweise. Einige Erwachsene sind auch freundlich zu Fremden, andere nicht. Wenn sich jemand egoistisch verhält, reagieren die meisten Erwachsenen darauf nicht freundlich. Und manchmal sind Erwachsene nur deshalb freundlich, weil sie von der betreffenden Person etwas erwarten oder brauchen. Im Idealfall würden wir uns wünschen, dass Freundlichkeit zum Selbstzweck würde, unabhängig von der anderen Person, von ihrem Verhalten oder vergangenen Erfahrungen. Um das zu lernen, müssen wir uns an unsere kleinen Lehrmeisterinnen und Lehrmeister wenden, die in allen diesen Situationen Freundlichkeit zeigen.

Im Jahr 2015 wollte der Internetstar Meir Kay wissen, was passiert, wenn Eltern ihrem Kind einen Dollar geben, um Eis an einem Eiswagen zu kaufen. Tatsächlich passierte Folgendes: Nachdem die kleinen Kinder das Geld bekommen hatten, hüpften sie voller Vorfreude und Begeisterung zu dem Eiswagen. Doch dann sahen sie in der Nähe des Wagens einen Obdachlosen, der an eine Mauer gelehnt dasaß und einen Becher vor sich hielt. Und durchgehend passierte dann etwas, was (für uns Erwachsene) bemerkenswert ist, für kleine Kinder aber ganz normal. Sobald sie den Mann sahen, gaben sie ihm lächelnd das Geld, ohne lange nachzudenken. Danach fühlten sie sich so gut, dass sie zu ihren Eltern zurückrannten und sie umarmten. Nur ein kleines Mädchen in dem Video kaufte trotzdem ein Eis, ging dann aber sofort zu dem Mann und schenkte es ihm. Kleinkinder wünschen sich nicht nur, Fremden zu helfen, sie wissen offenbar, dass es ihnen ein gutes Gefühl gibt.[6]

Nachdem ich so oft die unglaubliche Großzügigkeit und Freundlichkeit beobachten durfte, die Kleinkinder anderen gegenüber an den Tag legen, bin ich überzeugt: Wenn sie oder Menschen mit einem entsprechenden Mindset unsere Politik gestalten würden, hätten wir weniger Probleme mit sozialer Ungerechtigkeit. Kein Kleinkind würde es richtig finden, in einem bequemen Haus zu leben, wenn ein anderes Kind, das sie kennen, draußen in der Kälte schlafen müsste. Kein Kleinkind würde Cheerios schlemmen, wenn ein Fremder nichts zu essen hat. Und dies gilt auch dann, wenn sie dabei Lebensstandard oder etwas zu essen einbüßen. Kleinkinder haben einen angeborenen Sinn für Fairness und teilen Ressourcen, selbst wenn sie dabei etwas verlieren. Ob sie etwas bekommen, indem sie mit anderen zusammenarbeiten, ob sie einfach Glück haben oder ein Geschenk von einem Erwachsenen erhalten – sie haben eine Abneigung dagegen, mehr zu besitzen als andere. Ungleichheit ist ein echtes Problem für Kleinkinder; sie werden immer versuchen, durch Teilen einen Ausgleich herzustellen.[7] Und nachdem ich das bereits beobachtet habe, staune ich noch mehr, wenn ich mir die Forschungslage zum Thema Freundlichkeit und Empathie bei Kleinkindern ansehe. Wie wir in diesem Kapitel noch sehen werden, helfen sie nicht nur fremden Personen, sondern auch neutralen Robotern und antisozialen, egoistischen Menschen. Und sie tun es, ohne eine Gegenleistung zu erwarten. Sie brauchen nicht einmal ein Dankeschön, sie sind einfach so.

# Freundlichkeit gegenüber Fremden

Kleinkinder haben eine unglaubliche, angeborene Fähigkeit und einen großen Antrieb, mit anderen zu teilen. Das wird nicht unmittelbar offensichtlich, wenn wir erleben, wie ein Kind mit einem anderen über eine Plastikente streitet, zumal wenn Dutzende von Plastikenten zur Verfügung stehen. Doch ich versichere Ihnen, dieser Streit zeigt nicht den wahren Charakter der Kinder. Sie müssen nur genug Zeit mit ihnen verbringen, um zu erleben, wie sie mit breitem, sabberndem Grinsen halb aufgegessene Essensportionen, Spielzeug und selbst Dinge anbieten, die Erwachsene für Müll halten. Sie sind die geborenen Schenker, im wahrsten Sinne des Wortes.[8]

Diese Beobachtung wird gestützt durch jede Menge Forschung, die noch überzeugender ist, weil die Experimente nicht mit Personen durchgeführt wurden, die die Kinder kannten, sondern mit Fremden.

Beginnen wir mit einem wichtigen Experiment in Bezug auf Essen, das an der University of Washington durchgeführt wurde. Essen ist ein gutes Mittel, um Freundlichkeit zu testen, denn sein Wert steigt, je hungriger jemand ist, und genau dies kann in einer Studie beeinflusst werden. Hier also saßen Kleinkinder im Alter von einem Jahr mit einem Elternteil in einem Zimmer. Nach einiger Zeit kam jemand aus dem Forschungsteam, eine fremde Person also, herein, legte ein Stück Obst auf ein Tablett und schaute es einfach nur an. In dieser Studiengruppe wurden also keine Bitten ausgesprochen. In einem zweiten Szenario kam die Person aus dem Forschungsteam herein, fummelte an dem Stück Obst herum, ließ es dann fallen und versuchte es aufzuheben, was ihr aber nicht gelang. Hier war also eine Bitte mit im Spiel. Das Kleinkind saß so, dass es an die Frucht herankam und entscheiden musste, was es damit tun wollte. Die meisten Kinder in der Bitten-Gruppe reichten der fremden Person die Frucht, jedoch nur ein Kind in der Gruppe, in der nicht gebeten wurde. Wenn es einfach nur darum gegangen wäre, etwas zurückzugeben, was heruntergefallen war, hätten sie das in beiden Gruppen getan. Hier reagierten sie aber spezifisch darauf, dass die fremde Person etwas haben wollte. Sie nahmen das Bedürfnis der anderen Person also wahr.

In der nächsten Phase des Experiments baut sich das Bild des altruistischen Kleinkinds weiter auf. Diesmal warteten die Forschenden bis zur Essenszeit des Kindes und führten dann dasselbe Experiment durch. Dabei muss man bedenken, dass Kinder in diesem Alter nicht in der Lage sind, sich selbst etwas zu essen zu besorgen. Sie sind also auf das angewiesen, was vor ihnen liegt. Wir alle wissen, was es heißt, hungrig zu sein, doch wenn Sie wirklich jemanden mit Heißhunger sehen wollen, beobachten Sie mal ein Kleinkind, das seine Reiswaffel nicht zum üblichen Zeitpunkt bekommt. Vor dem Experiment wurde bei den Eltern abgefragt, welche Früchte die Kinder besonders mögen. Es gab Bananen, Blaubeeren, Weintrauben und Erdbeeren, alles echte Favoriten. Diesmal hatten die Kinder allen Grund, die köstliche Frucht nicht mit einem fremden Menschen zu teilen, schließlich hatten sie selbst Hunger. Doch nur ein Viertel der Kinder aß die Frucht. Und diejenigen unter ihnen, die die Frucht verschenkten, mussten darüber nicht einmal nachdenken – sie taten es im Schnitt nach 1,55 Sekunden.[9] Beachtlich auch, dass das alles ohne eine verbale Aufforderung oder eine Gegenleistung stattfand. Diese Kinder entschieden sich einfach dafür, freundlich zu einem fremden Menschen zu sein, statt ihren eigenen Hunger zu stillen.

Die Freundlichkeit von Kleinkindern erstreckt sich aber nicht nur auf andere Menschen, oft zu ihrem eigenen Schaden. Ich habe aufgehört zu zählen, wie viele Kleinkinder ich in der Notaufnahme behandeln musste, weil sie von einem Tier gebissen worden waren. Manchmal waren die Bisswunden so schwer, dass ich das Kind in Narkose legen musste, damit ein plastischer Chirurg die Wunde versorgen konnte. In anderen Fällen mussten wir die Kinder über mehrere Tage hinweg gegen Tollwut impfen. Es passiert immer dann, wenn das Kind mit einem Hund spielen will, der ihm begegnet (es kann auch eine Katze, ein Eichhörnchen, ein Fuchs etc. sein), und ihm etwas zu essen oder ein Spielzeug hinhält. Kleinkinder gehen auf jedes Tier zu und versuchen, sich mit ihm anzufreunden. Dabei spielt es für sie keine Rolle, ob das Tier fünfmal größer ist als sie und ganz offenbar nicht freundlich. Sie lächeln einfach wie immer und wollen spielen. Und der Wunsch, freundlich zu sein und zu spielen, endet nicht einmal an dieser Stelle. Sie freunden sich auch mit unbelebten Objekten wie Puppen, Stofftieren oder Eisstäbchen mit aufgeklebten Glubschaugen an.

Ein australisches Forschungsteam untersuchte die Freundlichkeit von Kleinkindern in Bezug auf nichtmenschliche Gegenüber an einer Gruppe von Dreijährigen. Dazu wurde ein humanoider NAO-Roboter eingesetzt, der ca. 60 cm groß ist und Arme, Beine und beleuchtete Augen hat. Seine Gliedmaßen sind beweglich, er ist in der Lage, einfache Aufgaben wie Gehen oder Aufheben von Gegenständen auszuführen. Außerdem hat er eingebaute Mikrofone und Lautsprecher, sodass er unter der Kontrolle des Benutzers kommunizieren kann. Es gibt sodann verschiedene Settings, die den Roboter »lebendig« erscheinen lassen. Die Forschenden konnten einen hohen und einen niedrigen Autonomiemodus einstellen. Im hohen Autonomiemodus sprach der Roboter eher menschenähnlich, im niedrigen Autonomiemodus waren seine Antworten eher robotermäßig. Außerdem konnte die soziale Interaktion des Roboters auf freundlich oder neutral eingestellt werden. All das zeigte sich an der Art, wie der Roboter sprach. Im hohen Autonomiemodus und auf freundlich eingestellt, sagte er beispielsweise: »Hallo! Ich heiße Kira, willkommen im Babylab!« Im neutralen Modus sagte er dasselbe, aber ohne Ausdruck. Und im niedrigen Autonomiemodus sagte er: »Meine ID-Nummer ist 19469233.« Auch hier lag die Freundlichkeit im Ausdruck.

Die Kinder wurden in einen Raum gesetzt und mit einem Xylofon ausgestattet, der Roboter kam dazu, eingestellt in einem der vier Modi. Nach einer Phase des Kennenlernens fing der Roboter an, Xylofon zu spielen. Er war darauf programmiert, nach einer Weile den Klöppel fallen zu lassen, ihn zehn Sekunden lang zu suchen, dann zehn Sekunden lang zwischen dem Kind und dem Klöppel hin und her zu blicken und »Mein Stab!« zu rufen und abschließend noch einmal zehn Sekunden lang zwischen dem Kind und dem Klöppel hin und her zu blicken. Die Kinder wurden während dieser dreißig Sekunden beobachtet. Sie konnten sich entscheiden, dem Roboter dem Stab zu geben, selbst damit zu spielen oder irgendetwas anderes zu tun. Wenn man alle vier Modi zusammen betrachtet, halfen die Kinder in der Hälfte der Fälle dem Roboter innerhalb der dreißig Sekunden. Und zwar unabhängig davon, ob der Roboter menschenähnlich klang oder nicht und ob er freundlich war oder nicht.

Dieses Experiment reicht tiefer ins Denken von Kleinkindern hinein. Wir können hier sehen, welche Gefühle sie Menschen, Tieren und unbelebten Objekten entgegenbringen. In der letzten Phase der Studie setzten sich die Forschenden mit jedem Kind hin und zeigten ihnen Bilder von Beispielen aus vier Kategorien: Kinder, Tiere, Fahrzeuge, Roboter. Dann stellten sie ihnen eine Reihe von Fragen, darunter: »Wenn alle weggehen würden und keiner mehr da wäre, würde sich [das Kind, das Tier, das Fahrzeug, der Roboter] allein fühlen?« Die meisten Kinder bejahten dies für alle vier Kategorien, auch für die Fahrzeuge, obwohl die meisten Kleinkinder durchaus wussten, dass Fahrzeuge nicht atmen können.[10] Das erklärt, warum sie so umfassend freundlich sind.

Diese und andere Studien zeigen, dass altruistisches Verhalten bei Kleinkindern sich nicht nur auf Menschen erstreckt, die die Kinder kennen. Fremde Menschen, Roboter und selbst Autos, so erklären die Kinder, haben Gefühle, und man muss ihnen helfen, wenn sie Hilfe nötig haben. Dabei spielt es für sie keine

Rolle, ob die Person, das Tier oder der Gegenstand, dem sie helfen, freundlich ist. Sie sind einfach von Natur aus freundlich und großzügig.

Indem sie sich mit unbelebten Objekten anfreunden, zeigen Kleinkinder etwas, was nach Auskunft der jüngsten Forschung auch für Erwachsene von Nutzen sein kann. Deutsche Forschende haben mit Hilfe von Messungen der Gehirnfunktion nachgewiesen, dass Erwachsene ähnliche Reaktionen zeigen, wenn man ihnen Fotos von Menschen und Robotern zeigt, denen man Zuneigung entgegenbringt oder die man verletzt.[11] Dies könnte in Zukunft Auswirkungen bei der Entwicklung von Begleitrobotern haben, vor allem für Menschen, die allein leben. Doch bis dahin wird es wohl noch einige Zeit dauern: die heutigen Begleitroboter sind noch nicht in der Lage, die Einsamkeit von Menschen zu lindern.[12]

## Freundlich sein, wenn andere es nicht sind

Bisher haben wir über die Freundlichkeit von Kleinkindern gegenüber Fremden und nicht-menschlichen Wesen gesprochen. Diese Freundlichkeit bewährt sich auch unter schwierigen Umständen, zum Beispiel, wenn der Empfänger seinerseits nicht freundlich ist oder wenn die Kleinkinder hungrig sind und es um das Teilen von Essen geht. In diesem Abschnitt wollen wir uns genauer ansehen, wie Kleinkinder auf Menschen reagieren, die sich egoistisch oder antisozial verhalten. Dabei müssen wir beachten, dass »antisozial« für verschiedene Menschen Verschiedenes bedeuten kann. Im Kontext der Forschung mit Kindern ist einfach gemeint, dass eine Person keine Rücksicht auf andere nimmt, aber nicht unbedingt auch etwas tut, was anderen schadet. »Prosozial«, auch dies ein Begriff aus der Forschung, die wir hier betrachten, meint das Verhalten einer Person, die hilfsbereit ist und sich positiv benimmt. Denken Sie beim Lesen einmal darüber nach, wie Sie sich anstelle des Kleinkindes verhalten würden. Wenn Sie es sich aussuchen könnten, wären Sie freundlich zu einer Person, die nett zu Ihnen ist? Doch wie wäre es mit Blick auf eine Person, die sich egoistisch verhält? Vielleicht kann das Verhalten der Kleinkinder Ihre Haltung beeinflussen.

Die meisten Menschen ziehen es vor, solchen Personen zu helfen, die sie als gut beurteilen oder die andere gut behandeln. Im Idealfall wäre es schön, wenn wir bereit wären, jedem zu helfen, der Hilfe nötig hat, unabhängig von unseren eigenen positiven oder negativen Gefühlen in Bezug auf die Person oder ihr Verhalten. Ein Experiment mit Kleinkindern im Alter von ein bis zwei Jahren beobachtete, wie sie auf rücksichtslose Personen reagierten. In der ersten Phase saßen die Kinder in einem Raum und beobachteten die Interaktion von drei Menschen: einem Mitglied des Forschungsteams, einem prosozialen und einem antisozialen Darsteller. Das Mitglied des Forschungsteams rollte dem prosozialen Darsteller einen Ball zu und sagte dann: »Roll ihn zurück«, wobei er oder sie in die Hände klatschte. Der prosoziale Darsteller rollte daraufhin den Ball zurück. Dann wiederholte sich dasselbe mit dem antisozialen Darsteller. Der jedoch rollte den Ball nicht zurück, sondern versteckte den Ball, auch dann noch, als das Mitglied des Forschungsteams die Hände ausstreckte und abwechselnd den Ball und die eigenen Hände ansah. Die Darsteller waren nicht explizit bezeichnet worden, doch diese Demonstration zeigte den Kindern, welchen Charakter die einzelnen Personen hatten.

In der nächsten Phase wurde ein Säckchen mit Bohnen »aus Versehen« vom Tisch geschubst, wo das Kind saß, in der Mitte zwischen dem prosozialen und dem antisozialen Darsteller. Beide Darsteller griffen nach dem Säckchen und schauten abwechselnd das Kind und das Säckchen an, sodass das Kind entscheiden musste, ob es helfen wollte – und wenn ja, wem. Für die Auswertung wurden die Kinder in drei Altersgruppen eingeteilt. Insgesamt halfen die meisten Kinder mindestens einmal. Bei den zwei jüngeren Altersgruppen gab es keinen Unterschied in Bezug auf den Darsteller, dem die Kinder halfen. Nur in der ältesten Gruppe wurde dem prosozialen Darsteller eher geholfen. Doch letztlich waren die kleinen Helfer aller Altersgruppen bereit, mindestens einmal zu helfen. Die Autoren der Studie schließen daraus, dass die Hilfsbereitschaft von kleinen Kindern nicht vollständig davon abhängig ist, wie sie die betreffende Person einschätzen. Eine Hypothese zu den Gründen dafür besagt, dass Helfen den Aufbau von Beziehungen unterstützt und dass dies für kleine Kinder ein »dominantes Ziel« sei.[13]

Diese Studien ergänzen unser Bild und verhelfen uns zu einem besseren Verständnis der kindlichen Natur. Kleinkinder wollen anderen helfen, und je jünger sie sind, desto unwichtiger ist es ihnen, ob sich diese anderen pro- oder antisozial verhalten. Selbst ältere Kleinkinder sind bereit, antisozialen Personen zu helfen. Allerdings gründen sich diese Ergebnisse auf Fälle, in denen die Kinder beobachtet haben, wie sich eine Person gegenüber einer anderen verhält. Die nächste Frage lautet also: Wie reagieren Kleinkinder, wenn sich das antisoziale Verhalten gegen sie selbst richtet?

In einer spanischen Studie wurden die Kleinkinder einem ihnen unbekannten erwachsenen Partner zugeordnet, mit dem sie ein Sticker-Spiel spielten. Das Kind oder der Erwachsene zog an einem von zwei Hebeln. Hebel eins gab nur der Person, die gezogen hatte, einen Sticker. Bei Hebel zwei bekamen beide Mitspieler einen Sticker. Das Ergebnis: Selbst wenn der Erwachsene jedes Mal Hebel eins zog und sich egoistisch verhielt, indem er alle Sticker für sich behielt, zogen die Kleinkinder häufiger Hebel zwei, sodass beide einen Sticker bekamen. Die Autoren der Studie fassten es gut zusammen, als sie schrieben, dass Kleinkinder »eine grundsätzliche Tendenz aufweisen, nett zu anderen zu sein« und dass nicht einmal Menschen, die »sich den Kindern gegenüber wiederholt egoistisch verhielten, diese Neigung abschwächen können«. Die Kinder übten keine Vergeltung an Personen, die sich ihnen gegenüber egoistisch verhalten hatten, und sie ersuchten auch nicht, netter zu sein, um eine Belohnung zu kassieren. Sie sahen einfach eine Gelegenheit, nett zu sein, und nutzten sie.[14]

Als Erwachsene wissen wir, dass diese Neigung, auch zu egoistischen Personen nett zu sein, nicht von Dauer ist. Sie schwindet schon im späteren Kleinkindalter. Um herauszufinden, wie das Alter das Verhalten von Kleinkindern beeinflusst, beobachteten Forschende der Harvard University und des Max-Planck-Instituts für Evolutionäre Anthropologie in Deutschland zwei Gruppen von Kleinkindern im Alter von zwei bzw. drei Jahren. Die Kinder hatten Gelegenheit, mit Handpuppen zwei Spiele zu spielen, bei denen es Momente gab, wo ein Partner Hilfe brauchte, um ein bestimmtes Ziel zu erreichen, und andere Momente, in denen Teilen erforderlich war. Wenn die Handpuppe an die Reihe kam, zu helfen oder zu teilen, konnte sie eins von drei Dingen tun: Sie konnte dem Kind helfen bzw. mit ihm teilen, sie konnte beides nicht tun, ohne ihr Verhalten zu verbalisieren, oder sie konnte nicht helfen bzw. teilen und dem Kind explizit sagen: »Nein, ich gebe dir die Würfel nicht.«

Wie Sie sich inzwischen sicher denken können, halfen die Kleinkinder in beiden Altersgruppen fast immer, unabhängig von der Frage, wie sich der Partner verhielt. Beim Teilen war es ähnlich, wobei die Zweijährigen keinen Unterschied zwischen den verschiedenen Verhaltensweisen des Partners machten. Bei den Dreijährigen waren die Ergebnisse gemischt. Es gab keinen signifikanten Unterschied beim Teilen, wenn die Partnerpuppe das Teilen zwar verweigerte, aber nichts dazu sagte. Doch wenn das Verhalten verbalisiert wurde, teilten auch die Kinder weniger oft. Die Forschenden gaben eine mögliche Erklärung dafür an: Die Kleinkinder urteilten »im Zweifel für den Angeklagten«, wenn die Absichten des Partners nicht ganz klar waren. Insgesamt kamen auch sie zu dem Schluss, dass es eine Phase in der kindlichen Entwicklung gibt, in der »Gegenseitigkeit eine sekundäre Rolle« spielt. Die jüngsten Kleinkinder sind bedingungslos prosozial, auch wenn sich das Gegenüber antisozial erhält. Doch wenn sie älter (und irgendwann erwachsen) werden, ändert sich das leider.[15] Leider, weil auch wir als Erwachsene ähnlich gute Beziehungen haben könnten wie Kleinkinder, wenn wir uns auf Freundlichkeit konzentrieren und anderen Menschen im Zweifelsfall positive Absichten unterstellen könnten.

## Kleinkinder und Vorurteile aufgrund der Herkunft

In unserer Diskussion über das freundliche Verhalten von Kleinkindern anderen Menschen gegenüber spielen Vorurteile aufgrund der Herkunft eine wichtige Rolle, zumal dies ein großes Thema für so viele Menschen ist: In den Vereinigten Staaten berichten 76 Prozent der Amerikanerinnen und Amerikaner afrikanischer oder asiatischer Herkunft und 58 Prozent der Hispanics von selbst erfahrener Diskriminierung aufgrund ihrer Hautfarbe oder ethnischen Herkunft.[16] Ich würde nicht behaupten wollen, dass Kleinkinder »farbenblind« sind: Sie stellen Unterschiede in der Hautfarbe fest und haben mit Sicherheit Präferenzen, z. B. in Bezug auf ihre Freundschaften.[17] Hier geht es mir nur um einen Aspekt, nämlich die Hilfsbereitschaft, die wir bereits im Zusammenhang mit Freundlichkeit diskutiert haben. Es ist faszinierend zu sehen, wie wenig Bedeutung Kleinkinder der Hautfarbe beimessen – ein weiterer Bereich, in dem wir von ihnen lernen können. Die Forschungsliteratur dazu ist relativ dürftig, vor allem wenn man sie mit anderen Themen in diesem Kapitel vergleicht, doch wir haben es hier mit einem wichtigen Punkt zu tun.

Um mögliche Präferenzen zur Hautfarbe bei Kleinkindern besser zu verstehen und zu sehen, wie sich diese Präferenzen über die Zeit hinweg möglicherweise ändern, entwickelten Forschende der University of Chicago und der Harvard University eine Reihe von Tests, bei denen *weiße* Babys und Kinder im Alter von zwei, drei, fünf und sechs Jahren beobachtet wurden. Bei den Babys wurden keine Präferenzen in Bezug auf das Annehmen von Spielzeug festgestellt. Im zweiten Experiment sagte man Kleinkindern im Alter von zwei und drei Jahren, sie würden ein Spiel spielen, bei dem es ums Schenken ginge. Sie sollten einer Schwarzen oder einer *weißen* Person auf einem Bildschirm vor ihnen ein Geschenk geben, indem sie es in eine der Schachteln legten, die vor den Bildschirmen standen. Es zeigte sich, dass die Kleinkinder beiden Personen gleich viele Geschenke zukommen ließen. Als das gleiche Experiment jedoch mit Fünf- und Sechsjährigen durchgeführt wurde, gab es eine klare Präferenz für die Person mit der eigenen Hautfarbe.[18] Was wir hier sehen können und was sich auch in anderen Studien bestätigt hat: Ethnische Präferenzen entwickeln sich erst gegen Ende des Kleinkindalters.

In einem Experiment der Lehigh University wurde das Thema »Race« in Bezug auf die Reaktionen von Kleinkindern ebenfalls untersucht – mit einem überraschenden Ergebnis. In dieser Studie wurden fast hundert *weiße* und hispanische Kleinkinder beobachtet, eingeteilt in zwei Gruppen: Ein- und Zweijährige. Der interessanteste Teil des Experiments beschäftigte sich mit »empathischem Stress«, das Gefühl also, wenn man das Leiden eines anderen Menschen teilt und internalisiert.[19] In der Studie spielte ein Mitglied des Forschungsteams entweder eine Schwarze oder eine *weiße* Frau, mit einem Spielzeughammer und einem Nagel aus Holz. Irgendwann haute sie absichtlich daneben, schlug sich auf den Daumen und sagte: »Aua! Ich habe mir wehgetan!« Anschließend wurden die Reaktionen der Kinder auf drei Ebenen gemessen: empathischer Stress, Aufregung und Engagement. Bei den Einjährigen gab es keinen Unterschied in Bezug auf ihre Reaktion und Hilfsbereitschaft. Bei den zweijährigen Kindern war die Hilfsbereitschaft ebenfalls bei beiden Personen gleich groß, der empathische Stress und die Aufregung waren aber bei der Schwarzen Person ganz klar stärker. Dieses

Ergebnis war überraschend und unterschied sich klar von der Ausgangsvermutung der Forschenden.[20]

Kleinkinder nehmen unterschiedliche Hautfarben also durchaus wahr und haben auch Präferenzen, doch wenn es ums Teilen und Helfen geht, spielt das alles eine geringe Rolle, zumal bei den Jüngsten. Erst gegen Ende des Kleinkindalters und in der späteren Kindheit baut sich die Gleichbehandlung ab.

## Die Motivation für Freundlichkeit

Nach all diesen Ergebnissen stellt sich nun die Frage: Warum sind Kleinkinder so freundlich? Wollen sie, dass andere nett zu ihnen sind oder tun sie es, um zukünftig Vorteile zu bekommen, wie es bei Erwachsenen der Fall ist? Denken kleine Kinder so? Um das zu testen, führte ein Team der University of Michigan ein Experiment mit Kindern im Alter von drei bis sieben Jahren durch, bei dem diese sich dazu entschließen sollten, einen ihrer größten Schätze zu verschenken: Sticker. Und um die Herausforderung noch größer zu machen, wurden zwei verschiedene Arten von Stickern benutzt: ein Fisch in kräftigen Farben und ein gelber Kreis. Zu Beginn des Experiments bekam jedes Kind je einen Sticker. Dann wurden jeweils ein Kind, ein Mitglied des Forschungsteams und ein erwachsener »Rivale« in den Raum gebracht. Das Mitglied des Forschungsteams sagte laut: »Ich bin gespannt, welchen Sticker du mir schenkst, dann kann ich entscheiden, mit wem ich mein Spiel spiele«.« Dann bekam er oder sie von dem Kind und von dem Erwachsenen einen Sticker.

Dabei ging es um »strategisches Schenken«, also um die Frage, ob die Kinder den hübscheren Sticker verschenkten, damit das Mitglied des Forschungsteams sie auswählte, um das Spiel zu spielen. Die fünf- und siebenjährigen Kinder nutzten ebenso wie Erwachsene strategisches Schenken und gaben den Fisch-Sticker ab, in der Hoffnung, mitspielen zu dürfen. Die einzige Gruppe, die das nicht tat, waren die Dreijährigen. Wie die Autorinnen der Studie betonen, stehe dieses Ergebnis im Einklang mit vielen anderen, die zeigen, wie prosozial kleine Kinder seien. Sie denken einfach nicht darüber nach, was sie zurückbekommen, wenn sie etwas verschenken.[21]

Strategisches Schenken ist typisch für Erwachsene und ältere Kinder, doch es könnte etwas sein, dessen wir uns bewusst sein könnten, wenn wir es tun, und stattdessen versuchen, ohne Rücksicht auf Gegenleistungen zu schenken.

Wenn die bisher beschriebenen Studien Sie noch nicht überzeugt haben, dass Kleinkinder von Natur aus die nettesten Menschen auf Erden sind, schaffen es vielleicht ein paar zusätzliche Daten. Kleinkinder denken keineswegs strategisch, wenn sie schenken, sie freuen sich außerdem – wie Forschungsergebnisse mit niederländischen und chinesischen Kindern zeigen – nicht einmal besonders darüber, wenn man ihnen dankt.[22] Ihre Freude ergibt sich aus dem Akt des Schenkens selbst. Und eine deutsche Studie bestätigt, dass Kleinkinder auch nicht besonders empfänglich für Lob sind. Bei den beobachteten Dreijährigen gab es keinen Unterschied in der Bereitschaft zu teilen, ob man sie lobte oder nicht. Die Forschenden erklären dazu, es sei ohnehin schwierig, Unterschiede festzustellen, weil Kleinkinder von Natur aus so oft teilen, dass es eine Art »ceiling effect« (deutsch: »Deckeneffekt«) gibt, bei dem irgendwann kein zusätzliches Teilen mehr möglich ist.

In derselben Studie wurde auch untersucht, was passiert, wenn Kleinkinder fürs Teilen eine Belohnung bekommen. Und stellen Sie sich vor: Sie teilten dann weniger! Die Autoren schließen daraus, dass Kleinkinder »eine echte intrinsische Motivation haben, Ressourcen mit anderen zu teilen«. Belohnungen »könnten die angeborene Neigung zur Fairness abgelöst haben«.[23]

Wenn Kleinkinder also nicht strategisch schenken und auch nicht durch Lob motiviert werden, bleibt die Frage: Was haben sie davon, so viel zu schenken? Die Antwort liegt vermutlich in dem Gefühl, das sie erleben, wenn sie schenken. Eine Studie der University of British Columbia hat eine Gruppe von Einjährigen untersucht, um festzustellen, wie glücklich Kleinkinder sind, wenn sie schenken. Die Forschenden verwendeten im Test Goldfish Crackers und Teddy Grahams[24] (auch meine persönlichen Favoriten) und eine Handpuppe. Das Kind und die Handpuppe hatten eine Schüssel vor sich, und die Handpuppe sagte jedes Mal »Hmmm«, wenn sie etwas bekam. Das Mitglied des Forschungsteams »fand« drei Kekse, gab einen dem Kind und einen der Handpuppe und reichte den dritten wieder dem Kind mit der Bitte, diesen letzten Keks der Puppe zu geben. Dann bat das Mitglied des Forschungsteams das Kind auch noch, den Keks aus der eigenen Schüssel an die Puppe weiterzugeben.

Um die Gefühle der Kinder dabei zu messen, taten die Forschenden etwas Schlaues: Sie filmten die Gesichter der Kinder während dieser Interaktionen und analysierten sie auf Anzeichen von Glück. Tatsächlich waren die Kleinkinder glücklicher, wenn sie etwas an die Puppe weitergaben, als wenn sie selbst etwas bekamen. Mehr noch: Erstaunlicherweise zeigten sie mehr Freude, wenn sie ihren eigenen Keks weitergaben, als bei dem »neutralen« dritten Keks.[25] Schenken hat für Kleinkinder eine viel tiefere Bedeutung. Am allerglücklichsten sind sie, wenn sie das, was sie haben, an andere weitergeben können.

## Warmes Leuchten und der Gipfel der Bedürfnispyramide

Das Glück, das wir empfinden, wenn wir schenken, geht uns nicht verloren. Auch als Erwachsene empfinden wir es noch, wenn auch in unterschiedlichem Maße. Es gibt sogar einen Namen dafür: warmes Leuchten.

Das warme Leuchten ist ein Modell, das der Wirtschaftswissenschaftler James Andreoni entwickelt hat, der behauptet, unsere Motivation fürs Schenken sei nicht vollkommen altruistisch, sondern wir hätten einen emotionalen Nutzen davon.[26] Unterstützt wird diese Theorie von Studien mit bildgebenden Verfahren, die zeigen, dass beim Schenken unser Belohnungssystem im Gehirn aktiviert wird.[27] Außerdem werden die Wohlfühl-Neurotransmitter Oxytocin und Vasopressin ausgeschüttet, wenn wir etwas verschenken,[28] also dieselben Neurotransmitter, die auch beim Sex, beim Essen und beim Gebrauch von Drogen eine Rolle spielen. Unabhängig von der Motivation: Schenken und Helfen machen uns glücklicher.

Ein weiterer interessanter Aspekt am Schenken ist die Tatsache, dass das Glück, das wir dabei empfinden, nicht so leicht vergeht wie unser Empfinden bei anderen Dingen, die uns glücklich machen. Unser Glücksempfinden verringert sich nämlich, wenn wir immer wieder dasselbe erleben – wir sprechen hier von der »hedonistischen Tretmühle«. Das neue Auto, das wir kürzlich gekauft haben, macht uns zu Beginn sehr glücklich, doch mit der Zeit fällt unser Glücksempfinden wieder auf die Grundlinie zurück. Bei wiederholtem Schenken ist das anders. Forschende der Booth School of Business an der University of Chicago und der Kellogg School of Management an der Northwestern University haben ein Experiment mit Erwachsenen durchgeführt, bei dem diese entweder jeden Tag denselben Geldbetrag bekamen oder jeden Tag denselben Geldbetrag an eine andere Person verschenkten. Nach fünf Tagen stellten sie in der Gruppe, die das Geld bekam, fest, dass das Glücksempfinden sank. Das war in der Gruppe, die das Geld verschenkte, nicht der Fall. In einem zweiten Experiment konnten die Teilnehmenden entweder Geld für sich selbst gewinnen oder für eine Wohltätigkeitsorganisation, die sie unterstützten. Bei diesem Experiment sank das Glücksempfinden nur halb so stark, wenn es um die unterstützte Organisation ging.[29]

Wenn wir schenken, empfinden wir also eine Art von Glück, die sich von den Glücksmomenten bei anderen Gelegenheiten unterscheidet. Sie hat mehr damit zu tun, wie wir uns sehen und wie wir gern sein wollen. Deshalb ist dieses Glücksempfinden weniger flüchtig, ein Punkt, auf den wir gleich noch einmal zurückkommen.

Die Verbindung zwischen Wohlbefinden und Schenken fasziniert Forschende schon seit Jahrzehnten – Hunderte von Studien zu diesem Thema wurden durchgeführt, mit unterschiedlichen Ergebnissen. Die vielleicht umfassendste Studie war eine Metastudie, die im Jahr 2020 veröffentlicht wurde und in der die wichtigsten und interessantesten Details dieser Verbindung herausgearbeitet wurden.

Es lohnt sich, darauf genauer einzugehen. Die Studie wurde von Forschenden an der University of Cambridge durchgeführt und umfasste unglaubliche 201 Studien mit fast 200 000 erwachsenen Probandinnen und Probanden. In der Zusammenschau konnten die Forschenden etwas feststellen, was sie als bescheidene Verbindung zwischen prosozialem Verhalten und Wohlbefinden bezeichnen. Doch in den untergeordneten Analysen zeigten sich die nützlichsten Informationen. Zunächst einmal konnte nachgewiesen werden, dass die Verbindung zwischen Freundlichkeit und eudämonistischem Wohlbefinden stärker ist als die zum hedonistischen Wohlbefinden. Hedonistisch bezieht sich auf unsere subjektiven Gefühle und ist ein Ergebnis unseres eigenen Tuns. Eudämonistisches Glück ist insofern anders, als es entsteht, wenn wir das Gefühl haben, unser eigenes Potenzial auszufüllen. Wir empfinden diese Art von Glück, wenn wir unsere wahre Natur entdecken. Und wer die Maslow'sche Bedürfnispyramide kennt, weiß, dass dies die Spitze ist: die Selbstaktualisierung oder Selbstverwirklichung.[30]

Zurück zu der Studie, in der wir noch drei weitere wichtige Ergebnisse finden: Zunächst einmal stellten die Autorinnen eine stärkere Verbindung mit psychischem Funktionieren als mit psychischen Fehlfunktionen fest. Mit anderen Worten: Das warme Leuchten spielt hier wieder eine Rolle; das Schenken gibt uns einen noch unmittelbareren psychologischen Anschub, wenn wir anderen damit helfen. Und diese Verbindung ist stärker als die zur Verhinderung negativer psychologischer Folgen wie Angst oder Depression. Zweitens: Informelles Helfen bringt mehr Nutzen in Sachen Wohlbefinden als formelles Helfen. Kleine alltägliche Akte, die nebenbei passieren und nicht notwendigerweise irgendwelchen Regeln oder Plänen folgen, haben stärkere Auswirkungen aufs Wohlbefinden. Das heißt nicht, dass formalisierte ehrenamtliche Tätigkeiten keinen positiven Effekt haben. Den haben sie sehr wohl. Doch das informelle Helfen wirkt sich noch stärker auf unser Wohlbefinden aus. Drittens: Es gibt einen Alterseffekt; jüngere Erwachsene und Personen im mittleren Alter zeigten stärkere Auswirkungen aufs allgemeine Wohlbefinden, wenn sie freundlich waren. Die Autoren vermuten, dass jüngere Erwachsene einen »Sinn im Leben finden – ein gewisses Maß an eudämonistischem Wohlbefinden«. Bei älteren Erwachsenen gab es andere positive Auswirkungen. Bei ihnen war Freundlichkeit vor allem mit körperlichem Wohlbefinden verbunden – der Effekt war bei Menschen im Ruhestand fast doppelt so stark wie bei Menschen, die noch im Berufsleben standen.[31]

Schenken und Freundlichsein, in welcher Form auch immer, hilft anderen und fördert Ihr eigenes Glück. Freundlichkeit anderen gegenüber steigert auch unsere Selbstachtung und Selbstwirksamkeit.[32] In der Praxis gibt es drei Wege dies zu erreichen. Zum einen können Sie einfach Geld spenden. Vielleicht gibt es irgendeine Sache, für die Sie eine gewisse Leidenschaft empfinden, oder eine Organisation, die eine sinnvolle Arbeit leistet. Vielleicht lieben Sie Tiere und möchten an ein Tierheim spenden. Bei größeren Organisationen können Sie sich vorher informieren, um sicherzustellen, dass der Verwaltungsanteil möglichst gering ist. Zum Zweiten können Sie sich ehrenamtlich engagieren. Vielleicht gibt es in Ihrer Gegend eine Organisation, die Sie kennen, oder Sie suchen sich eine solche Organisation übers Internet. Interessanterweise zeigen Studien, dass die Steigerung des Glücksgefühls beim Spenden oder bei ehrenamtlicher Tätigkeit ebenso groß ist wie bei einer Gehaltserhöhung um mehrere Zehntausend Dollar.[33, 34]

Spenden und ehrenamtliche Tätigkeiten sind großartige Möglichkeiten, das warme Leuchten zu erleben, doch wir haben auch gesehen, dass kleine, einfache Akte gegenüber Freundinnen oder Fremden schon ausreichen. Suchen Sie sich auf die eine oder andere Weise solche Möglichkeiten, freundlich zu sein. Helfen Sie einem Nachbarn, indem Sie ihm ein Mittagessen bringen. Oder mähen Sie für eine Nachbarin mit einer Gehbehinderung den Rasen. Breiter betrachtet, verbessert ein solches Verhalten den Zustand ganzer Gesellschaften. Und auch wenn wir die Freundlichkeit von Kleinkindern längst nicht erreichen, machen wir Erwachsenen doch gute Fortschritte. Trotz der COVID-19-Pandemie und mancherlei wirtschaftlicher Härten haben im Jahr 2021 mehr als drei Milliarden Erwachsene auf der ganzen Welt jemandem geholfen, den sie nicht kannten – eine Rekordzahl.[35] Ein letzter Zusatznutzen liegt darin, dass Freundlichkeit ansteckend wirkt. Die positiven Auswirkungen gehen also über Sie selbst und die Person, der Sie direkt helfen, weit hinaus.[36] Machen Sie's wie die Kleinkinder: Seien Sie freundlich.

## Mind Control

Einfache, informelle Akte der Freundlichkeit sind einfach auszuführen, aber manchmal brauchen wir doch einen Anstoß, um eine Verhaltensänderung zu erreichen, selbst wenn wir wissen, dass die Veränderung gut für uns ist. Bei vielen Dingen, die wir an uns selbst verbessern wollen, können die Anfangshürden hoch sein. Bei der Freundlichkeit jedoch gibt es eine überraschend einfache Lösung: Wir müssen einfach nur daran denken.

Freundlichkeit anderen gegenüber ist eines der besten Beispiele für sich selbst verstärkendes Verhalten. Wir können uns selbst in einen wunderbaren, positiven Kreislauf guter Taten versetzen, der dann durch andere und durch unser eigenes Gefühl verstärkt wird, sodass wir dabeibleiben und es noch häufiger tun. Wenn andere sehen oder mitbekommen, dass wir freundlich sind, hilft ihnen das, sich selbst prosozial zu verhalten. Und wenn wir uns mit freundlichen Menschen umgeben, sind wir wahrscheinlich sogar freundlicher zu uns selbst. Freundlichkeit kann so stark wirken, dass wir nicht einmal das physische Tun brauchen, um einen Nutzen davon zu haben. Im Jahr 2021 führten Forschende der University of California in Riverside ein Experiment mit mehr als 500 Erwachsenen durch, die sie in vier Gruppen einteilten. Die erste Gruppe bekam die Aufgabe, in den nächsten 24 Stunden anderen Menschen drei Freundlichkeiten zu erweisen. Gruppe zwei sollte sich an frühere Freundlichkeiten erinnern. Gruppe drei sollte beides tun, und Gruppe vier bekam keine spezifischen Instruktionen. Alle Teilnehmenden wurden drei Tage lang beobachtet und in dieser Zeit verschiedenen psychologischen Tests unterzogen. Wie erwartet, steigerte die zusätzliche Freundlichkeit das Wohlbefinden, doch überraschenderweise war das auch beim bloßen Erinnern der Fall. Tatsächlich gab es keinen Unterschied zwischen den Gruppen eins bis drei.[37] Natürlich gibt es Vorteile, die sich aus Akten der Freundlichkeit ergeben und die nicht erreicht werden können, wenn man nur daran denkt. Doch das gute Gefühl, das wir empfinden, wenn wir an solche Freundlichkeiten denken, kann uns ermutigen, etwas zu tun.

Daraus ergibt sich ein noch stärkerer Gedankentrick. Wenn es schon hilft, an einfache Akte der Freundlichkeit zu denken, die wir in der Vergangenheit ausgeführt haben, was würde wohl passieren, wenn wir an eine längere Zeit in unserem Leben denken, in der unsere Freundlichkeit sich auf dem Höhepunkt befand? Wir haben ja in diesem Kapitel ganz eindeutig gesehen, dass es sich dabei um unsere Zeit als Kleinkind handelt.

Eine Gruppe von Forschenden hat sich in der Tat mit der Frage beschäftigt, was passiert, wenn wir so weit wie möglich zu unseren frühesten Erinnerungen zurückkehren. In einer unglaublich gut durchdachten und tiefgehenden Studie, die an der Harvard University und der University of North Carolina in Chapel Hill durchgeführt wurde, untersuchten zwei Forschende, wie Kindheitserinnerungen das gegenwärtige prosoziale Verhalten fördern können.

Sie führten eine Reihe von fünf Experimenten mit Hunderten von Studierenden durch. Im ersten Experiment wurde eine Gruppe gebeten, positive Kindheitserinnerungen aufzuschreiben. Die andere Gruppe bekam die Aufgabe, ihre Erinnerungen an den letzten Lebensmitteleinkauf zu notieren. Dann bekamen sie eine Bitte um Hilfe, von der es hieß, es handele sich um einen Pilottest für ein anderes Projekt. Fast 50 Prozent mehr Teilnehmende aus der Gruppe mit den Kindheitserinnerungen boten ihre Hilfe an, verglichen mit der Gruppe, die Erinnerungen vom Einkauf aufgeschrieben hatte. In den folgenden vier Experimenten wurden bestimmte Aspekte des ersten Experiments modifiziert, um herauszufinden, ob dieses Verhalten auch breiter anwendbar wäre.

Die Ergebnisse waren erstaunlich. Menschen, die an ihre Kindheit gedacht hatten, gingen großzügiger mit Geld um, selbst wenn man ihr Verhalten mit dem einer Gruppe verglich, die sich an positive Erlebnisse aus den Teenagerjahren erinnert hatte. Auch die ethischen Standards, nach denen sie andere beurteilten, waren bei der Kindheitsgruppe höher.

Am verblüffendsten war jedoch das letzte Experiment, bei dem es drei Gruppen gab. Eine Gruppe schrieb positive Kindheitserinnerungen auf, die zweite negative Kindheitserinnerungen und die dritte positive Erinnerungen an die Teenagerjahre. Verglichen mit der Kontrollgruppe führten die positiven und negativen Kindheitserinnerungen »zu einem gesteigerten Sinn für moralische Reinheit und förderten die Hilfsbereitschaft«. Selbst diejenigen, die negative Kindheitserinnerungen aufgeschrieben hatten, konnten auf diese Weise ihre Hilfsbereitschaft steigern.

Erinnerungen sind eine komische Sache; wir können uns oft nicht auf ein vollständiges Szenario besinnen. Stattdessen steigen ein paar Bruchstücke auf, und wir nutzen zusätzliche Informationen, um ein inneres Bild zu zeichnen. Wie auch immer Menschen das Verhalten von Kleinkindern beurteilen, fast immer werden diese Kinder als unschuldig angesehen. Wenn wir uns also an unsere eigene Kindheit erinnern, wird das, was wir über Kleinkinder denken, ebenfalls aktiviert, und in der Summe führt dies dazu, dass wir uns prosozialer verhalten. Ihr eigenes jüngeres Selbst ist das beste Vorbild in Sachen Freundlichkeit, das sie haben können. In der Praxis können Sie einfach den Anweisungen folgen, die in dem eben beschriebenen Experiment gegeben wurden, und ein bisschen Tagebuch führen.

*Bitte denken Sie an Ihre Kindheit und die guten Erinnerungen aus dieser Zeit. Schreiben Sie ein paar Absätze darüber, beschreiben Sie sie und erzählen Sie von einem Ereignis, an das Sie sich bis heute erinnern. Bitte schreiben Sie so viele Details auf wie möglich, sodass eine Person, die Ihren Text liest, verstehen könnte, was Sie damals empfunden haben.*[38]

Wenn Sie ohnehin Tagebuch führen, würde es sich lohnen, diese Aufgabe einmal pro Woche oder pro Monat anzugehen. Wenn Sie bisher nicht Tagebuch führen, versuchen Sie es einfach mal so. Wahrscheinlich werden Erinnerungen an Momente in Ihnen aufsteigen, in denen Sie und andere freundlich zueinander waren. Vielleicht denken Sie daran, wie Ihnen ein Elternteil beigebracht hat, Plätzchen zu backen. Oder Sie erinnern sich an ein Haustier, mit dem Sie viel Zeit verbracht haben. Welche Erinnerungen auch immer in Ihnen aufsteigen, diese Übung bringt Ihnen den geistigen Rahmen der freundlichen Person zurück, die Sie einmal waren. Und dieses Mindset können Sie dann in Ihr gegenwärtiges Leben mitnehmen.

Was ich besonders an dieser Übung mag, ist die Tatsache, dass sie sich direkt auf die Botschaft dieses Buches bezieht. Unser eigenes jüngeres Selbst kann uns vieles lehren. Wir kommen im Kapitel 5 (zum Thema Spiel) und im Kapitel 7 (Mentoren) auf ähnliche Übungen zurück. Das Mindset der Kleinkinder ist das freundlichste Mindset, das wir uns denken können.

## Wir sind so geboren

Wenn wir alles, was in diesem Kapitel gesagt wurde, zusammennehmen, wird klar, dass Kleinkinder einfach gute, freundliche Menschen sind, in einer großen Vielfalt von Situationen und ohne irgendeine Gegenleistung zu erwarten.[39] Das ist ihr natürlicher Zustand. Wenn sie teilen, schenken oder freundlich sind, dann nicht, um in diesem Moment glücklich zu sein – sie sind einfach so, in ihrem innersten Kern. Sie tun es informell, in vielerlei Umgebungen und mit Blick auf die verschiedensten Menschen. Weil sie von der Definition her freundlich sind, leben sie ganz natürlich an einem Ort, wo sie ihr menschliches Potenzial fast ständig entfalten können und daraus eudämonistische Freude beziehen. Das heißt nicht, dass sie nicht auch das warme Leuchten empfinden – das tun sie sehr wohl! –, doch um die höchste Form von Glück zu erleben, ist beides nötig.

Wir glauben vielleicht, dass Eltern und Pflegepersonen Kindern zeigen, wie man anderen hilft und freundlich ist. Aber das ist einfach nicht wahr. Felix Warneken, Professor für Psychologie an der University of Michigan, hat mehr als ein Jahrzehnt damit zugebracht, den Altruismus von Kleinkindern zu studieren. Nach vielen Experimenten sowohl mit Kleinkindern als auch mit Schimpansen ist er zu dem Schluss gekommen, dass die Hilfsbereitschaft von Kleinkindern »tiefe evolutionäre Wurzeln« hat und sich entwickelt, lange bevor soziale Normen oder Kultur ihr Verhalten beeinflussen können. Es gibt einen wunderbaren TEDx-Talk von ihm mit dem Titel »Need Help? Ask a 2-year-old«, den ich Ihnen sehr ans Herz lege. Darin können Sie erleben, wie diese Experimente lebendig werden.[40]

Es hat eine ganz besondere Bewandtnis mit dem Schenken und dem Freundlichsein. Kleinkinder sind diesem Besonderen sehr nah. Die Ergebnisse der Studien mit erwachsenen Teilnehmenden zeigen zahlreiche Vorteile einer kleinkindlichen Freundlichkeit, und wir finden immer noch mehr solche Vorteile. Wenn wir alle mehr Zeit mit Schenken verbringen würden, so wie Kleinkinder es tun, wären wir glücklicher, hätten bessere Beziehungen und kämen der Erfüllung unseres individuellen Potenzials wesentlich näher.

## Von Kleinkindern lernen
### 2. Regel:
### *Freundlichkeit macht Sie glücklicher!*

- Gehen Sie davon aus, dass jeder Mensch, dem Sie begegnen, Ihr Freund ist, wer und was auch immer er sein mag. Alle diese Menschen könnten auf irgendeine Weise Ihre Hilfe brauchen.
- Es ist immer besser, wenn Sie und Ihre fremden Freunde Sticker bekommen. Besser, als wenn Sie sie allein besitzen.
- Wie auch immer sich andere Menschen verhalten, bleiben Sie bei dem, was Sie kennen: Freundlichkeit.
- Sie müssen nicht extra nett zu jemandem sein, nur damit man Sie mitspielen lässt.
- Kleine, informelle Akte der Freundlichkeit sind genauso wichtig wie ehrenamtliche Tätigkeiten oder Geldspenden.
- Denken Sie oft an Ihr Selbst als Kleinkind, und schreiben Sie Ihre Erinnerungen auf.

# 3
# Lachen

*Klopf, klopf…*

Es ist nicht möglich, an einer Gruppe Kleinkinder vorbeizuge-hen, ohne fast ständig Gelächter zu hören. Alles ist lustig, von Gesichtsausdrücken über Tierlaute, Körpergeräusche und natürlich Kuckuck-Spiele. Kleinkinder sehen den Humor in fast jeder Situation wesentlich besser als Erwachsene. Sie verstehen, wie das Leben sein sollte: sehr viel Spaß mit einigen ernsten Momenten – anstatt umgekehrt. Und selbst ernste Themen können meist von einer Prise Humor profitieren. Lachen hilft Kleinkindern nicht nur, ihr Leben mehr zu genießen, es gibt auch viele weitere Gründe, warum mehr Lachen ihnen und uns allen helfen kann – von besserem Lernen bis hin zu niedrigeren Blutdruckwerten.

Wir wissen, dass Lächeln und Lachen wichtige Schritte der Evolution sind, und zwar sowohl für Individuen als auch für Gruppen. Diese Eigenschaft teilen wir mit den Schimpansen. Die wichtigste Rolle spielen Lächeln und Lachen beim Aufbau sozialer Bindungen.[1] Beim Menschen beginnt das schon sehr früh, lange bevor wir viele andere grundlegende Dinge tun können, zum Beispiel sitzen. Die meisten Babys beginnen noch im ersten Lebensmonat zu lächeln, mit drei Monaten lachen sie.[2] Wenn sie dann ins Kleinkindalter kommen und sprechen lernen, haben sie bereits sehr viel Übung in der Kunst des Lachens und der Späße mit ihrer Familie und ihren Freunden. Die Tatsache, dass Lächeln und Lachen in einem so frühen Alter entstehen, weist auf die große Bedeutung hin, die der Humor in unserem Leben hat.

Humor hilft uns, Stress zu bewältigen, Freundschaften zu schließen, zu lernen und kreativ zu sein.[3] Vielleicht sind Kleinkinder deshalb so großartig in all diesen Bereichen.

Eine der traurigsten Sachen am Älterwerden ist der Sturz über die »Humor-Klippe«, den wir alle erleben. Eine Gallup-Studie aus dem Jahr 2013, für die 1,4 Millionen Menschen in 163 Ländern befragt wurden, hat gezeigt, dass das Ausmaß unseres Lächelns und Lachens pro Tag im Alter von 23 Jahren dramatisch sinkt. Es steigt irgendwann auch wieder, aber erst, wenn wir 80 Jahre alt sind. Und es erreicht nie wieder die Werte unserer frühen Jahre.[4, 5]

Das Ausmaß an Lachen bei Kleinkindern und Kindern im Allgemeinen ist aus älteren Studien immer wieder falsch zitiert und falsch weitergegeben worden, doch zwei Dinge stehen fest: Erstens, sie lachen viel. Und zweitens, sie lachen mehr als Erwachsene.

Allgemein wird behauptet, dass Kinder 300- bis 400-mal pro Tag lachen, aber das stimmt nicht. Das Originalzitat stammt aus einem Buch aus dem Jahr 1944 mit dem Titel *Living Wonderfully*, in dem der Psychologe Robert Holden schrieb, dass Kinder 300- bis 400-mal pro Tag lächeln und 150-mal am Tag lachen.[6] Ein objektiverer Wert ergibt sich aus einer Studie aus dem Jahr 2019, in dem Drei- bis Fünfjährige mit ihren Erzieherinnen und Erziehern (eine im Allgemeinen sehr fröhliche Gruppe von Menschen) verglichen wurden, was das Lachen anging. Die Forschenden analysierten dazu 72 Stunden Videoaufnahmen aus zwei schwedischen Kindergärten, die im Verlauf von anderthalb Jahren aufgenommen worden waren. Das Video zeigte sämtliche Aktivitäten der Kleinkinder an einem typischen Tag, also Essen, Malen, Zeit im Stuhlkreis und die so wichtigen Phasen des freien Spiels (mehr dazu in Kapitel 5).

Die Forschenden wollten wissen, wer lachte und an wen sich das Lachen richtete. Also schlossen sie zunächst alle Gelegenheiten aus, bei denen jemand einfach so vor sich hin lachte. Das waren übrigens, wenig überraschend, immer die Kinder. Bei den verbleibenden mehr als tausend Lach-Episoden stellten die Forschenden fest, dass 86 Prozent des Lachens von den Kindern ausging, 14 Prozent von den Erwachsenen. Die Kinder lachten also sechsmal so viel wie die Erwachsenen. Diese Zahl ist jedoch verzerrt, weil in dem Kindergarten ja wesentlich weniger Erwachsene als Kinder anwesend waren. Die wichtigere Vergleichszahl berücksichtigt also Lachen, bei dem Kinder andere Kinder anlachen. Die Studie ergab eine Frequenz von fast einem Lacher pro Minute. Ganz genau gesagt: 54-mal pro Stunde.[7] Zum Vergleich: Bei einer Studie mit Erwachsenen, bei der die Teilnehmenden während eines Interviews gefilmt wurden und eine durchschnittliche Lachfrequenz aufwiesen, war es 23-mal pro Stunde, eine Zahl, die von anderen Studien bestätigt wird.[8]

Die erwähnte Studie mit Kleinkindern stellte außerdem fest, dass die Kinder weniger häufig lachten, wenn Erwachsene anwesend waren: etwa 33-mal pro Stunde. Das ist immer noch mehr als der Durchschnitt bei Erwachsenen. Die Behauptung, Kinder würden 300- bis 400-mal pro Tag lachen, ist also falsch, aber wenn sie den ganzen Tag nur mit anderen Kindern zu tun hätten, kämen sie diesem Wert tatsächlich relativ nah. Es gibt klare Gründe, die erklären, warum Kinder mehr lachen, wenn keine Erwachsenen dabei sind. Sobald Erwachsene anwesend sind, beschäftigen sich die Kinder häufiger mit zielgerichteten Aktivitäten.

Doch die Frage bleibt: Warum ist der Unterschied so groß? Eine Erklärung könnte sein, dass Kleinkinder Humor bemerken, wo Erwachsene ihn nicht sehen. Bei den Gelegenheiten, bei denen die Kinder Erwachsene anlachten, wurde in der Studie deutlich, dass die Erwachsenen die Hälfte der Zeit entweder nur lächelten oder gar nicht reagierten.[9]

Kleinkinder sind wie aufstrebende Comedians, die die ganze Welt als Comedy Club sehen. Sie wollen jeden in ihrer Umgebung zum Lachen bringen. Sie begegnen den verschiedensten

Gruppen, wenn sie sich Witze ausdenken und sie ausprobieren, und leider bekommen sie längst nicht so viele Lacher von Erwachsenen wie von Kindern. Schlimmer noch: Die Großen machen ihrerseits nicht viele Witze und lachen auch nicht viel. Was tun die Kleinkinder also? Sie halten sich an die Leute, die sie verstehen, über ihre Witze lachen und mehr davon hören wollen. Nach wie vor versuchen sie jeden zum Lachen zu bringen, aber ihre Priorität liegt bei anderen Kleinkindern, die sehen können, wie lustig die Welt ist. Es ist schwer zu verstehen, warum nicht jeder Erwachsene in Gelächter ausbricht, sobald man ihm eine Gummiente auf den Kopf setzt oder wenn man ein Geräusch hört, das entfernt an einen Furz erinnert.

## Lernen durch Lachen

»Lala-lala lala-lala Elmos Lied. Lala-lala lala-lala Elmos Lied.« Die meisten Leserinnen und Leser werden sich wohl sofort an die hohe Stimme der leuchtend roten Muppet-Puppe Elmo erinnern. Elmo ist eine Figur aus der *Sesamstraße*, die am längsten laufende Fernsehserie für Kinder, mit mehr als fünfzig Staffeln. Viele von Ihnen erinnern sich womöglich aus der eigenen Kindheit daran. Im Kern ist die *Sesamstraße* ein pädagogisches Programm, bei dem eins der wichtigsten Elemente der Humor ist. Joey Mazzarino, einer der Autoren, soll gesagt haben: »Wenn es nicht lustig ist, machen wir es nicht.«[10]

Fast in jeder Folge der Sendung wird das deutlich, doch schauen wir uns als Beispiel an, wie Elmo und James Marsden den Kindern das Wort »engineer« nahebringen. Mr. James erklärt erst einmal, dass das Wort »engineer« bedeutet, etwas zu entwerfen und zu bauen. Elmo baut daraufhin eine Spaghetti-Serviermaschine aus einem Holzblock und einem Brett. Eine Schüssel mit Spaghetti wird auf das eine Ende des Bretts gestellt, dann haut Mr. James auf das andere Ende, sodass die Spaghetti in die Luft fliegen und schließlich auf seinem Kopf landen. Beide lachen kräftig und wiederholen das Wort »engineer«.[11]

Die *Sesamstraße* ist seit Jahrzehnten beliebt bei kleinen Kindern, weil sie ihnen Gelegenheit gibt, mit Spaß zu lernen. Eines der Kernthemen dieses Buchs ist die Feststellung, dass Kleinkinder echte Profis im Lernen neuer Dinge sind, man versteht also sofort den Zusammenhang von Lernen und Humor, wenn man sieht, wie viel sie lachen. Die gute Nachricht für Erwachsene: Dieser Zusammenhang beschränkt sich nicht auf das Kleinkindalter, sondern bleibt bis ins hohe Erwachsenenalter erhalten.

Um zu zeigen, wie sehr Lachen beim Lernen hilft, beobachteten Forschende von zwei französischen Universitäten 53 Kinder im Alter von einem Jahr und brachten ihnen eine neue Fertigkeit bei, einmal mit und einmal ohne Lachen. Sie setzten eine Spielzeugente ins Zimmer und zeigten den Kindern ein t-förmiges Werkzeug aus Pappe, mit dem man wie mit einem Rechen die Ente näher zu sich heranziehen konnte. Natürlich hatten ein paar Schlaumeier sofort heraus, wie das neue Werkzeug funktionierte, auch ohne dass man es ihnen zeigte. Sie nahmen am weiteren Experiment nicht mehr teil. Die übrigen Kinder wurden in zwei Gruppen aufgeteilt. In der einen Gruppe demonstrierte ein Mitglied des Forschungsteams die Benutzung des Werkzeugs, in der anderen Gruppe wurde erst das Werkzeug benutzt und dann die Ente auf den Boden geworfen und gelacht, um auch das Kind zum Lachen zu bringen. Dann durften die Kinder das Werkzeug ausprobieren. Von den Kindern aus der »ernsten« Gruppe konnten nur 25 Prozent das Werkzeug korrekt benutzen. In der lachenden Gruppe waren es mehr als 90 Prozent.[12]

Natürlich gibt es viele mögliche Erklärungen für dieses Ergebnis, die von den Autorinnen der Studie auch diskutiert werden. Es könnte sich um individuelle Unterschiede halten, in dem Sinne, dass Kinder, die lachen, bessere soziale Kompetenzen besitzen und leichter mit Erwachsenen interagieren. Es ist aber auch möglich, und das wird durch die Forschung an Erwachsenen gestützt, dass der Effekt mit der Ausschüttung von Dopamin in Verbindung steht. Und Dopamin wird ausgeschüttet, wenn man lacht. Es ist das Belohnungshormon, das für unsere Motivation zuständig ist und auch eine Rolle beim Lernen und der Konsolidierung des Gedächtnisses spielt.[13]

Viele Studien mit erwachsenen Teilnehmenden zeigen, wie eng die Verbindung zwischen Humor und Lernen ist, selbst bei schwierigen oder trockenen Lerninhalten. Studierende der Sam Houston State University in Texas beschrieben beispielsweise Statistik als einen ihrer »Horrorkurse«. Also nahmen Forschende diesen Kurs und ließen eine Gruppe von Studierenden drei aufgezeichnete Statistik-Vorlesungen anschauen. Von jeder Vorlesung gab es zwei Versionen, eine mit einer witzigen Geschichte zu Beginn und weiteren eingestreuten Humor-Elementen, eine ohne solche Elemente. Die Studierenden erfuhren im Voraus nicht, welche Version sie ansehen würden. Bei den Tests am Ende zeigte sich, dass die Studierenden, die die humorvolle Version gesehen hatten, signifikant mehr Informationen verstanden und behalten hatten.[14]

Die Datenlage unterstützt den Befund, dass Humor als Lernhilfe während des gesamten Erwachsenenalters funktioniert. Bei Personen von 18 bis 34 Jahren half Humor beim Behalten und Weitergeben politischer Informationen.[15] Bei älteren Erwachsenen zwischen 63 und 74 Jahren verbesserte das Anschauen eines zwanzigminütigen humorvollen Videos vor einem standardisierten Test des Kurzzeitgedächtnisses die Lern- und Merkfähigkeit.[16] Um dieses Ergebnis noch weiter zu stützen, wiederholte das Forschungsteam die Studie und nahm diesmal auch ältere Erwachsene mit Diabetes in die Probandengruppe auf. Die Ergebnisse waren ähnlich wie beim ersten Mal. In beiden Studien wurden auch niedrigere Spiegel des Stresshormons Cortisol in der Humorgruppe festgestellt.[17] Wir werden in diesem Kapitel noch öfter darüber reden, wie hilfreich Lachen für den Stressabbau ist.

Lachen hilft auch insofern beim Lernen, als es eine unmittelbare Verbindung zu einem anderen Menschen herstellt. Wenn wir diese Verbindung und das damit einhergehende gute Gefühl empfinden, wird damit nicht nur die Beziehung zwischen Lehrenden und Lernenden gestärkt, sondern sie hilft auch bei besonders herausfordernden Themen. Schließlich kann der Lerninhalt ja manchmal für sich genommen schon Ängste auslösen. Humor erleichtert das Lernen auch noch durch mehrere weitere Mechanismen, darunter Stressabbau und gleichzeitige Förderung von Aufmerksamkeit, Motivation und Wachsamkeit.[18]

Im formellen Setting eines Unterrichtsraums hilft Humor aber nicht nur den Lernenden, sondern verbessert auch die Beurteilung des Unterrichts, solange die Witze nicht beleidigend oder unangemessen sind.[19, 20] Und da wir alle auf die eine oder andere Weise Lehrerinnen und Lehrer sind, kann Humor in Unterrichtssituationen fast immer nützlich sein. Der Großteil der Forschung bezieht sich zwar auf die Nutzung von Humor bei der Vermittlung von Sachthemen oder bei Gedächtnistests, doch es gibt auch Studien außerhalb der klassischen Unterrichtssituation, zum Beispiel beim Training von Leistungssportlerinnen und -sportlern. Interviewdaten, Videoaufzeichnungen und Beobachtungen zeigen in einer Studie der University of Oklahoma und der Georgia State University, dass die Funktion von Humor beim Lehren und Lernen allgemein greift. Auch hier stellte man fest, dass Humor Verbindung schafft, beim Stressabbau und Stressmanagement hilft und korrigierendes Feedback leichter verdaulich macht.[21] Ob Sie sich in der Rolle von Lehrenden oder Lernenden befinden – Humor hilft immer.

In einer Lernsituation können Sie Humor nutzen, um sich Dinge besser zu merken. Dies ist auch einer der Tricks, die in der Werbung angewandt werden, wenn es darum geht, dass wir eine Anzeige gut im Gedächtnis behalten.[22, 23] Wenn Sie Glück haben, finden Sie humorvolle Vermittlungen von Wissen, das Sie sich besser merken. Was die Tagesnachrichten oder politische Informationen angeht, so wäre es also besser, sie in der Version eines Comedians anzusehen.[24] Sollte das Material, auf das Sie sich konzentrieren wollen, nicht in humorvollem Format existieren, dann müssen Sie selbst aktiv werden. Sie könnten einen witzigen Merksatz[25] entwickeln, ein Akronym oder einen Reim oder andere humorvolle Assoziationen wecken. Eine andere Möglichkeit besteht darin, vor dem Lernen etwas Humorvolles anzuhören oder anzusehen.

Wenn Sie sich also das nächste Mal neue Informationen oder Fertigkeiten aneignen wollen, wenn Sie sich etwas Wichtiges merken wollen oder andere unterrichten, hilft es sicher, die Sache mit etwas Humor zu würzen. Kichern nach Kleinkinderart fördert die Konzentration und gibt Ihnen ein gutes Gefühl. Und all das steigert die Lernfähigkeit.

## Gemeinsames Lachen macht Freu(n)de

Für Erwachsene ist es schwierig, neue Freundschaften zu schließen. Das gilt sowohl am Arbeitsplatz als auch in der Freizeit. Es kostet Zeit, Leute zu treffen und kennenzulernen. Es kann auch schwierig sein, ein Gespräch anzufangen oder sich den richtigen Einstieg auszudenken, oft schon deshalb, weil wir uns zu viele Gedanken über uns selbst machen. Doch Freundschaften sind wichtig, und gemeinsames Lachen kann uns helfen, solche Freundschaften aufzubauen. Zahlreiche Studien zeigen, dass Menschen mit starken sozialen Netzwerken länger leben.[26, 27]

Im Schnitt verbringen berufstätige Menschen in ihrem Leben etwa 90 000 Stunden am Arbeitsplatz.[28] Angesichts dieser unglaublichen Menge an Zeit ist es umso wichtiger, gute Beziehungen am Arbeitsplatz zu pflegen. Eine Studie mit 3000 berufstätigen Personen in den USA zeigte, dass sie im Durchschnitt fünf Freundinnen am Arbeitsplatz haben. Die meisten Menschen dort gelten einfach als Kolleginnen und Kollegen, ein Viertel als

Fremde oder echte Feinde.[29] Wenn Sie ein Kleinkind fragen, wie es die Menschen in seiner Kindergartengruppe einteilt, die Lehrkraft eingeschlossen, werden Sie vermutlich auf eine Quote von 100 Prozent Freunden kommen.

Kleinkinder verfügen über viele Techniken, um schnell Freundschaften zu schließen. Wie wir schon im vorigen Kapitel gesehen haben, besteht eine dieser Techniken darin, in jeder Situation freundlich zu sein, egal, was die andere Person tut. Andere Kleinkinder versuchen es zum Beispiel mit dem Teilen von Plätzchen, mit einer Spieleinladung oder einfach mit einer herzlichen, wenn auch ungeschickten Umarmung oder einem High-Five. Doch die mit Abstand häufigste Strategie, die jedes Kleinkind anwendet, umfasst Lächeln, Lachen und überhaupt so viel Humor wie möglich.

Ich weiß noch, wie ich meine Tochter in die neue Umgebung brachte, nachdem sie von der Krippe in den Kindergarten gewechselt war. Einige Kinder kannte sie schon, andere stellte man ihr kurz vor, doch es war eine fremde Umgebung mit fremden Erzieherinnen; ich konnte spüren, wie nervös sie war. War sie in der Krippe immer sehr selbstbewusst herumgelaufen, hielt sie jetzt meine Hand fest, als wir uns dem Gruppenraum näherten. Sie zeigte auch immer wieder auf die Tür zu ihrem alten Raum, als ich ihr erklärte, heute würden wir woanders hingehen. Als wir hereinkamen, standen da acht Kinder, die sie alle anschauten. Doch in keinem dieser Gesichter sah ich irgendeine Verwirrung darüber, warum diese neue Person da war. Für sie alle war vollkommen klar: Dies war eine neue Freundin. Mit großen Schritten, breitem Grinsen und laufenden Nasen kamen sie auf meine Tochter zu und umringten sie, um sie zu begrüßen. Einige sagten ein paar Worte, einige winkten, ein kleiner Junge berührte sie sanft am Arm. Nach weniger als dreißig Sekunden fing das erste Kind an zu kichern, und es dauerte nicht lange, dann lachten sie alle. Ich verabschiedete mich schnell, wusste ich doch, dass sie einen wunderbaren Tag voller Lachen haben würde.

Aus verschiedenen Gründen ist Lachen wichtig für den Aufbau von Beziehungen. Zum einen wirkt es entspannend, was wir auch schon beim Lernen gesehen haben. Über die Physiologie dahinter werden wir gleich noch sprechen. Entspannte Menschen können sich leichter öffnen, weil sie sich wohlfühlen, und das ist einer der wichtigsten Bausteine von Beziehungen. Tatsächlich fördert Lachen sogar die Bereitschaft, persönliche Geschichten zu erzählen, die Leute sonst für sich behalten würden. In einem Experiment der Oxford University zeigte man 112 Personen im Alter zwischen 18 und 31 Jahren, die einander nicht kannten, eins von drei Videos: Entweder ein Comedy-Format mit dem Ziel, Menschen zum Lachen zu bringen, oder eine Lehrvideo fürs Golfspielen (die neutrale Option) oder Tierszenen aus einer Doku-Serie, die positive Gefühle erzeugten, aber kein Lachen. Die Teilnehmenden schauten sich diese Videos in Vierergruppen an, und nach dem Anschauen wurden sie gebeten, fünf Informationen aufzuschreiben, die sie gern über sich weitergeben würden, damit man sich in der Gruppe besser kennenlernte. Es zeigte sich, dass die Personen in der »Lach-Gruppe« deutlich mehr intime Informationen preisgaben als die Personen in den anderen beiden Gruppen.[30]

Es versteht sich fast von selbst, dass eine entspannte, offene Haltung beim Aufbau von Beziehungen hilft, aber Lachen geht viel tiefer. Studien zeigen, dass Menschen, die zusammen lachen, eine Ähnlichkeit zueinander empfinden. Sie sehen eine wechselseitige Verbindung, in der sie sich verstanden fühlen. Und diese Gefühle von Wohlbefinden und Ähnlichkeit zu einer anderen Person fördern Zufriedenheit, Zuneigung und Bindung.[31]

Gemeinsames Lachen mit anderen ist einer der stärksten Faktoren für den Aufbau tiefer und bedeutungsvoller Beziehungen. Kleinkinder tun das ständig und können deshalb leicht Freundschaften schließen und erhalten. Jede Möglichkeit, mit anderen Menschen zu lachen, hilft Ihnen, Bindungen zu verstärken – es lohnt sich wirklich, das auszuprobieren.

## Lachen ist das beste Antidepressivum

Eines der Argumente, warum Kleinkinder so glückliche Menschen sind, lautet: Ihnen bleibt der Stress erspart, den es bedeutet, erwachsen zu sein. Es stimmt, dass Kleinkinder keine Geldsorgen und keinen Arbeitsstress kennen, aber sie müssen durchaus mit stressigen Situationen ganz eigener Art klarkommen. Einige dieser Situationen mögen Erwachsenen trivial vorkommen, doch für die Kinder haben sie ziemlich große Bedeutung.

Denken wir zum Beispiel an das Kuscheltier, also dieses wunderbare, abgeliebte Ding, das eher einem Lumpen ähnelt, aber irgendwann mal aussah wie ein Hase. So ein Kuscheltier ist für ein Kleinkind viel mehr als nur ein Spielzeug, es bietet Freundschaft, Trost und emotionale Unterstützung.[32] Wenn das Kuscheltier fehlt, vor allem in einer fremden Situation, kann das für ein Kleinkind großen Stress bedeuten. Und das ist nur ein Beispiel von vielen. Kleinkinder empfinden auch Stress bei größeren Veränderungen, zum Beispiel bei einem Wechsel der Betreuungsperson im Kindergarten oder auch zu Hause. Doch auch in solchen und anderen Stresssituationen im Alltag bleiben Kleinkinder meistens vergnügt und lachen trotzdem den ganzen Tag.

Um zu verstehen, warum Lachen beim Stressabbau hilft, müssen wir die physiologische Reaktion des Körpers auf Stress verstehen. Bei Stress werden verschiedene Hormone ausgeschüttet; die wichtigsten in diesem Zusammenhang sind Cortisol und Epinephrin. Das Gehirn sendet über seine Kommandozentrale, den Hypothalamus, Signale an die Nebennieren, und die Hormone gelangen dann ins Blut. Zuerst kommt das Epinephrin, dessen Wirkung wir sofort spüren: der Puls wird schneller, Blutdruck und Atemfrequenz steigen. Sobald das Epinephrin absinkt, schütten die Nebennieren Cortisol aus. Es fährt alle Körperfunktionen herunter, die in einer stressigen Situation nicht lebenswichtig sind. So werden die Immunreaktion und das Verdauungssystem gedrosselt. Hinzu kommen Signale an die Gehirn-regionen, die Stimmung, Motivation und Angst steuern.[33] Für viele Menschen, die unter ständigem Stress leiden, bleibt diese Reaktion dauerhaft erhalten – chronischer Stress entsteht. Daraus können sich viele gesundheitliche Probleme ergeben, nicht zuletzt Angststörungen, Depressionen, Kopfschmerz und so weiter.

Die gute Nachricht: Lachen senkt nachweislich den Spiegel dieser und anderer Stresshormone.[34] Diese Tatsache, zusammen mit all den anderen Vorteilen des Lachens, hat einige Studien hervorgebracht, in denen verschiedene Formen von Lachtherapie untersucht wurden – mit durchaus vielversprechenden Ergebnissen. Eine Metaanalyse, die im Jahr 2019 veröffentlicht wurde, betrachtete zehn frühere Studien mit 814 erwachsenen Probanden. In diesen Studien wurden die verschiedensten Patientinnen und Patienten in unterschiedlichen Weltregionen beobachtet, die eine Vielfalt an Interventionen mit Humor nutzten. In Australien besuchten Clowns die Menschen in Pflegeheimen. In Japan, Korea und dem Iran nahmen Erwachsene mit chronischen Krankheiten (COPD, Brustkrebs und Parkinson) an Aktivitäten wie Lachyoga teil. Zwei Studien aus China und Israel beschäftigten sich mit Menschen, die unter Schizophrenie litten. In China fanden Humor-Trainings mit diesen Patientinnen und Patienten statt, in Israel schauten sie humorvolle Filme an. In der Zusammenschau zeigen alle diese Studien, dass Interventionen, die mit Lachen verbunden sind, Ängste und Depressionen wirksam lindern und außerdem die Schlafqualität bei Erwachsenen verbessern können.[35]

Stress wird durch verschiedene Faktoren verursacht, von denen viele außerhalb unserer Kontrolle liegen. Lachen ist eine einfache Möglichkeit, diesen Stress zu mildern, denn man spürt es sofort, wenn der Spiegel der Stresshormone sinkt. Schon möglich, dass Sie Kuckuck-Spiele nicht mehr so lustig finden, doch es gibt sicher andere Dinge, die Ihren Geschmack treffen. In jedem Fall sollten Sie den Humorspiegel in Ihrem Leben so hoch wie möglich halten.

## Wer mehr lacht, lebt auch länger

Kleinkinder machen in Sachen Gesundheit fast alles richtig. Wie wir schon im ersten Kapitel dieses Buchs besprochen haben, schlafen sie gut, wenn man für Regelmäßigkeit sorgt, essen nicht mehr, als ihnen guttut, und bleiben ständig in Bewegung. Auch das Lachen hält ihren Körper gesund – und diesen Vorteil können Sie ebenfalls nutzen, indem Sie mehr lachen. Lachen hat sowohl kurz- als auch langfristige Auswirkungen auf die Herz-Kreislauf-Gesundheit. Verschiedene Studien mit Erwachsenen konnten nachweisen, dass witzige Filme sofort mit einer besseren Herzfunktion und höherem Blutdruck beantwortet werden, und zwar in ähnlichem Maße wie beim Sport.[36] Nach diesem kurzfristigen Effekt, können Ruhepuls und Blutdruck langfristig sinken. Eine Studie aus Japan ließ ältere Menschen, die in einem Tagespflegezentrum betreut wurden, einmal pro Woche ein halbstündiges Stand-up-Comedy-Programm anschauen. Nach dem Programm waren bei den Teilnehmenden der Puls und der Blutdruck signifikant gesunken.[37]

Einige der robustesten Daten über die langfristigen gesundheitlichen Auswirkungen von Lachen stammen aus Norwegen. Dort wurde über fünfzehn Jahre hinweg eine Studie mit mehr als 50 000 Erwachsenen durchgeführt. Im Rahmen einer breit angelegten Untersuchung des Gesundheitszustands wurde auch ein Fragebogen ausgefüllt, in dem es um den Sinn für Humor ging (ein »validated Sense of Humor Questionnaire«, SHQ). Der wichtigste Teil dieser speziellen Untersuchung betraf die Frage, ob die Menschen Humor in ihrem Leben leicht feststellen können, ob sie also Humor erkennen, wo und wann auch immer er sich zeigt. Ansonsten wurden in dieser Studie natürlich auch gesundheitsrelevante Aspekte wie Bewegung, Rauchen und BMI berücksichtigt. Und die Ergebnisse waren erstaunlich. Unter den Frauen, die an der Studie teilnahmen, lag das Sterberisiko bei allen Risiken umso niedriger, je besser sie bei dem SHQ abschnitten. Im Hinblick auf bestimmte Krankheiten fiel auch eine Verbindung zwischen höherem SHQ-Ergebnis und niedrigeren Sterberaten bei Herz-Kreislauf-Erkrankungen (Frauen) und Infektionen (Frauen und Männer) auf.[38] Wer den Humor in unserer Welt versteht – so wie es Kleinkinder tun – kann sein Krankheits- und Sterberisiko tatsächlich senken. Und eine andere große Studie aus Japan kommt, wenn auch mit weniger robusten Daten, bei 20 000 Probandinnen zu einem signifikanten Sinken der Herzinfarkt- und Schlaganfallrate bei Personen, die täglich lachten (verglichen mit Personen, die nie oder fast nie lachten).[39]

Nimmt man alles zusammen, dann sind die Studien, die unmittelbar positive Wirkungen des Lachens nachweisen, wirklich überzeugend. Das gilt vor allem in Bezug auf unsere Herz-Kreislauf-Gesundheit. Sie können nichts Besseres und Einfacheres für Ihre Gesundheit tun, als über alles zu lachen, was auch nur im Entferntesten lustig oder albern ist – so wie es Kleinkinder tun.

## Mehr kichern!

Bleibt die Frage: Wie können wir dem Beispiel der Kleinkinder folgen und unserem Leben mehr Humor einflößen? Der erste Schritt ist, mehr Freundschaften (oder wenigstens eine) zu schließen. Wir alle lachen zusammen mit anderen mehr, als wenn wir allein sind. Wobei auch das Allein-Gelächter eine gute Möglichkeit ist, insgesamt häufiger zu lachen. Um zu zeigen, welche Wirkung das Lachen in Gruppen hat, ließen Forschende in Großbritannien Kleinkinder im Alter zwischen zwei und vier Jahren Zeichentrickfilme anschauen: allein, zu zweit oder in Gruppen von sechs bis acht Kindern. Die Kinder, die mindestens einen Partner bei sich hatten, lachten achtmal mehr, als wenn sie allein waren, und lächelten fast dreimal mehr. Dabei gab es keinen signifikanten Unterschied zwischen den Paaren und den größeren Gruppen. Es ließ sich auch beobachten, dass oft das eine Kind das andere zum Lachen brachte. In größeren Gruppen kam es zu »Kettenreaktionen«. Die Kinder schauten sich an, wenn sie lachten, und ermunterten damit die anderen, in das Gelächter einzustimmen. Einige Kinder gingen so weit, auch die Forschenden mit einzubeziehen, die hinter einer Trennwand standen.[40] Kleinkinder sind einfach erst dann zufrieden, wenn alle mitlachen. Gemeinsames Lachen ist aber für Erwachsene genauso wichtig – Studien zeigen, dass auch Erwachsene mehr lachen, wenn andere dabei sind. Oft können wir gar nicht anders, als mitlachen, wenn andere lachen. Wir können das Lachen weniger gut bewusst steuern als das Sprechen. Selbst Gelächter »vom Band« wirkt noch ansteckend.[41]

Wenn Sie also jemanden gefunden haben, wäre der nächste Schritt, verschiedene Arten von Humor auszuprobieren, um festzustellen, was bei Ihnen am besten funktioniert. Kleinkinder, die ja Meister auf diesem Gebiet sind, nutzen eine Vielfalt von Methoden, um dafür zu sorgen, dass ihre Tage voller Lachen sind. Eine Studie mit Zwei- und Dreijährigen dokumentiert sieben verschiedene Methoden, mit denen Kleinkinder in sich selbst Humor wachrufen. Die erste Methode basiert auf Objekten – sie setzen sich zum Beispiel Unterwäsche auf den Kopf. Die zweite besteht darin, einem Objekt einen falschen Namen zu geben – sie halten eine Katze im Arm und bezeichnen sie als Fisch. Die dritte Methode funktioniert auf der theoretischen Ebene, zum Beispiel wenn Kinder behaupten, ein Hund habe fünf Ohren. Dann gibt es noch Tabubrüche, zum Beispiel indem ein Elternteil abgeleckt wird. Einige Kinder nutzen auch ihren Körper, indem sie beispielsweise albern laufen. Die letzten zwei Methoden schließlich umfassten das klassische Kitzeln und Jagen und natürlich Kuckuck-Spiele.[42]

Nun kann es durchaus sein, dass es Sie nicht zum Lachen bringt, wenn Ihr Partner wiederholt ein erfundenes Wort ruft oder Sie durchkitzelt. Aber Sie finden sicher etwas anderes. Es gibt Comedyclubs, witzige Bücher, Podcasts, Fernsehsendungen und Beiträge auf Social Media. Sie müssen nur ein bisschen suchen, um etwas zu finden, was Sie zum Lachen bringt, dann werden Sie auch die Motivation finden, sich regelmäßig damit zu beschäftigen. Auf Social Media ist das ziemlich einfach, Sie könnten sich aber auch bei einem E-Mail-Dienst anmelden, der Ihnen jeden Tag einen Witz schickt.

Es wird Sie nicht überraschen, dass ich persönlich es besonders genieße, lustige Videoclips mit Kleinkindern anzusehen. Mein heutiges Lachen, während ich dies schreibe, verdanke ich einem kleinen Mädchen namens Maisie, die auf Twitter gezeigt wurde, wie sie durch die Nachbarschaft spazierte und sich jedem Insekt vorstellte, das sie sah. Sie verbeugt sich vor allem, was sich bewegt, oder hockt sich hin und sagt Dinge wie: »Schau mal, Käfer, ich bin Maisie.« Und so geht es weiter, bis sie sicher sein kann, dass alle Käfer in ihrem Haus und der Nachbarschaft wissen, wer sie ist.[43]

Und wenn Ihre Lieblingssendung im Fernsehen oder ein Podcast nicht helfen, können Sie immer noch einfach so tun, als würden Sie lachen.[44] Im Gegensatz zu spontanem Lachen als Reaktion auf etwas, was Sie sehen oder hören, bringen Sie sich beim simulierten Lachen selbst dazu. Es ist natürlich ein Fake, und das wird Ihnen seltsam vorkommen, aber es gibt einige Hinweise darauf, dass es gut funktioniert. Tatsächlich kamen die Autoren einer Metastudie mit 29 verschiedenen Studien zu dem Schluss, dass simuliertes Lachen bei Depressionen und Ängsten sogar besser funktioniert als spontanes.[45]

Simuliertes Lachen kann man auf zweierlei Weise erzeugen: allein oder in einer Gruppe. Ein paar Techniken sind in Forschungsstudien beschrieben, aber im Grunde genommen hilft alles, was dazu führt, dass Sie häufiger und länger lachen. Wenn

Sie allein sind, können Sie in sich hineinlachen, wenn Sie sich bei einem Fehler ertappen. Sie können es auch mit Löwengelächter vor dem Spiegel versuchen: Öffnen Sie einfach den Mund weit und lassen Sie ein Lach-Gebrüll hören. Und dann gibt es noch die Kombination aus Weinen und Lachen: Sie weinen beim Vorbeugen und lachen beim Zurücklehnen.[46] Damit es Wirkung zeigt, sollten Sie simuliertes Lachen mindestens drei Minuten lang üben, und zwar zweimal pro Woche über sechs bis acht Wochen. Wenn es im Alleingang nicht so gut funktioniert, versuchen Sie es ruhig einmal mit Gruppensitzungen unter fachkundiger Anleitung. Die beliebtesten Formen sind Lachyoga und Lachmeditation.

Sollten Sie immer noch zweifeln, lassen Sie sich sagen, dass all diese Lachprogramme viele Vorteile und nur sehr wenige Nachteile haben. In einer Metastudie über 45 Studien mit mehr als 2.500 Teilnehmenden berichteten nur drei Personen in einer einzigen Studie mit Lachyoga von negativen Empfindungen. Dabei ging es um Herzklopfen, trockenen Mund und Atemlosigkeit. Keine dieser Nebenwirkungen machte eine ärztliche Behandlung nötig.[47, 48]

Bei so viel Nutzen sollten Sie ebenso viel Wert auf das tägliche Lachen legen wie auf Ernährung und Schlaf. Zum Glück fällt uns das leicht, vor allem wenn es in Ihrem Leben einen kleinen Lachmentor gibt.

## Mehr Zeit mit kleinen Menschen

Wie Sie inzwischen sicher wissen, halte ich viel davon, Zeit mit Kleinkindern zu verbringen, denn sie können uns so vieles lehren. Viel davon kommt in diesem Buch vor und wird lebendig, wenn Sie die Kinder beobachten. Doch keine Lektion wird Ihnen schneller auffallen und Ihr Leben so schnell verbessern wie das Lachen, das Kleinkinder uns schenken. Ich garantiere Ihnen,

Kleinkinder bringen Sie binnen kürzester Zeit zum Lachen, und wenn Sie irgendwelche Albernheiten von sich geben, wird die Reaktion herzliches Lachen sein und nicht der leere, leicht verwirrte Blick, den Sie vielleicht von einem Erwachsenen ernten würden.

Der Nutzen, den Sie davon haben können, Zeit mit kleinen Kindern zu verbringen, zeigt sich vielleicht am besten bei älteren Menschen, die in Altenheimen leben.

Im Rahmen eines »sozialen Experiments« wollten Forschende von der University of Bath und der University of Brigham herausfinden, was passieren würde, wenn sie ältere Menschen konsequent mit Vorschulkindern zusammenbrächten. Dazu richteten sie in einer Senioreneinrichtung in Bath einen Kindergarten ein und brachten zehn Kinder im Alter von vier Jahren mit elf Personen Ende achtzig in einem sechswöchigen Programm zusammen. Bei den älteren Personen wurden die kognitiven und physischen Funktionen vor Beginn, nach drei und nach sechs Wochen gemessen. Am Ende des Programms zeigten alle Verbesserungen sowohl in Bezug auf die körperliche Aktivität als auch auf die mentale Gesundheit.[49] Das allein wäre schon eine gute Nachricht, doch das vielleicht Beste an dem Programm war die Freude, die die Kinder verbreiteten.

Besonders schön finde ich, dass das Experiment gefilmt und als Fernsehdokumentation mit dem Titel *Old People's Home for 4 Year Olds* sowohl in Großbritannien als auch in Australien ausgestrahlt wurde. Man kann sich die Clips auch online ansehen; sie zeigen sehr schön alles, was ich hier angeführt habe.

Der natürliche Charakter der Kinder hatte eine enorme Wirkung auf die Bewohnerinnen und Bewohner des Altenheims. Die Kinder verleiteten ihre neuen Freunde zum Spielen, Tanzen und Singen, und sie taten dies immer mit strahlendem Lächeln und vielen Späßen. Ihr Lachen steckte alle an, die sich in ihrer Nähe befanden. An einer Stelle wurde jedes Kind gefragt, was Liebe ist. Der kleine Max musste gar nicht darüber nachdenken, als er sagte, Liebe sei »ein großer Freudensprung in meinem Herzen«.[50]

Kleinkinder glauben an die Freude und teilen sie mit uns allen.

## Von Kleinkindern lernen
### 3. Regel:
*Ein bisschen Lachen vor dem Lernen hilft Ihnen,*
*Informationen zu behalten,*
*selbst wenn das Thema sehr langweilig ist.*

- Lächeln und Lachen mit anderen ist die beste Methode, um mehr Freunde zu gewinnen.
- Veranstalten Sie mindestens zweimal pro Woche eine Kitzelrunde, ein spontanes Kuckuck-Spiel oder irgendeine andere Form von Lachtherapie. Das tut Ihrer körperlichen und mentalen Gesundheit gut.
- Wenn Sie niemanden haben, der mit Ihnen lacht, versuchen Sie es mit simuliertem Lachen.
- Verbringen Sie Zeit mit Menschen, die gerne kichern, zum Beispiel mit Kleinkindern.

# 4
# Lesen

*Es ist immer Zeit*
*für eine Geschichte!*

Kleinkinder gehen nicht besonders gern zum Checkup beim Kinderarzt, vor allem, weil sie wissen, was dort unweigerlich passiert: Sie bekommen eine Spritze, weil wieder eine Impfung ansteht. Hinterher kommen dann die Belohnungsversuche für all die Tapferkeit: Sticker, Buntstifte oder ein Lutscher. Dabei gibt es eigentlich nur eine Sache, die sie all den Horror augenblicklich vergessen lässt: ein Buch.

Während meiner Facharztausbildung vor mehr als einem Jahrzehnt arbeitete ich am Windsor Street Care Center in Cambridge, Massachusetts. Diese Klinik bietet eine Vielzahl medizinischer Dienstleistungen an und behandelt allein im Bereich Kindermedizin 25 000 junge Patientinnen und Patienten mit recht unterschiedlichem sozioökonomischem Hintergrund. Der Nonprofit-Organisation *Reach Out and Read* hatten wir es zu verdanken, dass wir einen deckenhohen Bücherschrank besaßen, gefüllt mit Büchern für Babys, Kleinkinder und ältere Kinder. Bei jedem Routinebesuch im Zuge der Vorsorgeuntersuchungen durften die Kinder und ihre Eltern sich ein Buch aussuchen und mit nach Hause nehmen. Und es gibt immerhin elf solche Untersuchungen in der Zeit von der Geburt bis zum Alter von fünf Jahren. Ich weiß noch genau, wie begeistert die Kleinkinder auf den magischen Bücherschrank zuliefen. Sobald die Türen geöffnet wurden, strahlten ihre Gesichter vor reinem Staunen. Ohne die tieferen Wirkungen des Lesens zu verstehen, wussten sie:

Bücher sind etwas Besonderes. Bücher erlaubten ihnen den Zutritt zu neuen Welten und waren eine ihrer liebsten Methoden, um ihren natürlichen Drang zum Lernen neuer Dinge zu befriedigen.

Leider gibt es, ähnlich wie bei der »Humor-Klippe«, von der wir in Kapitel 3 schon gesprochen haben, auch eine »Lese-Klippe«, über die wir stürzen, wenn wir älter werden. Studien des National Literacy Trust in Großbritannien zeigen, dass im Alter von fünf Jahren noch die Hälfte der Kinder täglich auch außerhalb der Vorschule liest. Bis sie Teenager sind, sinkt dieser Wert auf ein Fünftel.[1] Bei Erwachsenen bleibt die Quote derer, die aus persönlichem Interesse täglich lesen, lange Zeit so niedrig und steigt erst wieder im Alter von 55 Jahren. Die höchste Quote haben Erwachsene über 65 Jahren,[2] doch auch sie lesen nicht mehr so viel wie die Fünfjährigen. Für Kinder unter fünf Jahren gibt es keine Daten, weil sie noch nicht so lesen können wie der Rest von uns, doch sie pflegen mit Sicherheit so viel Umgang mit Büchern wie möglich. Bei meiner zwei Jahre alten Tochter ist die Reihenfolge der Lieblingsbeschäftigungen ganz klar: Lesen, Puzzle, Seifenblasen. Ihr erster vollständiger Satz lautete tatsächlich: »Ich will ein Buch lesen.« Sie liest so viel, dass ihr Exemplar des Papp-Bilderbuchs *Brauner Bär, wen siehst denn du?*[3] von Bill Martin Jr. und Eric Carle irgendwann auseinanderfiel, nachdem sie mehr als ein Jahr lang jeden Tag mehrmals darin geblättert hatte. Wie viele Erwachsene können von sich behaupten, dass sie ein Buch regelrecht zerlesen haben?

Da Sie ja offenbar dieses Buch hier lesen, gehören Sie nicht zu der Kategorie jener Erwachsenen (einer von vieren), die im vergangenen Jahr kein einziges Buch gelesen haben.[4] Doch Sie gehören wahrscheinlich auch nicht zu der Kategorie der Power-Reader im Kleinkindalter, die irgendwann ein neues Exemplar brauchen. In diesem Kapitel werden wir darüber sprechen, warum es für Erwachsene wichtig ist, ähnliche Lesegewohnheiten zu entwickeln wie kleine Kinder. Lesen hat nämlich nicht nur besondere Vorteile für die Entwicklung von Kindern; viele dieser Vorteile lassen sich auf Erwachsene übertragen, darunter eine Verbesserung der kognitiven Funktionen und der Aufbau des Wortschatzes. Wie wir sehen werden, hat Lesen die Macht, das Verhalten sowohl von Erwachsenen als auch von Kindern zu beeinflussen. Und was vielleicht noch wichtiger ist: Wir werden auch sehen, warum Lesen langfristige Vorteile für Erwachsene hat, indem es das Gehirn trainiert und vor Demenz schützt. Schließlich werden wir noch das Konzept des »tiefen Lesens« betrachten, die unterschiedlichen Arten, Bücher zu konsumieren, und Ihnen ein paar Hilfen an die Hand geben, damit Sie entscheiden können, welche Methode am besten zu Ihnen passt.

## Lesen im Kleinkindalter und der Drang zu lernen

Ich sollte hier erwähnen, dass wir in diesem Kapitel vom *Lesen* im Kleinkindalter sprechen, dass dies aber nicht unbedingt das meint, was die meisten erwarten. Kleinkinder schauen nicht die Buchstaben in einem Buch an, sprechen sie aus und verstehen dann die Worte. Sie durchlaufen im Alter zwischen einem und fünf Jahren in schnellem Tempo mehrere Entwicklungsstufen und können in der Regel erst nach Abschluss dieser Entwicklung vertraute Wörter im Druck wiedererkennen und lesen. Im Alter von sechs bis sieben Jahren sind sie dann in der Lage, ihnen bekannte Geschichten vorzulesen.

Kleinkinder lesen also nicht im engeren Sinne des Wortes. Doch von der Art, wie sie mit Büchern leben, können wir trotzdem viel lernen. Das Alter zwischen einem und drei Jahren ist die besondere Zeit, in der alle Kleinkinder ihre Liebe zu Büchern entdecken. In dieser Phase bauen sie eigene kleine Bibliotheken auf und kennen auch die Titel ihrer Bücher. Außerdem wählen sie meist ein Lieblingsbuch aus, das sie sich immer wieder vorlesen lassen. In diesem Alter lernen sie, die Seiten selbst umzublättern, können Fragen zu dem Buch beantworten und Sätze aus dem Text vertrauter Bücher zu Ende führen.

Im Alter von drei Jahren sind sie so weit, dass sie alles selbst machen können, und erforschen Bücher unabhängig von den Erwachsenen, wobei sie auch das Vorlesen imitieren. Mit vier Jahren verstehen sie, wie gedruckter Text gelesen wird, in unserem Kulturkreis also von links nach rechts und von oben nach unten, kennen einige Buchstaben und sind in der Lage, Geschichten nachzuerzählen.[5] So weit die Entwicklungsschritte, die Klein- und Vorschulkinder nach dem Lehrbuch auf ihrem Weg zum Lesen durchlaufen. In der Praxis tun sie aber noch etwas: Sie versuchen alle Erwachsenen, die sie in die Finger kriegen, dazu zu bringen, ihnen Geschichten vorzulesen und jeden Tag so viele Bücher wie möglich mit ihnen anschauen.

Einer der Gründe, warum Kleinkinder so gerne lesen, hängt mit einem der grundlegenden Konzepte zusammen, die wir schon besprochen haben, nämlich mit dem Lernen. Der Drang zu lernen ist der stärkste Antrieb für die Motivation von Kleinkindern. Und sie wollen nicht nur Fakten lernen, sie wollen auch erfahren, wie Dinge funktionieren. Kleinkinder fragen hartnäckig nach, wie neue Werkzeuge benutzt werden, um besser zu verstehen, wofür man sie braucht.[6] Vierjährige ziehen es nachweislich vor, Informationen von Erwachsenen zu bekommen, denen sie eine größere Kompetenz zu bestimmten Objekten zutrauen.[7] Die Bezeichnung »kleine Wissenschaftler«, die ihnen der berühmte Schweizer Psychologe Jean Piaget gab, beschreibt sie perfekt.[8]

Und so fühlen sich Klein- und Vorschulkinder unmittelbar von Büchern angezogen, weil sie aus ihnen lernen können, wie Dinge funktionieren. Das zeigt auch eine Studie, die 2020 von der Vanderbilt University und der University of Texas in Austin veröffentlicht wurde. Für diese Studie bekamen 48 Drei- und Vierjährige zwei verschiedene Tierbücher vorgelesen. Das erste war *What Do You Do When Something Wants to Eat You?*[9] mit

Informationen darüber, welche Teile im Körper eines Tieres überlebenswichtig sind. Das zweite Buch mit dem Titel *Biggest, Strongest, Fastest*[10] vermittelte Faktenwissen. Beide Bücher stammen übrigens vom selben Autor und enthalten ähnliche Bilder. Ein Mitglied des Forschungsteams las den Kindern die Bücher vor. Danach stellte man den Kindern Verständnisfragen und fragte auch ab, welches Buch ihnen besser gefalle. Beim Verständnis schnitten sie ähnlich gut ab, doch sie bevorzugten ganz klar Bücher mit mehr Erklärungen.[11]

Sobald wir verstehen, wie stark der Drang zum Lernen neuer Dinge bei Kleinkindern ist, wird auch klar, warum sie alles tun, um möglichst viel mit Büchern in Kontakt zu kommen. Wir alle können mehr Zeit mit Lesen verbringen und damit eine tiefgreifende Veränderung herbeiführen, die ungemein nützlich ist. Was das bedeutet, bis hin zur Verlängerung unseres Lebens, werden wir in diesem Kapitel noch sehen.

## Das lesende Gehirn

Anders als bei der Freundlichkeit und der Bereitschaft zu teilen – beides Verhaltensweisen, die tief in unserer Evolution verwurzelt sind, wie wir in Kapitel 2 gesehen haben – ist das Lesen ein relativ junges Phänomen in der Menschheitsgeschichte und nicht von Geburt an angelegt. Erst vor etwa 5400 Jahren wurde in Babylon die Schrift erfunden, und bis vor Kurzem konnte nur ein kleiner Teil der Menschheit lesen. Doch wie wir in der Einleitung zu diesem Buch gesehen haben, als es um Verbindungswege im Gehirn ging, ist unser Gehirn in der Lage, sich neu zu verdrahten, um Neues zu lernen. Lesen stellt eine erstaunliche Methode dar, um einen solchen Prozess anzustoßen, denn es verbindet verschiedene Bereiche im Gehirn, die auch für andere Funktionen genutzt werden, zum Beispiel Sehen, Sprache, das Kurzzeitgedächtnis und die Aufmerksamkeit.[12]

Forschende haben mit Hilfe bildgebender Verfahren zeigen können, welche Bereiche des Gehirns aktiviert werden, wenn Menschen lesen, und zwar Kinder und Erwachsene. Die gute Nachricht ist: Egal, auf welchem Leselevel man beginnt, das Gehirn kann verschiedene Regionen anpassen und aktivieren, selbst bei Kindern mit schwierigen Ausgangsbedingungen. In einer Studie des Cincinnati Children's Hospital untersuchten die Forschenden 24 Vierjährige aus Haushalten mit einem Jahreseinkommen unter 15 000 US-Dollar. Die Kinder hörten Geschichten über Kopfhörer, ohne Bilder dazu zu sehen, während ein Gehirnscan lief. Dann lasen ihre Mütter ihnen das Bilderbuch *Die kleine blaue Lokomotive*[13] vor. Beide Aktivitäten wurden anschließend ausgewertet. Letztlich stellte das Forschungsteam fest, dass beim Hören der Geschichten neun Gehirnregionen aktiviert wurden. Vorschulkinder, die zu Hause mehr Zugang zu Büchern hatten, häufiger vorgelesen bekamen und bessere Vorlesezeiten erlebten, zeigten eine höhere Aktivität dieser Gehirnregionen. Die Studie weist nicht nur die Bedeutung von Lesen für kleine Kinder nach, deren Gehirn eine maximale Fähigkeit zur Schaltung neuer Synapsen besitzt, sondern zeigt auch, dass bereits kleine Veränderungen beim Zugang zu Büchern – mehr Bücher, mehr Lesezeit – Unterschiede in der Gehirnfunktion bewirken können.[14]

Eine ähnliche Studie mit bildgebenden Verfahren wurde in Frankreich mit Erwachsenen durchgeführt; sie zeigt, dass sich das Gehirn in jedem Fall verändert, egal, in welchem Lebensalter man lesen lernt. Dafür wurden zehn Personen untersucht, die nicht lesen konnten, 22 Personen, die als Erwachsene lesen gelernt hatten, und 31 Personen, die als Kinder lesen gelernt hatten. Es stellte sich heraus, dass alle Personen, die lesen konnten, unabhängig von der Frage, wann sie diese Fähigkeit erlangt hatten, eine höhere Gehirnaktivität in den Regionen zeigten, die fürs Schreiben, Reaktionen auf visuelle Reize und Spracherkennung aufwiesen.[15] Wann auch immer Menschen lesen lernen oder anfangen, mehr zu lesen: Das Gehirn organisiert sich daraufhin neu und bildet neue, wichtige Verbindungen.

## Lesen bringt Vorteile für Kleinkinder

»Ich will ein Panda sein!«, rief Arya. Eine etwas seltsame Antwort auf meine Frage: »Was möchtest du werden, wenn du groß bist?« Doch sie hat in den letzten sechs Monaten ihre Ansicht darüber nicht geändert. Es stellte sich heraus, dass sie die Pandas in einem Buch kennengelernt hatte, das im Kindergarten gelesen wurde. Seitdem erfreut sie sich daran, auf dem Boden herumzurollen und so zu tun, als äße sie Bambus. Außerdem hängt sie bäuchlings über der Armlehne des Sofas, wie es ein Panda auf einem Ast tun würde. Ich unterstütze ihren Plan, ein Panda zu werden, natürlich voll und ganz. Was mich daran aber am meisten fasziniert ist die Macht, die ein einziges Buch über ihr Denken hat. Sie hat ja nicht nur Fakten gelernt, sondern wirklich ihr Verhalten geändert.

Was die Neuverdrahtung unseres Gehirns angeht, so geht der Nutzen des Lesens weit über das Lernen hinaus. Einige Dinge treffen auf Erwachsene und Kleinkinder gleichermaßen zu, beispielsweise die Erweiterung des Wortschatzes und des Wortverständnisses, doch es gibt auch Bereiche, in denen sich die Vorteile für Kleinkinder und Erwachsene auf interessante Weise unterscheiden. Das Prinzip ist jedoch immer dasselbe: Je mehr man liest, desto besser. In diesem Abschnitt wollen wir uns einige Studien über Kleinkinder ansehen, um herauszufinden, in welcher Weise Lesen das Verhalten beeinflusst. Im nächsten Abschnitt geht es dann um Studien über Erwachsene, die zeigen, dass die Wirkung des Lesens über den Erwerb von Wissen und Verhaltensänderungen weit hinausgeht.

Bei Kindern ist die Fähigkeit zur Selbstkontrolle einer der wichtigsten Faktoren, wenn es darum geht, langfristigen Erfolg vorherzusagen. Viele Studien zeigen das, doch die vielleicht besten Daten stammen aus der Dunedin Multidisciplinary Health and Development Study.

Diese Studie hat 1037 Personen begleitet, die im Jahr 1972 in Dunedin, Neuseeland, geboren wurden, und läuft immer noch. In einer Publikation zu dieser Studie ging es um die Frage, wie stark Selbstkontrolle das Leben dieser Menschen bis ins vierte Lebensjahrzehnt beeinflusst hatte. Ihre Selbstkontrolle war im Alter von drei, fünf, sieben, neun und elf Jahren von Mitgliedern des Forschungsteams, Lehrern, Eltern und den Kindern selbst getestet worden. Als die Probanden 32 Jahre alt waren stellten die Forschenden nach einer Auswertung einer breiten Vielfalt von Faktoren fest, dass eine starke Selbstkontrolle bessere Gesundheit, mehr Wohlstand und weniger kriminelle Aktivität vorhersagen hilft.[16]

Nachdem Selbstkontrolle also so wichtig fürs ganze Leben ist, fasziniert es umso mehr, zu sehen, was kleine Kinder tun, wenn sie ein Buch lesen, in dem es um den Einsatz von Willenskraft geht. In einer Studie von Forschenden der University of Pennsylvania und der Stanford University nahmen 86 Kinder im Alter von vier und fünf Jahren an Vorlesestunden teil. Sie wurden nach dem Zufallsprinzip zwei Gruppen zugeordnet, in denen zwei Versionen eines Buchs vorgelesen wurden. Die eine Version vermittelte die Vorstellung, dass Selbstkontrolle Energie schenkt, die andere Version vermittelte das Gegenteil. Nach dem Vorlesen ließen die Forschenden zwei Gummibärchen an einer Stelle und drei Gummibärchen an einer anderen Stelle auf dem Tisch liegen. Die Kinder bekamen eine Glocke, und man sagte ihnen, das Mitglied des Forschungsteams würde zurückkommen, sobald sie läuteten. Dann würden sie die zwei Gummibärchen bekommen. Wenn sie nicht läuteten, sondern warteten, bis das Mitglied des Forschungsteams von selbst zurückkam, würden sie die drei Gummibärchen bekommen. Die Kinder, die die positive Geschichte über Willenskraft gehört hatten, nutzten nicht nur wirksamere Strategien zur Stärkung ihrer Selbstkontrolle (Augen zuhalten, abwenden), sondern schafften es auch, dreieinhalb Minuten länger zu warten als die Kinder in der anderen Gruppe.[17]

Die Macht von Büchern, Willenskraft zu beeinflussen, ist für sich genommen schon bemerkenswert. Doch noch interessanter ist die Macht des Lesens, auch das Essverhalten zu beeinflussen. Es fällt Kleinkindern und Erwachsenen gleichermaßen schwer, Gemüse zu essen. Die meisten von uns schaffen es nicht, die empfohlene Menge zu sich zu nehmen. Kleinkinder nutzen lieber ihre frisch entdeckte Feinmotorik, um Erbsen zu zerdrücken oder gönnen sich neue Sinneseindrücke, indem sie ihr ganzes Gesicht mit Hummus einschmieren. Selbst wenn man Tricks anwendet und das gesamte Gemüse mit Ketchup bedeckt oder das berühmte Flugzeug im Mund landen lässt, ist man nur bedingt erfolgreich. Erwachsene meiden Gemüse, weil sie so viele Möglichkeiten haben, etwas zu essen, was besser schmeckt (und viel mehr Kalorien enthält). Für Kleinkinder gibt es immerhin insofern Hoffnung, als Bücher Einfluss auf ihre Auswahl von Lebensmitteln haben.

In einer faszinierenden Studie der University of Reading in Großbritannien beobachteten die Forschenden 127 Ein- und Zweijährige. Die Eltern wurden aufgefordert, ein Gemüse auszusuchen, das die Kinder bisher verweigert hatten, von dem sie aber gern hätten, dass ihr Kind es essen würde. Dann wurden die Kleinkinder nach dem Zufallsprinzip zwei Gruppen zugeordnet. Die eine Gruppe bekam ein Buch, in dem es um das betreffende Gemüse ging, die andere nicht. Dieses Buch lasen die Eltern ihren Kindern zwei Wochen lang jeden Tag vor. In der zweiten Phase bekamen die Kinder das Gemüse angeboten. Und tatsächlich mochten die Kinder, die das Buch über das Gemüse gelesen hatten, dieses Gemüse nach drei Wochen nicht nur lieber als die Kinder in der Gruppe ohne Buch, sie nahmen auch mehr davon zu sich.[18]

Bei Kleinkindern hat Lesen also nicht nur die Macht, die Gehirnfunktion in erwartbarer Weise zu verbessern – beispielsweise beim Wortschatz und anderen sprachlichen Fertigkeiten, sondern es kann auch ihr Verhalten in erstaunlich positiver Weise beeinflussen.

## Vorteile für Erwachsene

Über die Vorteile des Lesens für Erwachsene haben wir bereits hier und da gesprochen, nicht zuletzt über die Möglichkeit, neue Signalwege im Gehirn zu bahnen,[19] den Wortschatz zu verbessern und gesunden Schlaf zu fördern (wie in Kapitel 1 gesehen). Doch das Lesen hat noch zahllose weitere nützliche Wirkungen. Die Forschung über dieses Thema ähnelt der Schlafforschung insofern, als wir ständig neue Vorteile entdecken. In diesem Abschnitt geht es darum, wie das Lesen auch bei Erwachsenen das Denken beeinflussen kann. Doch anders als bei Kleinkindern, wo wir neben den sprachlichen Fertigkeiten auch positive Verhaltensänderungen beobachten können, hat das Lesen bei Erwachsenen noch den Zusatznutzen, dass es unser Gehirn vor unerwünschten Veränderungen schützen kann.

Zunächst wollen wir uns aber die Daten zum Thema positiver Verhaltensänderungen ansehen. Die meisten dieser Daten stammen aus Studien, in denen untersucht wurde, wie uns das Lesen empathischer macht. In den meisten Fällen geht es dabei um fiktionale Texte. Keith Oatley, der an der University of Toronto über Kognitive Psychologie forscht, erklärt in einem Aufsatz, dass das Lesen fiktionaler Texte die Lesenden sozusagen in einen Simulator versetzt. Keith Oatley weist auf Studien hin, die beispielsweise zeigen, dass bei Anwendung bildgebender Verfahren bestimmte Gehirnregionen bei den Lesenden aufleuchten, wenn in dem Text, den sie lesen, entsprechende Aktivitäten vorkommen. Wenn wir literarische Fiktion über andere Menschen lesen, entwickeln wir eine emotionale Verbindung und verstehen Erfahrungen, die in unserem Alltag so nicht vorkommen. Auf diese Weise entsteht in uns ein besseres soziales Verständnis anderer Menschen.[20] Oatley weist auch auf frühere Forschung seines Teams mit erwachsenen Probanden hin, die fiktionale oder nichtfiktionale Texte gelesen hatten. Dabei zeigte sich, dass der Kontakt mit fiktionalen Texten beim Mind's Eye Test stärkere Verbindungen bewirkte.[21] Bei diesem Test zeigt man den Probandinnen Fotos der Augen anderer Menschen und fordert sie auf, diese Fotos mit Worten zu verbinden, in denen Emotionen beschrieben werden. Auf diese Weise misst man Empathie. Andere Studien zeigen, dass Teilnehmende, die fiktionale Texte lasen, stärkere Leistungen im Bereich sozialer Kognition erbrachten.[22] Anders gesagt: Sie verstehen besser, was andere Menschen denken und fühlen.[23] Insgesamt scheint klar, dass das Lesen fiktionaler Texte unser Verständnis für andere Menschen und unsere Fähigkeit zur Empathie steigert.

Diese Idee bestätigt sich für mich immer wieder, wenn ich ein Buch lese, das Arya und ich besonders lieben. Es trägt den Titel *Ich lieb' dich für immer*, geschrieben hat es Robert Munsch.[24] Es kam 1986 heraus, als ich selbst ein Kleinkind war; ich erinnere mich, dass ich es mit meiner Mom gelesen habe. Seither wurden davon mehr als 30 Millionen Exemplare verkauft. In der Geschichte beobachtet eine Mutter den Weg ihres Sohnes durch die Stationen des Lebens, und auf jeder dieser Stationen hält sie ihn in den Armen und singt ihm ein Wiegenlied vor. Irgendwann ist die Mutter zu alt und krank, um das noch zu tun. Da nimmt der Sohn sie in den Arm und singt ihr das Lied vor. Ich habe mir wirklich Mühe gegeben, aber es gelingt mir nicht, dieses Buch mit Arya zu lesen, ohne dabei zu weinen. Fast immer rufe ich danach meine Mom an.

Regelmäßiges Lesen macht uns aber nicht nur empathischer, es kann unser Gehirn auch vor Abbauerscheinungen schützen. Eine der schwierigsten Sachen beim Älterwerden ist die Veränderung in unserem Denken, die wir alle erleben. Im Kleinkindalter entwickelt sich unser Gehirn sehr schnell, und bis zum Alter von dreißig Jahren erweitern wir unsere Denkfähigkeit, wenn auch langsamer, immer noch weiter. Danach geht es ganz allmählich wieder bergab.

Studien mithilfe bildgebender Verfahren konnten zeigen, dass bestimmte Gehirnregionen im Alterungsprozess kleiner werden. Zuerst sind die Veränderungen kaum bemerkbar, doch je älter wir werden, desto offensichtlicher sind sie. Wir bauen unsere Fähigkeit zum Multitasking ab, sind weniger aufmerksam und finden manchmal nicht die richtigen Worte. Bei manchen Menschen wird die Sache noch ernster, weil der kognitive Abbau bei ihnen schneller geht, als man normalerweise in ihrem Alter erwartet. Dabei kann es sich um eine »Leichte kognitive Beeinträchtigung« (LKB) handeln, aber auch um eine (beginnende) Demenz. Bei einer LKB ist die Fähigkeit, alltägliche Aufgaben auszuführen – beispielsweise zu kochen oder sich anzuziehen –, nicht betroffen. Bei einer Demenz bauen sich allmählich auch diese Fähigkeiten ab. Außerdem kommt es zu Problemen wie Persönlichkeitsveränderung, Vergesslichkeit und ständig wiederholten Fragen.[25]

LKB ist sehr weit verbreitet, vor allem bei älteren Erwachsenen. Die American Academy of Neurology schätzt, dass zwischen 5 und 10 Prozent aller Sechzigjährigen von LKB betroffen sind; bei den Achtzigjährigen sind es bereits 25 Prozent. Menschen mit LKB haben leider auch ein höheres Risiko, an Demenz zu erkranken.[26] Zum Glück gibt es aber einige Dinge, die wir tun können, um unser LKB- und Demenzrisiko zu verringern. Die meisten dieser Dinge haben wir bereits im ersten Kapitel diskutiert: besserer Schlaf, bessere Ernährung, regelmäßige Bewegung. Außerdem hilft es auch, mit dem Rauchen aufzuhören. Doch wir sollten nicht nur auf unsere körperliche Gesundheit achten, sondern auch unser Gehirn aktiv halten. Und das gelingt am leichtesten durch Lesen.

Eine der besten Studien zur Schutzwirkung des Lesens untersuchte Erwachsene über sechzig in Taiwan. Dabei wurden fast 2000 ältere Menschen vierzehn Jahre lang begleitet, nachdem man eine Reihe von Grunddaten erhoben hatte. Die Autoren der Studie hatten die Teilnehmenden zu Beginn auch gefragt, wie viel sie lesen. Hinzu kamen verschiedene Fragen zum Bildungslevel, da man weiß, dass Bildung ebenfalls wirksam vor Demenz schützt. Die Studie konnte nachweisen, dass langfristig diejenigen Erwachsenen, die mindestens einmal pro Woche lasen, ein geringeres Risiko für geistigen Abbau zeigten, und zwar unabhängig vom Bildungsniveau. Im Zusammenhang der Studie zählte jedes Lesen von Büchern, Zeitschriften und Zeitungen.[27] Der zeitliche Aufwand pro Tag wurde nicht abgefragt, aber frühere Studien aus Taiwan geben an, dass ältere Erwachsene, wenn sie überhaupt lesen, in der Regel mindestens eine Stunde am Stück lesen.[28]

Natürlich gilt auch in diesem Fall, dass Korrelation nicht gleich Kausalität ist. Es könnte immer unberücksichtigte Faktoren geben, die das Ergebnis erklären könnten. Doch wir wissen, dass Lesen ein mentales Training für genau die Gehirnregionen darstellt, die im Altersprozess am stärksten abbauen: Arbeitsgedächtnis, episodisches Gedächtnis und exekutive Funktionen.[29] Insofern ergibt es Sinn, dass ein Training dieser Gehirnregionen auch die neuronalen Verbindungen länger intakt hält.

Der Schutz vor Demenz ist unglaublich wichtig, aber die Vorteile regelmäßigen Lesens gehen noch weit darüber hinaus. Sie verlängern nämlich sogar die Lebenserwartung. In einer zwölf Jahre umfassenden Studie mit mehr als 3.500 Teilnehmenden im Alter über fünfzig Jahren werteten die Forschenden Fragebögen aus, in denen unter anderem verschiedene Aktivitäten abgefragt wurden, darunter auch das Lesen.[30] Da sie auch herausfinden wollten, ob die Art des Lesestoffs eine Rolle spielte, wurde spezifisch abgefragt, ob Bücher, Zeitungen oder Zeitschriften gelesen wurden.

Dabei stellten die Forschenden eine unglaubliche Reduktion der Sterberate von 20 Prozent bei denjenigen fest, die Bücher lasen. Die Studie lieferte aber noch weitere faszinierende Ergebnisse. Zum einen gab es eine klare Verbindung zwischen Dosis und Ergebnis, das heißt, je mehr Bücher gelesen werden, desto niedriger das Sterberisiko. Und der Effekt war bei Büchern tatsächlich größer als bei Zeitungen und Zeitschriften. Außerdem galt die positive Wirkung für beide Geschlechter, unabhängig vom Bildungsniveau, vom Wohlstand, von eventuell vorhandener Depression und anderen wichtigen Faktoren. Es gibt also, um es im Forschungsjargon zu sagen, einen »Überlebensvorteil«. Und um diesen Vorteil zu nutzen, braucht es nur eine halbe Stunde Lesen pro Tag.[31]

## Wie man sich in einem Buch verliert

Eine Frage, die sich aus der Langzeitstudie unweigerlich ergibt, betrifft den größeren Effekt bei Büchern verglichen mit Zeitungen und Zeitschriften. Was ist dran an Büchern, das sie potenziell nützlicher macht? Die Antwort liegt nicht im Lesestoff selbst, es geht offenbar darum, dass wir in Bücher viel leichter eintauchen können als in andere Medien. Und je mehr wir uns mit unserem Lesestoff beschäftigen, darüber nachdenken und ihn verarbeiten, desto mehr neuronale Verbindungen entstehen oder werden gestärkt. So trainieren wir unser Gehirn – eine Sache, die Kleinkinder ständig tun.

Wenn man mit einem Kleinkind zusammen ein Buch liest, ist das eine vollkommen andere Erfahrung, als wenn man es allein durchblättert. Jede Seite verlangt sorgfältiges, langsames Lesen (manchmal auch Singen) des Textes, oft bis zu dem Punkt, wo das Kind ihn auswendig kann. Die Bilder müssen erklärt und angefasst werden. Manchmal kommt man ein paar Seiten voran, doch dann wird wieder zurückgeblättert, weil das Kind verschiedene Teile der Geschichte im Kopf miteinander verbindet. Unterwegs werden Fragen zu neuen Wörtern gestellt, manchmal auch zum Inhalt oder vielleicht zu einem Bild, das das Kind noch nicht kennt. Und wenn man am Ende des Buchs angekommen ist, was in etwa zwanzig Mal so lange dauert, als wenn man es allein liest, kommt unweigerlich die Bitte (oder Forderung): »Noch mal!«

So mühsam das manchmal sein kann, Kleinkinder sind da einer wichtigen Sache auf der Spur. Der bewusste Umgang mit einem Buch, all die Fragen und Verbindungen, wird auch »tiefes Lesen« genannt. Dieser Prozess geht zwar in Bezug auf deduktives Nachdenken, Analogiebildung (Vergleiche), Reflexion und Einsicht weit über die Fähigkeiten hinaus, die das Gehirn eines Kleinkindes besitzt, doch die Idee ist schon richtig.

In einem Artikel, der im *Guardian* erschien und den Titel »Querlesen ist das neue Normal – mit gravierenden Auswirkungen auf die Gesellschaft« trägt, beschreibt Maryann Wolf, Leiterin des Center of Dyslexia, Diverse Learners and Social Justice an der UCLA, wie unsere Lesefähigkeiten sich verändern. Da das Lesen und die Verarbeitung von Informationen nicht angeboren, sondern erlernt sind, verändern sich diese Fähigkeiten im Einklang mit der neueren Lesekultur. Wolf äußert sich besorgt über Leseprozesse, die »schnell, am Multitasking orientiert und für große Informationsmengen gut geeignet sind, wie sie von heutigen digitalen Medien bereitgestellt werden«. Wenn wir weiterhin so lesen, kurze Online-Artikel überfliegen und stundenlang E-Mails abarbeiten, wird unser Gehirn sich diesem Vorgehen anpassen. Das kann zu »kognitiver Ungeduld« führen, zu einem Zustand, in dem wir das Durchhaltevermögen für längere Texte verlieren. Vor allem aber schwindet unsere Fähigkeit, Texte kritisch zu analysieren und komplexe Sachverhalte zu verstehen.[32, 33] Dies betrifft eher digitales Lesen, bei dem Texte noch eher überflogen oder gescannt werden,[34] lässt sich aber letztlich auf jeden Lesestoff übertragen.

Tiefes Lesen ist so wichtig, dass es an der Universität Maastricht sogar einen Kurs mit dem Titel »Project Deep Learning« gibt. In diesem Kurs, der einen Monat dauert, wird ein einziger Text verwendet. Die Studierenden werden angeleitet, langsam zu lesen, wiederholt zu lesen und über das Gelesene nachzudenken. Das Ziel dieses Kurses liegt darin, »einen Text in vollem Umfang zu verstehen und letztlich zu genießen«.[35] Natürlich wäre es ganz wunderbar, in die Niederlande zu reisen und daran teilzunehmen, aber wir alle können unser Gehirn auch zu Hause in tiefem Lesen üben, wenn wir es nicht ohnehin schon tun. Die Methode, die Wolf selbst nutzt, besteht darin, jeden Abend zwanzig Minuten in einer reizarmen Umgebung ohne Bildschirme etc. zu sitzen und ein »richtiges« Buch zu lesen. Sie berichtet, dass es Disziplin und fast zwei Wochen brauchte, bis sie ihr Gehirn darauf trainiert hatte. Danach jedoch konnte sie ihr tiefes Lesen auf zwanzig Minuten am Morgen und zwanzig bis vierzig Minuten am Abend ausdehnen.[36]

Vielleicht ist diese Methode nicht ideal für Sie, aber es gibt einige Dinge, die Ihnen helfen können. Zum einen sollten Sie, wenn irgend möglich, ein physisches Buch verwenden. Tiefes Lesen lässt sich durchaus auch am Bildschirm praktizieren, doch mit »richtigen« Büchern geht es besser. Wolf erklärt: »Es gibt die psychologische Annahme, dass, wenn wir einen Bildschirm sehen, sich der Text schnell bewegt.«[37] Dann sollten Sie, wie beim Thema Einschlafroutine, alle Ablenkungen ausschließen, vor allem das Smartphone. Am besten legen Sie es an einen Ort, wo Sie es nicht sehen, vielleicht in ein anderes Zimmer.

Der nächste Rat lautet: Setzen Sie sich eine Mindestzeit, nicht eine Mindestzahl an Seiten. Vor allem ist wichtig, dass Sie während der Lesezeit nicht abgelenkt werden. Für den Anfang sollten Sie zwanzig bis vierzig Minuten lesen; wenn Sie Zeit haben, können Sie die Dauer nach einiger Zeit ausdehnen. Und bleiben Sie dran! Ideal wäre es, wenn Sie das tiefe Lesen in Ihre abendliche Routine einbauen. Wenn Sie es nicht täglich schaffen, nehmen Sie sich mindestens zwei bis drei Mal pro Woche Zeit zum Lesen. Und schließlich: Beschäftigen Sie sich so viel wie möglich mit dem Buch. Es gibt viele Möglichkeiten, das zu tun. Sie können Passagen anstreichen und mehrmals lesen, Zusammenfassungen schreiben und nachlesen oder in einem Leseclub oder mit Freunden über das Buch diskutieren. Und wohlgemerkt: Es kann ein Buch aus jedem Genre sein, Roman oder Sachbuch.

Wie auch immer Sie an die Sache herangehen, bedenken Sie, dass tiefes Lesen eine Herausforderung ist und Zeit braucht. Letztlich werden Sie weniger Bücher lesen, aber Sie werden sie besser verstehen, was am Ende viel befriedigender ist.

## Digital, Print oder Audio?

Wir haben inzwischen also festgestellt, dass die Lektionen der Kleinkinder – häufig lesen, bewusst lesen, tief lesen – einen signifikanten Einfluss auf Ihr Leben haben können. Ein besseres und potenziell längeres Leben. So müssen wir nun noch die Frage klären, welche Art von Buch wir wählen sollten. Es gibt so viele Möglichkeiten, dass es manchmal schwerfällt, sich zwischen Hörbüchern, gedruckten Büchern und E-Books zu entscheiden. Und je nachdem, welche Ziele Sie verfolgen, wie Sie Bücher in Ihr Leben einfügen können und wie Ihnen das Lesen am leichtesten fällt, haben Sie in verschiedenen Szenarien vielleicht auch verschiedene Präferenzen. Doch lassen Sie uns das etwas genauer besprechen, sodass Sie informierte Entscheidungen treffen können.

Kommen wir zunächst zu den Hörbüchern, die sich ja schon aufgrund der Art, wie wir sie konsumieren, von Büchern, die wir lesen, unterscheiden. Es gibt in Bezug auf Hörbücher auch weniger Vergleichsdaten und Forschung, sodass wir sie relativ kurz abhandeln können, bevor wir uns anderen Buchtypen zuwenden. Die einfachste und direkteste Art, im Zuge der Forschung zu messen, wie viel wir von einem wie auch immer gearteten Buch profitieren können, ist das Messen des Textverständnisses. Doch gerade an diesem Punkt kommen Studien zu recht unterschiedlichen Ergebnissen. Manche berichten von einem besseren Textverständnis bei Hörbüchern, manche bei gelesenen Büchern.

Es gibt aber eine Metaanalyse der bisherigen Studien, die an der University of Dakota durchgeführt wurde. Für diese Analyse verglich die Psychologin Virginia Clinton-Lisell 46 Studien mit mehr als 4600 Teilnehmenden. Die meisten dieser Studien wurden mit Erwachsenen durchgeführt, doch es gab auch welche mit Schülerinnen und Schülern (Grundschule und Sekundarschule). Dabei wurden gedruckte und am Bildschirm lesbare Textpassagen mit identischem Material im Audioformat verglichen, und zwar sowohl erzählende als auch erklärende Texte. Das Ergebnis: Alle Formen kamen auf ähnliche Werte beim Verständnis der grundlegenden Fakten und Informationen, doch das Lesen schnitt besser ab beim Verständnis der tieferen Bedeutung eines Textes und beim generellen Verständnis über die Basisfakten hinaus. Außerdem hat es offenbar Vorteile, dass man beim Lesen nach dem eigenen Tempo vorgeht, während das Tempo beim Hören vorgegeben ist.[38]

Hörbücher sind also eine wichtige und nützliche Art, Informationen zu sammeln, doch wenn Ihr Ziel darin besteht, über das Verständnis von Basisfakten hinauszugehen, dürfte Lesen die bessere Wahl sein. Außerdem ist es hilfreich, sich an das eigene Tempo zu halten, was bei Hörbüchern nur eingeschränkt möglich ist, beim Lesen aber von einem Moment zum anderen geschehen kann. Ein weiterer, vielleicht noch wichtigerer Merkpunkt ist die Tatsache, dass die Teilnehmenden der Studie in einer kontrollierten, ruhigen und ablenkungsfreien Umgebung lasen bzw. zuhörten. Beim Lesen von Büchern ist das hoffentlich oft der Fall, doch Hörbücher werden häufig gerade in Situationen konsumiert, in denen man noch etwas anderes tut, z. B. beim

Autofahren oder wenn man mit dem Hund spazieren geht. In solchen Fällen dürfte die Verständniskluft zwischen Lesen und Hören deutlich größer sein.

Wenden wir uns also elektronischen Büchern zu. Wie ich in diesem Buch schon erklärt habe, können wir von Kleinkindern vieles lernen, doch die Konzentration auf eine Sache dürfte nicht ihre größte Stärke sein. Geben Sie einem Kleinkind ein E-Book in die Hand, dann sehen Sie sofort, was ich meine. Angesichts all der bunten Knöpfe, Schalter, Lichter und Tiergeräusche wie z. B. dem »Muuuh« einer Kuh würde fast jedes Kleinkind lieber dasitzen und Knöpfe drücken, um lustige Töne zu hören, als sich auf die Geschichte zu konzentrieren.

Erwachsene sind an diesem Punkt nicht viel anders aufgestellt, auch sie lassen sich von elektronischen Geräten leicht ablenken. Ich will damit nicht sagen, dass E-Books nicht nützlich sind. Die E-Reader haben viele Vorteile, sie sind gut transportabel, haben eine hohe Speicherkapazität, man kann die Textgröße anpassen, sich etwas übersetzen oder erklären lassen, und bei einigen von ihnen fällt auch die Suche nach Informationen leichter. Wenn man daran gewöhnt ist, elektronische Texte zu lesen und mit einem E-Reader häufiger zum Lesen kommen, ist das eine fantastische Sache – machen Sie so weiter! Doch diejenigen, die sowohl einen E-Reader benutzen als auch physische Bücher lesen, ohne eine starke Präferenz zu haben, werden nach unserem kurzen Blick auf die Forschungslage feststellen, dass es letztlich doch besser ist, physische Bücher zu lesen.

Kleinkinder bevorzugen physische Bücher ohnehin. In einer landesweiten Studie des nicht-kommerziellen BookTrust in Großbritannien wurden Eltern gefragt, was ihre Kinder im Alter bis zu acht Jahren am liebsten lesen. Es stellte sich heraus, dass die Kinder zu 76 Prozent physische Bücher bevorzugten, wenn sie zum Vergnügen lasen, und zu 69 Prozent, wenn es ums Lernen ging. Dabei wurden sowohl einfache als auch interaktive E-Books berücksichtigt. Kinder lieben es, Seiten umzublättern, sie wollen gern Bücher besitzen und haben auch Freude daran, Bücher in der Bücherei auszuwählen.[39]

Noch interessanter sind die Daten aus einer Studie der University of Michigan, bei der Videoaufnahmen gemacht wurden. Das Forschungsteam wollte herausfinden, was passiert, wenn Kleinkinder mit ihren Eltern physische Bücher bzw. E-Reader lesen. In dieser Studie wurden 37 Kinder im Alter von zwei und drei Jahren, jeweils mit einem Elternteil, beim Lesen gefilmt. Sie lasen gedruckte Bücher, einfache E-Books und erweiterte E-Books mit Soundeffekten und Animation. Die Aufnahmen zeigen all die positiven Interaktionen, die beim gemeinsamen Lesen vorkommen, mit Äußerungen wie »Was ist das?«, »Zeig mir mal die Katze!« und »Gut gemacht, du kannst ja schon umblättern!« Und natürlich auch negative Äußerungen wie »Du kannst nicht dauernd auf den Zurück-Knopf drücken« oder »Nicht das Buch zerreißen!«. Schließlich haben wir es hier mit Kleinkindern zu tun. Und keine Interaktion mit einem Kleinkind verläuft ohne Diskussionen abseits vom Thema (wobei die Kinder behaupten würden, dass sie die ganze Zeit beim Thema bleiben) wie »Den Goldfisch schauen wir uns später an« oder »Wir gehen nachher einkaufen, wenn wir fertig gelesen haben«. Bei der Analyse all dieser Interaktionen stellten die Autorinnen der Studie fest, dass Kleinkinder, die mit ihren Eltern gedruckte Bücher lesen, mehr verbalisieren und Interaktionen höherer Qualität zeigen als bei E-Books. Außerdem waren die Gespräche von mehr Zusammenarbeit geprägt.[40]

Wir sehen also, dass Kleinkinder ganz deutlich mehr von gedruckten Büchern profitieren. Und auch abseits aller Präferenzen im Kindesalter bieten gedruckte Bücher mehr Gelegenheit zu Fragen und Beschäftigung.

In Bezug auf Erwachsene sind die Daten zum Textverständnis beim Lesen von E-Books ähnlich gemischt wie bei den Hörbüchern. Deshalb wenden wir uns auch hier einer Metaanalyse zu, die Daten aus vielen Jahren, Kontexten und mit den verschiedensten Menschen zusammen betrachtet. Im Jahr 2018 führten Forschende aus Spanien und Israel eine solche Analyse durch. Um nur mit Daten hoher Qualität zu arbeiten, nahmen sie lediglich solche Studien auf, bei denen Erwachsene allein und leise gelesen hatten, bei denen der Lesestoff im Hinblick auf Inhalt, Struktur und Bebilderung ähnlich war und wo es keine Textmerkmale gab, die nur digitales Material bereitstellen konnte, z. B. Hyperlinks. Dies traf auf 54 Studien zu, die über einen Zeitraum von achtzehn Jahren hinweg veröffentlicht worden waren und die erstaunliche Zahl von 171 055 Teilnehmenden umfassten.

In der Analyse stellte sich heraus, dass Personen, die gedrucktes Material lasen, ein besseres Textverständnis aufwiesen als diejenigen, die elektronisches Material konsumierten. Im Einzelnen gab es noch einige weitere interessante Befunde. Zum einen waren die Vorteile des gedruckten Lesestoffs noch größer, wenn unter Zeitdruck gelesen wurde. Zum zweiten spielte die Art des Lesestoffs eine Rolle. Wenn es sich um einen Informationstext oder um eine Mischung aus Information und Erzählung handelte, war das Textverständnis bei gedrucktem Material besser. Und der interessanteste Punkt ist vielleicht, dass die Vorteile des Lesens vom Papier über die Betrachtungszeit hin, also in den Jahren 2000 bis 2017, noch stiegen. Man hätte erwarten können, dass sich die Menschen ans Lesen von digitalem Material gewöhnen und besser darin werden, je mehr sie am Bildschirm lesen. Doch das war nicht der Fall. Dabei spielte auch das Alter der Probanden keine Rolle, jüngere »digital natives« hatten also keinen Vorteil.[41]

In der Analyse wurde nicht nach spezifischen Gründen für die Vorteile beim Lesen gedruckten Materials gesucht, doch sie weisen durchaus auf die Hypothese hin, dass eine gewisse »Verflachung« eine Erklärung sein könnte. Gemeint ist Folgendes: Da die meisten unserer Interaktionen mit digitalen Medien, Bildschirmen und Displays kurz sind und einen unmittelbaren

Effekt haben, könnte es schwierig sein, dieselben Geräte für kompliziertere Aufgaben zu nutzen. Die Autoren weisen auch auf frühere Forschungsergebnisse hin, die zeigen, dass das Textverständnis bei Jugendlichen sinkt, je mehr digitale Medien sie benutzen.[42]

So stark alle diese Daten auch sind, es muss anerkannt werden, dass einige Personen ein besseres Textverständnis zeigen, wenn sie am Bildschirm lesen. Und es gibt eine, wenn auch kleine Studie, die zeigt, dass Personen, die sich generell mit dem Leseverständnis schwertun, diese Fähigkeit durch das Üben mit digitalen Texten verbessern können.[43]

Lesen sollte Freude machen, und Sie sollten so viel lesen wie möglich. Wenn Sie physische Bücher mögen, ist das wunderbar, und Sie werden vermutlich auch mehr verstehen. Andererseits: Wenn Sie im Umgang mit elektronischem Material eher Textpassagen anstreichen, erneut lesen und sich Notizen machen, dann haben Sie wahrscheinlich auch mehr davon. Im Übrigen kann es ja durchaus sein, dass es Ihnen gar nicht darum geht, Ihr Leseverständnis maximal zu verbessern. Auch das ist okay. Manche von uns nutzen wahrscheinlich einen Mix aus Lesen vom Papier, wenn sie mehr Informationen behalten wollen, und digitalem Lesen, wenn es einfach ums Vergnügen geht. Wie auch immer: Die Hauptsache ist, dass Sie überhaupt lesen.

### Von Kleinkindern lernen
#### 4. Regel:
#### *Es ist immer Zeit für eine Geschichte!*

- **Wenn Sie bei einem Preis oder einer Belohnung selbst entscheiden können, was Sie bekommen, nehmen Sie ein Buch. Der Nutzen ist unendlich groß.**
- **Versuchen Sie, Lesen zur täglichen Gewohnheit zu machen, vor allem abends. Ihr Ziel sollten zwanzig bis**

vierzig Minuten Gutenachtgeschichte ohne Ablenkung sein.

- Wechseln Sie ab zwischen erfundenen und wahren Geschichten. Fiktion kann Ihnen helfen, mehr über die Gefühle anderer Menschen zu erfahren und empathischer zu werden. Wahre Geschichten erzählen Ihnen mehr über die Welt da draußen.
- Lesen Sie langsamer. Fühlen Sie die Seiten, halten Sie inne, lesen Sie Passagen noch mal, wenn Sie wollen. Machen Sie sich Notizen. Tiefes Lesen ist wichtig, um Ihr Gehirn aktiv zu halten.
- Wenn möglich, nehmen Sie ein gedrucktes Buch. Hörbücher und E-Books machen Spaß und sind eine gute Hilfe beim Lernen, aber Sie verstehen mehr, wenn Sie gedruckte Bücher lesen.

# 5
# Spielen

*Mehr Spaß macht das*
*Leben schöner*

So wie die meisten von uns den ganzen Tag mit unserer beruflichen Arbeit beschäftigt sind, so beschäftigen sich Kleinkinder mit Spielen. Natürlich unterscheidet sich Spielen erheblich vom Arbeiten, doch wir müssen auch feststellen, dass Kleinkinder viel mehr von der Art profitieren, wie sie ihre Zeit verbringen, als wir das tun. Und dass sie sich wesentlich intensiver engagieren. Das mag nicht auf den ersten Blick einleuchten, weil wir beim Thema Spielen immer vor allem an Spaß denken. Spaß ist auch für Kleinkinder enorm wichtig, doch sie nutzen ihr Spiel auch für eine große Vielfalt an anderen Zielen, die für ihre Entwicklung ungemein wichtig sind. Spielen verändert nämlich sowohl die Struktur als auch die Funktionsweise des sich entwickelnden Gehirns. Es erleichtert das Lernen und verbessert das Gedächtnis und verringert gleichzeitig die Stressreaktion des Körpers. Kinder, die viel spielen, zeigen bessere mathematische und sprachliche Fertigkeiten, sie fördern ihre soziale Entwicklung und die Beziehungen zu anderen Kindern, und auch ihre körperliche Entwicklung profitiert davon. Aber das ist noch längst nicht alles.[1]

So wie das kindliche Spiel die Gehirnfunktion auf vielen Gebieten verbessert, so ergeht es auch Erwachsenen, die spielerisch ans Leben herangehen. Spielerische Erwachsene sind glücklicher und kommen mit schwierigen Situationen besser zurecht. Die Forschung zeigt auch, dass sie auf ähnliche Stressauslöser anders reagieren als weniger spielfreudige Altersgenossen und dass es ihnen leichter fällt, den Stress zu überwinden. Außerdem zeigen Studien, dass ein spielerischer Charakter Erwachsene attraktiver für potenzielle erotische Partnerinnen und Partner macht und für mehr Zufriedenheit in langfristigen Beziehungen sorgt.

Leider ist es mit dem Spielen so wie mit dem Lesen und dem Lachen – sie alle sind weniger prominent in unserem Leben, wenn wir älter werden. Es gibt aber viele gute Gründe, sie wieder zurückzuholen. Und deshalb sollten wir darüber sprechen, warum gerade das Spiel so wichtig ist – vielleicht kann ich Sie auf diese Weise überzeugen, wieder mehr zu spielen. Schauen wir uns erst einmal an, wie Kleinkinder in einer typischen Kita-Umgebung spielen und was das für ihre Entwicklung bedeutet. Dann sprechen wir über den Nutzen, den Sie als Erwachsene davon haben können, wenn Sie mehr Spiel in ihr Leben integrieren. Und schließlich werden wir einige Hürden betrachten, mit denen Erwachsene konfrontiert sein können, wenn Sie versuchen, wieder mehr zu spielen. Hinzu kommt noch eine einfache Routine zur Schlafenszeit, die Ihnen helfen könnte, mehr Spiel ins Leben zu holen. Wenn Sie erst einmal begreifen, wie nützlich Spielen ist, betrachten Sie es hoffentlich nicht mehr als albernen Zeitvertreib. Das einzig Alberne wäre, nicht jeden Tag etwas Zeit mit Spielen zu verbringen.

## Spielen ist nicht nur ein Kinderspiel

Schauen wir uns also einen typischen Tag in der Kita an, wo den Kindern alle möglichen Spielzeuge zur Verfügung stehen und auch noch ein Freiluftbereich, wo gespielt werden kann. Oberflächlich betrachtet, scheinen die Kinder einfach Spaß zu haben. Doch das ist nur zum Teil wahr, es passiert nämlich viel mehr. Nehmen wir als Beispiel die zwei Jahre alte Arya, die eine Stunde in der Kita spielt, und beobachten, was ihr Gehirn dabei tut und welchen Nutzen sie davon hat. In diesem Beispiel beginnt sie mit freiem Spiel, irgendwann kommt aber die Erzieherin dazu, und ein gelenktes Spiel setzt ein. Indem wir ihr faszinierendes Verhalten beobachten, verstehen wir sie vielleicht besser und sehen auch, wie das Spielen ihr Gehirn beeinflusst – über den Spaß hinaus, den sie dabei hat.

Zunächst geht Arya zu einem Bereich mit ein paar einfachen Objekten und greift nach einem Stab aus Holz. Sie erinnert sich an eines ihrer Lieblingsbücher, in dem Clifford, der große rote Hund, hilft, ein Feuer zu löschen. Deshalb wird der Holzstab für sie zum Wasserschlauch, und sie läuft herum und löscht Feuer, um anderen zu helfen. Wie wir schon gesehen haben, ist es ihr ein angeborenes Bedürfnis, etwas für andere zu tun, und im Moment scheint das Feuerlöschen eine gute Möglichkeit dafür zu sein. Besonders engagiert ist sie beim Feuerlöschen in der Leseecke, denn für sie und ihre Freunde sind Bücher die wertvollsten Gegenstände im Raum. Während sie herumläuft, erzählt sie Jackson und Reggie, was sie gerade macht; die beiden schließen sich ihr an, um zu helfen, halten beide einen Teil des Wasserschlauchs und tragen ihn durch den Raum. Wenig später sind alle Feuer gelöscht, die Kinder klatschen sich begeistert ab.

Was Arya hier tut, nennt sich Objektspiel. Auf einer grundlegenden Ebene lernt sie durch die Erforschung des Objekts und den Umgang damit die physischen Eigenschaften des Objekts kennen. Sie findet heraus, wie schwer es ist, wie es sich im Raum bewegt und dass man damit andere Objekte umwerfen kann. Bei ihrer Größe von gerade 90 Zentimetern stellt sie auch fest, dass die den Stab benutzen kann, um höhere Objekte zu erreichen. Diese Art von spontaner Entdeckung ist von unschätzbarem Wert, wenn sich Arya darauf vorbereitet, größere Herausforderungen anzugehen, sobald sie älter wird. Anhand des Holzstabes lernt sie auch die Nutzung symbolischer Objekte kennen und übt sich in abstraktem Denken. Heute ist dieser Stab ein Wasserschlauch; morgen ist er vielleicht ein Baum oder ein Raumschiff für Eichhörnchen. Indem sie ihre Freunde Jackson und Reggie einbezieht, nutzt Arya das Spiel auch zur Weiterentwicklung ihrer kommunikativen und sprachlichen Fertigkeiten. Diese Art von Spiel mit anderen wird »soziales Spielen« genannt und hilft Kindern zu lernen, wie man zusammenarbeitet, verhandelt und Regeln ausarbeitet – alles ungemein wichtige soziale Fertigkeiten.[2]

Als Nächstes geht es nach draußen! Im Hofbereich für die Kleinsten trifft Arya neue Freunde, nämlich Sally und Kosta. Die drei beschließen, die Rutsche zu benutzen. Bei jeder Runde probieren sie etwas anderes aus, um sich selbst zu beweisen und ihren Freunden zu zeigen, dass sie es können. Einmal schubsen sie sich mit den Händen an, um schneller zu rutschen, einmal springen sie am Ende hoch. Bei dieser Art von Spiel im Freien passieren mehrere Dinge. Zum einen ist es ein körperliches Training, das, wie wir in Kapitel 1 diskutiert haben, von entscheidender Bedeutung für das Wohlbefinden jedes Menschen ist. Zum anderen erlaubt es den Kindern, Risiken einzugehen und ihre motorischen Fertigkeiten weiterzuentwickeln. Und ähnlich wie bei anderen Arten von Spielen übt Arya außerdem wichtige soziale Fertigkeiten, beispielsweise das Einhalten einer Reihenfolge.

Irgendwann kommen alle Kinder nach draußen. Die Erzieherin, Frau Lauren, versucht sie in einem Kreis zu versammeln, um mit ihnen »Simon sagt« zu spielen. Es dauert etwa fünf Minuten, um die kleinen Abenteurer zu stoppen, die in alle Richtungen laufen und springen, doch dann hat Frau Lauren sie alle an einem Ort. Sie musste dafür nur alle darauf aufmerksam machen, dass ein neues Spiel beginnt, auf das sie große Lust haben. Um das Spiel zu starten, sagt sie: »Simon sagt, berühr deine Stirn.« Arya berührt ihre Stirn und sieht sich um, ob auch alle mitmachen. Dann sagt Frau Lauren: »Simon sagt, berühr dein Haar.« Arya klopft auf ihren Scheitel und lächelt in die Runde. Frau Lauren sagt: »Berühr dein Kinn«, und Arya tut es sofort, bemerkt aber dann ihren Irrtum: das »Simon sagt« hat gefehlt, sie muss eine Runde aussetzen. Bei diesem angeleiteten Spiel werden Aryas exekutive Funktionen entwickelt, wozu auch die inhibitorische Kontrolle gehört. Doch angeleitete Spiele mit Regeln verbessern auch andere exekutive Funktionen wie Aufmerksamkeitskontrolle, Arbeitsgedächtnis, Problemlösung und Planung.[3, 4] Als das Spiel zu Ende ist, gehen die Kinder ins Haus, um ihre wohlverdiente Ruhephase mit einer Geschichte zu erleben, auf die sie schon gewartet haben.

In dieser einen Stunde mit freiem und angeleitetem Spiel hat Arya nicht nur einige Male laut und kräftig gelacht (mit allen Vorteilen, die ihr das bringt), sondern auch einiges an körperlichem Training absolviert und eine ganze Reihe von Bereichen ihres Gehirns weiterentwickelt. Spielen ist ein machtvolles Werkzeug, um unser Wohlbefinden zu stärken. Ein Werkzeug, das von Erwachsenen viel zu wenig genutzt wird. Selbst wenn es nur Spaß und Gelächter bringen würde, wäre das schon die investierte Zeit wert, aber es kann viel mehr, und in den nächsten Abschnitten werden all die Vorteile besprechen, die es Ihnen bringen kann, wenn Sie mehr Spiel in Ihr Leben bringen.

## Was heißt Spielen?

Bei Kleinkindern ist Spielen leicht zu erkennen. Sie verbringen so viel Zeit damit, dass es in praktisch jedem Aspekt ihres Lebens vorkommt. Sie spielen, wenn sie körperlich trainieren und wenn sie essen, und eigentlich versuchen sie, jede Aktivität in ein Spiel zu verwandeln. Ihre Spielfreude ist ein Charakterzug, und sie verbringen viel Zeit damit. Den Unterschied werden wir gleich noch genauer betrachten.

Bei Erwachsenen, die viel seltener spielen, ist es etwas schwieriger zu definieren. Eine solche Definition ist aber wichtig, wenn wir mehr davon in unser Leben bringen wollen. Einer der Gründe, warum Erwachsene weniger spielen als früher, liegt darin, dass wir viel stärker zielgerichtet denken. Spielen erscheint uns albern, da es kein Ziel verfolgt und deshalb als Zeitverschwendung angesehen wird. Das ist unser Ausgangspunkt. Spielen ist also eine Aktivität, die kein Ziel verfolgt so wie der Muskelaufbau, wenn wir Krafttraining betreiben. Spielen hat zwar vielfältigen Nutzen, den wir auch noch besprechen werden, aber wir sollten diesen wichtigen Aspekt erkennen und anerkennen. Es gibt kein spezifisches Ziel. Wenn wir mehr spielen wollen, müssen wir damit zurechtkommen. Mit der Zeit werden wir lernen, Dinge einfach zu unserer Freude und ohne Ziel zu tun, und wir werden solche Aktivitäten verstärkt anstreben.

Damit kommen wir schon zum nächsten wichtigen Aspekt: Spielen macht Freude. Wenn es keine Freude macht, ist es kein Spiel. Davon leitet sich der Grundsatz ab, dass es nur eine Motivation fürs Spielen gibt: Sie tun es gern. Es muss freiwillig sein. Anleitung oder Ideen sind vollkommen okay, doch wenn Sie es eigentlich lieber nicht tun würden, ist es kein Spiel.

Und schließlich ist Spielen mit aktivem Tun verbunden. Es geht um aktives Tun mit anderen, mit der Umgebung oder mit einem Werkzeug wie beispielsweise einem Pinsel. Fernsehen, jener häufigste Zeitvertreib der meisten Erwachsenen, zählt also nicht, weil dabei nur sehr wenig oder gar kein aktives Tun zum Tragen kommt.[5, 6] Und leider zeigen die Zahlen des U.S. Bureau of Labor Statistics, dass amerikanische Erwachsene von den etwas mehr als fünf Stunden, die ihnen für Freizeitaktivitäten zur Verfügung stehen, fast drei Stunden vor dem Fernseher verbringen.[7]

Nimmt man alle diese Aspekte zusammen, dann bekommt Spielen etwas ziemlich Befreiendes. Es verfolgt kein Ziel, ist komplett freiwillig und erlaubt uns auf verschiedene Weise, aktiv zu werden. Spielen versetzt uns in die Lage, unsere Fantasie zu benutzen, unsere eigenen Regeln aufzustellen (oder gar keine) und einfach Spaß zu haben. Schon wenn wir übers Spielen nachdenken, fallen uns wahrscheinlich einige Vorteile ein, die eine solche Aktivität bringen kann.

Was uns zum Thema »Verspieltheit« führt, über das wir noch etwas sprechen müssen. Sie unterscheidet sich vom eigentlichen Spiel, obwohl sie eng damit verwandt ist. Es ist eine bestimmte Art, mit Situationen umzugehen. Vor allem geht es dabei darum, der Situation einen neuen Rahmen zu geben (Reframing), sodass wir sie als unterhaltsam, intellektuell anregend oder persönlich interessant empfinden können. Verspielte Menschen nutzen diese Fähigkeit, um herausfordernde Situationen leichter zu machen, indem sie ihre eigene Anspannung verringern.[8] Auf der Verhaltensebene wird dann aus dem spielerischen Herangehen echtes Spielen.

Der deutsche Psychologe René Proyer hat ein nützliches Modell zum Thema Verspieltheit entwickelt, in dem er sie in vier Kategorien fasst. Es nennt sich OLIW-Modell, wobei OLIW ein Akronym für die vier wichtigsten Aspekte von Verspieltheit bei Erwachsenen ist. Aus diesem Modell wurde ein Messwerkzeug für die Forschung entwickelt, das in verschiedenen Studien angewandt wird, die wir noch besprechen werden. Im Moment soll es uns aber helfen, zu verstehen, was verspielte Menschen tun. Und was noch wichtiger ist: Wenn wir den Nutzen des Spiels in diesem Kapitel erforschen, können wir über Bereiche nachdenken, in denen wir gut sind und die wir mehr zur Geltung bringen wollen, und über Bereiche, in denen wir uns verbessern wollen. Diese Kategorien erinnern Sie vielleicht an verspielte Menschen, die Sie kennen, und das müssen nicht nur Kleinkinder sein. Auch von ihnen können Sie lernen.

Das O in OLIW steht für *other directed* – auf andere Menschen ausgerichtet. Die betreffende Person verhält sich spielerisch im Umgang mit anderen Menschen. Sie muntert andere auf, erzählt lustige Geschichten und scherzt in einer Weise, die anderen hilft, sich zu entspannen.

Der nächste Aspekt, das L in OLIW, steht für *lighthearted* –

Leichtigkeit – und weist darauf hin, dass die betreffende Person Dinge nicht zu ernst nimmt, spontan ist und keine komplizierten Pläne macht.

Der dritte Buchstabe, das I, steht für *intellectual* – intellektuell – und beschreibt die Freude am Nachdenken über Probleme und die Kreativität beim Lösen von Problemen.

Das W schließlich steht für *whimsical* – skurril. Damit verbindet sich, dass diese Menschen »sich über Seltsamkeiten amüsieren können und außergewöhnliche Dinge und Personen schätzen«.[9, 10]

Das OLIW-Modell wurde zwar für Erwachsene entwickelt, doch Kleinkinder würden in einer Beurteilung nach diesem Modell sicher höchste Punktzahlen erreichen, denn sie gehen an alles, was sie tun, mit Leichtigkeit und Spaß heran. Sie streben stets danach, andere in ihr Spiel einzubeziehen. Und einen ausgeprägten Sinn für Skurriles habe ich noch bei jedem Kleinkind entdeckt, das mir begegnete. Für Erwachsene kann ein gewisses Maß an Verspieltheit ebenso wie das eigentliche Spiel unglaublich vorteilhaft sein. Und das wollen wir uns im Rest dieses Kapitels genauer ansehen.

## Spielen baut Stress ab und Wohlbefinden auf

Jedes Spiel, auf das sich Kleinkinder einlassen, ist mit einem gewissen Risiko verbunden. Wer mit einem Holzstab auf ein imaginiertes Feuer zuläuft, kann fallen und sich stoßen. Wer sich eine Zauberperle ins Ohr steckt, weil dies nun mal das ideale Versteck ist, wird manchmal erleben, dass sie stecken bleibt. Wer draußen auf einem hohen Klettergerüst herumturnt, kann schwer stürzen und riskiert womöglich sogar einen Knochenbruch. Aber das ist alles okay. Der Nutzen von Bewegung und Spiel überwiegt bei Weitem das Verletzungsrisiko, zumal es sich meistens um kleinere Verletzungen handelt.[11] Und wenn es doch mal schlimmer kommt, steht die Notaufnahme des nächstgelegenen Krankenhauses gern bereit.

Interessanterweise ist eine Möglichkeit, im Krankenhaus mit Unfällen beim Spielen umzugehen, die Kindern den Stress nimmt, noch mehr Spielen. Schließlich kann so eine Notaufnahme ein ungemein furchteinflößender Ort sein, für die Kinder ebenso wie für die Erwachsenen, die sie zu uns bringen. Dort können eine Menge unangenehme Dinge passieren: spitze Nadeln, die in den Körper gestochen werden, fiese Medizin, die man schlucken muss, eine Pinzette im Ohr oder in der Nase, um die Zauberperle wieder rauszuholen … Doch all diesen Dingen zum Trotz verlassen uns die meisten unserer jungen Patientinnen und Patienten, die schmerzhafte und stressige Prozeduren über sich ergehen lassen mussten, recht fröhlich. Der Grund dafür sind unsere speziell ausgebildeten Pflegekräfte, die Unglaubliches leisten, wenn es darum geht, Kindern die Angst und den Stress im Krankenhaus zu nehmen. Mit einer ganzen Reihe von evidenzbasierten Techniken helfen diese Spezialistinnen und Spezialisten Kindern und Eltern, zu verstehen, was passiert, und sorgen dafür, dass das Erlebnis so angenehm wie möglich wird.

Eine dieser Techniken ist das therapeutische Spiel. Das kann bedeuten, dass anhand einer Puppe Untersuchungen etc. erklärt werden; es kann auch ein Spiel sein, das beschreibt, was als Nächstes passieren wird, oder eine physiologische Hilfe, wenn ein Kleinkind zum Beispiel aufgefordert wird, nach den Sternen zu greifen, um festzustellen, dass der Ellbogen wieder richtig eingerenkt ist. Spielen reduziert in einer medizinischen Umgebung nachweislich Sorgen, Ängste, emotionalen Stress und negative physiologische Reaktionen wie Herzklopfen oder Bluthochdruck.[12] Und ich kann Ihnen versichern, es ist viel einfacher eine kleine Lunge abzuhorchen, wenn wir dabei »Drei kleine Schweinchen« spielen und das Kind in der Rolle des Wolfs versucht, das Haus umzublasen, das in diesem Fall durch einen Finger vor seinem Mund repräsentiert wird.

Die Forschungslage zum Thema Spiel und Stressabbau erstreckt sich weit über das Krankenhaus hinaus und umfasst alle Altersgruppen. Die Studien sind zwar zumeist auf Kinder bezogen, zeigen aber viele Ergebnisse, die sich auf das Wohlbefinden von Erwachsenen übertragen lassen. Neben der Reduktion von Stress geht es dabei auch um Glücksempfinden, positive Gefühle und Lebenszufriedenheit.[13, 14, 15, 16, 17] Verspielte Erwachsene sind nicht nur insgesamt weniger gestresst – ihre Verspieltheit schützt sie auch vor verstärkten Stressreaktionen in objektiv stressigen Situationen. Das hat mit der schon erwähnten Fähigkeit zum Reframing zu tun.

Die COVID-19-Pandemie ist ein gutes Beispiel für eine außerordentlich stressige Situation, die Individuen unterschiedlich stark beeinträchtigte. Es gibt einige Studien zu der Frage, ob Verspieltheit dabei eine Rolle spielte. In einer Studie aus dem Jahr 2022 an der Florida International University wurden mehr als 800 amerikanische Erwachsene untersucht, um festzustellen, in welchem Zusammenhang Verspieltheit und Stress während der Pandemie standen. Mithilfe von Fragebogen wurden Verspieltheit, Stress und Bewältigungsmechanismen untersucht. Die Studie konnte zeigen, dass die Teilnehmenden verständlicherweise durch die Pandemie gestresst waren. Es zeigte sich aber auch, dass Menschen, die sich als verspielt bezeichneten oder meinten, andere würden sie so sehen, weniger Stress empfanden und über bessere Bewältigungsstrategien verfügten als diejenigen, die von sich sagten, sie seien nicht verspielt. Es gab auch eine positive Verbindung zwischen Verspieltheit und der Wahrnehmung, dass die stressige Situation bewältigt werden kann. Diese Menschen fühlten sich also weniger hilflos. Die Autoren der Studie beschreiben Verspieltheit als eine »nützliche psychologische Ressource«, die uns helfen kann, Stress zu reduzieren, wenn er in unserem Leben vorkommt.[18]

Einer der Kritikpunkte an den Studien, die wir in diesem Abschnitt bisher erwähnt haben, betrifft die Tatsache, dass ihre Datenbasis aus der Selbstbeobachtung der Probanden stammt. Die Teilnehmenden schätzen ihr Ausmaß an Verspieltheit ebenso selbst ein wie den Faktor Glück oder Stress. Wie Sie sich vorstellen können, sind all diese Dinge schwer einzuschätzen und sehr subjektiv.

Vor diesem Hintergrund hat René Proyer, von dem schon die Rede war, 2018 eine Studie veröffentlicht, bei der er dieses Problem umgehen konnte, indem er sowohl die Beurteilung von Dritten als auch objektive Fitnessdaten einbezog. In seiner Studie ging es um den Zusammenhang zwischen Verspieltheit und körperlicher Fitness. Mehr als 500 Erwachsene im Alter von 18 bis 78 Jahren wurden dafür zunächst selbst befragt. Sie schätzten ihr Ausmaß an Verspieltheit und ihre körperliche Fitness ein. Bei einem Viertel der Teilnehmenden wurden aber auch eine Partnerin oder ein Partner, ein Familienmitglied oder enge Freunde befragt. Außerdem durchliefen die Teilnehmenden verschiedene Fitnessprüfungen, darunter ein Test der Handstärke, ein Aufstehtest, Treppensteigen und weitere Tests, um Flexibilität und Koordination zu messen. Am Ende standen zwei wichtige Ergebnisse fest: Zum einen stimmten Selbsteinschätzung und Fremdeinschätzung weitgehend überein, was die Validität auch früherer Studien zum Thema Verspieltheit stützt. Zum anderen gab es eine positive Korrelation zwischen Verspieltheit und höherem Aktivitätsniveau, einer besseren kardiorespiratorischen Fitness und einem gesundheitsförderlichen, aktiven Lebensstil.[19]

Wie schon erwähnt, wurde bei all diesen Studien lediglich eine Verbindung zwischen Verspieltheit und einem gewissen Maß an Wohlbefinden zu einem bestimmten Zeitpunkt festgestellt. Wir können nicht entscheiden, ob verspielte Menschen aktiver oder aktive Menschen besonders verspielt sind. Was wir beobachten können, ist eine Verbindung dieser beiden Eigenschaften. Dass Verspieltheit mit einem so breiten Spektrum an Messwerten für Wohlbefinden verbunden ist und dass wir beides auch objektiv, außerhalb von Selbsteinschätzungen, messen können, stützt zusätzlich den Befund, dass mehr Verspieltheit nützlich ist. Im nächsten Abschnitt kommen wir zu noch stärkeren Beweisen für die Bedeutung des Spiels. Dort geht es um Kreativität und ein ebenso einfaches wie machtvolles Experiment, das Ihnen helfen kann, die Verbindung zwischen Spiel und Kreativität herzustellen.

## Spiel inspiriert Kreativität

Wenn Sie Zeit mit Kleinkindern verbringen, werden Sie etwas Erstaunliches an der Art feststellen, wie diese Kinder leben und mit der Welt interagieren. Sie genießen nicht nur unstrukturierte Spielzeiten – sie können jede Situation in ein Spiel verwandeln. Sie sind kreative Genies, und die beiden Funktionen Spiel und Kreativität bauen aufeinander auf. Je mehr Zeit sie mit Spielen verbringen, desto kreativer werden sie, und je kreativer ihre Spiele sind, desto mehr Zeit verbringen sie damit, sie weiterzuentwickeln. Wie wir in unserem Beispiel mit Arya gesehen haben, kann ein Holzstab zum Wasserschlauch werden, mit dem man Feuer löscht. Viele Eltern, Freundinnen, Tanten und Onkel werden Ihnen bestätigen, dass das schönste Geschenk für ein Kleinkind oft genug die Schachtel ist, in der ein Geschenk verpackt war. Natürlich gibt das Spielzeug Geräusche von sich und hat blinkende Lichter, aber die Spielmöglichkeiten sind eben auch begrenzt. Eine Schachtel dagegen kann so ziemlich alles sein von einem Sitzmöbel bis zum Baustein oder zu einem Schloss, wenn man noch ein paar weitere Schachteln daneben und obendrauf stellt.

Sie können sich vorstellen, dass diese sehr fantasiebegabten kleinen Menschen jeden, der mit ihnen zusammen ist, in ungeahnte Höhen der Kreativität katapultiert. Damit Kleinkinder das Interesse nicht verlieren, müssen sich Erzieherinnen und Erzieher ständig neue, aufregende Bastelprojekte, Spiele und Geschichten ausdenken. Sie haben einen der kreativsten Berufe der Welt. Und da für sie die Integration von Kreativität und Spiel Ausbildungs- und Prüfungsinhalt ist, stellen sie eine ideale Gruppe dar, um in Studien mehr über diese Verbindung herauszufinden. Eine deutsche Forschungsgruppe unter der Leitung von René Proyer beobachtete im Jahr 2018 fast 200 Absolventen dieser Ausbildung, sowohl im beruflichen Rahmen als auch in der Freizeit. Mithilfe des OLIW-Modells stellten sie fest, dass Absolventinnen mit besseren Noten, die auch die Kreativität betrafen, im Hinblick auf Verspieltheit (sowohl im Bereich *intellectual* als auch *whimsical*) deutlich höhere Werte erzielten als Absolventen mit schwächeren Prüfungsergebnissen. Auch in Bezug auf das Freizeitverhalten gab es eine positive Assoziation zwischen der allgemeinen Verspieltheit und der Zahl von Hobbys. Und was vielleicht das Interessanteste ist: Als die Forschenden eine kleine Gruppe von fast fünfzig Erzieherinnen und Erziehern speziell betrachteten, stellten sie fest, dass diejenigen, deren Verspieltheit im Bereich *whimsical* am höchsten war, nach Aussage zweier unabhängiger Beurteiler auch die innovativsten Hobbys hatten. Darunter waren Aktivitäten wie Oboespielen oder Zentangle-Zeichnen (eine spezielle abstrakte Kunstform, die auf Mustern beruht).[20] Letzteres ist besonders faszinierend, denn wenn man durch die Flure einer beliebigen Kita geht, findet man überall die schönsten abstrakten Kunstwerke. An meinem Kühlschrank findet sich ein Bild, das Arya gemalt hat; es besteht aus blauen Kreisen, roten Linien, grünen Daumenabdrücken, gelben Punkten, die mit rohem Brokkoli gestempelt wurden, und ein paar draufgeklebten Nudeln. Es scheint nichts Gegenständliches darzustellen, und wenn ich Arya danach frage, sagt sie nur: »Das habe ich gemacht.« Die Antwort einer wahren Künstlerin, die die Interpretation dem Betrachter überlassen will. Kleinkinder verfügen über eine natürliche Kreativität, die in allem, was sie tun, zum Vorschein kommt, vor allem deshalb, weil sie immer in der Lage sind, Spiel hineinzubringen.

Doch wenden wir uns wieder den Erwachsenen zu. Wenn ich eine Aktivität nennen sollte, die am meisten an das freie Spiel von Kleinkindern erinnert, würde ich an Improvisationstheater denken. Dabei sind Erwachsene geradezu gezwungen, spontan, albern und verspielt zu sein. Das fällt nicht jedem leicht, denn wir sind es nicht mehr gewohnt, in unseren Aktivitäten so wenig Struktur und Beschränkungen zu haben. Die meisten von uns haben längst vergessen, wie es sich anfühlt, wenn man albern ist. Improvisationstheater jedoch ist eine fantastische Möglichkeit, unser inneres Kleinkind zum Vorschein zu bringen, zu spielen und kreativ zu sein.

Um herauszufinden, auf welche Weise Improvisationstheater die Kreativität von Erwachsenen freisetzen könnte, führten Forschende der Universität Lund in Schweden eine Studie durch, bei der sie diese Theaterform an den Arbeitsplatz brachten. Insgesamt 93 Personen aus ganz unterschiedlichen Berufen nahmen daran teil, darunter Softwareentwickler, Beamte aus dem Justizministerium und Angestellte aus Personalabteilungen. Fünfzig von ihnen gehörten zur Experimentgruppe und nahmen über fünf Wochen hinweg an drei zweieinhalbstündigen Einheiten mit Improvisationstheater teil. In diesen Einheiten wurde gespielt, um die Improvisationsfähigkeit aufzubauen, und der gesamte Prozess war in höchstem Maße spielerisch. Die übrigen 43 Teilnehmenden wurden von unabhängigen Personen aufgrund ihrer Fähigkeit beurteilt, kreative Ideen für ein neues Multitool zu erfinden. Alle Teilnehmenden durchliefen diese Beurteilung vor und nach der Phase mit dem Theatertraining. Am Ende wurden bei der Theatergruppe wesentlich höhere Kreativitätswerte festgestellt als bei der Kontrollgruppe.[21]

Nun ist es wahrscheinlich etwas viel verlangt, Improvisationstheater am Arbeitsplatz anzubieten, doch wie wäre es, wenn wir Meetings, vor denen den meisten von uns graut, spielerischer gestalten würden, sodass sie die Kreativität stärker fördern? Mit dieser Frage beschäftigte sich dieselbe Forschungsgruppe der

Universität Lund und nutzte einige innovative Methoden, um bei Meetings zum Spielen anzuregen. Wie in der ersten Studie hatten sie auch hier Teilnehmende aus sehr unterschiedlichen beruflichen Zusammenhängen. In der Experimentgruppe befanden sich 164 Probanden, die zu achtzehn Meeting-Gruppen zusammengeführt wurden. In der Kontrollgruppe waren es 41 Personen in fünf Meeting-Gruppen. Es fanden regelmäßige Meetings statt, bei denen Themen aus dem Bereich der Arbeit diskutiert wurden. Die Forschenden mischten sich dabei nicht ein, sie stellten lediglich während der Pause nach der Hälfte der festgesetzten Zeit bestimmte Gegenstände auf den Konferenztisch. In der Kontrollgruppe waren das eine Schale mit Obst und dunkler Schokolade. In der Experimentgruppe wurde nach dem Zufallsprinzip einer von vier spaßigen Gegenständen auf den Tisch gestellt. Es gab bunte Süßigkeiten, Spielzeugpistolen mit Schaumstoffpfeilen, selbstklebende Schnurrbärte und eine Anleitung für ein Spiel, bei dem alle die Hände in die Luft werfen und »Das Leben ist toll!« rufen sollten, wenn sie bemerkten, dass eine Person am Tisch ihr Gesicht berührte. In beiden Gruppen beurteilten die Teilnehmenden nach der Hälfte der Zeit sich selbst und das Meeting, ein weiteres Mal dann am Ende der Zeit. Die Forschungsgruppe stellte fest, dass der Faktor, den sie als »Kreativitätsklima« bezeichneten, in der Experimentgruppe deutlich anstieg, während sich in der Kontrollgruppe keine Veränderung zeigte. Das Kreativitätsklima wurde anhand von fünf Kriterien gemessen: Zusammenarbeit, Offenheit im Gespräch, Offenheit für neue Ideen, Engagement und Partizipation. Als zusätzlicher Bonus wurde gewertet, dass die Experimentgruppe auch in Sachen Spielfreude und Produktivität einen Anstieg verzeichnen konnte, im Gegensatz zur Kontrollgruppe.[22]

Wir alle haben eine spielerische Ader in uns, manchmal brauchen wir nur die Erlaubnis oder einen Anstoß, um sie auszuspielen. Ansonsten haben viele Erwachsene große Schwierigkeiten, sich Spielzeit zuzugestehen. Und so ironisch es klingen mag: Gerade weil bei vielen von uns das Spielen im Leben schon so lange keine Bedeutung mehr hat, fällt es uns sogar dann schwer, uns etwas auszudenken, wenn wir uns diese Zeit endlich wieder einräumen. Zum Glück gibt es eine einfache Lösung für dieses Problem: Fragen Sie Ihr inneres Kind.

Es ist gar nicht so einfach, Kreativität zu messen, doch es gibt anerkannte Forschungstools dafür. Eins davon ist der Abbreviated Torrance Test for Adults (Verkürzter Torrance-Test für Erwachsene, ATTA). Bei diesem einfachen Test werden die Teilnehmenden gebeten, drei Dinge zu tun, und zwar jeweils drei Minuten lang. Zunächst stellt man ein »Stell dir vor …«-Szenario in den Raum, eine hypothetische Situation, und dann werden Fragen dazu gestellt. Zum Beispiel: »Stell dir vor, du könntest durch die Luft gehen.« Danach soll eine Liste von Problemen formuliert werden, denen man dabei begegnen könnte. Dann folgen zwei Zeichenaufgaben mit einfachen Linien und Dreiecken. Die Teilnehmenden sollen die Zeichnung vervollständigen und mit einem Titel versehen. Bei der Beurteilung werden Punkte in einer Reihe von Bereichen verteilt, darunter Flüssigkeit, Flexibilität, Originalität, Elaboration.[23] Interessant ist, dass man mithilfe dieses Tools die Kreativität von Erwachsenen daran misst, wie leicht es ihnen fällt, ein Verhalten an den Tag zu legen, das für Kleinkinder vollkommen normal ist. Kleinkinder sind häufig mit »Stell dir vor …«-Szenarien beschäftigt, sie denken darüber nach, wie es wäre, wenn sie auf Wolken laufen oder fliegen könnten. Und kreative Zeichenaufgaben sind ohnehin eine ihrer Lieblingsbeschäftigungen – sie tun das eigentlich jeden Tag.

Mithilfe dieses Kreativitätstests führten Forschende der North Dakota State University eine Studie an Studierenden durch, um herauszufinden, welchen Einfluss es auf die Kreativität hat, wenn die Teilnehmenden einfach nur an ihre Kindheit denken. Es gab 76 Probanden, die zunächst eine Schreibaufgabe bekamen. Die Aufgabe lautete: An einem bestimmten Tag fällt die Schule aus. Schreib auf, was du an diesem Tag tun würdest – du hast zehn

Minuten Zeit dafür. Die Teilnehmenden wurden nach dem Zufallsprinzip der Experimentgruppe oder der Kontrollgruppe zugeordnet. Der einzige Unterschied bestand darin, dass die Mitglieder der Experimentgruppe zusätzlich gesagt bekamen: »Du bist sieben Jahre alt.« Nach sieben Minuten Schreiben wurden die Teilnehmenden unterbrochen und nach dem ATTA bewertet. Die Gruppe, der man die Anweisung gegeben hatte, zu denken wie ein Kind, war insgesamt kreativer und produzierte mehr originelle Antworten.

Hier zwei Beispiele, die illustrieren, was zwei verschiedene Teilnehmende schrieben:

**Kontrollgruppe (ohne Hinweis auf die Kindheit)**
*Wenn die Schule ausfiele, würde ich noch für eine Weile ins Bett gehen. Dann würde ich aufstehen, meine Mails checken, in der Arbeit anrufen und fragen, ob sie mich brauchen können, und nachdem das vermutlich so wäre, würde ich dann arbeiten gehen, bis alles erledigt wäre. Dann würde ich nach Hause gehen und Hausarbeit oder andere Dinge in meiner Wohnung machen, z. B. putzen. Ich würde versuchen, auch noch Sport zu machen oder rauszugehen, wenn das Wetter schön wäre.*

**Experimentgruppe (mit Hinweis auf die Kindheit)**
*Ich würde erst mal zur Eisbude gehen und mir das größte Hörnchen holen, das ich kriegen kann. Dann würde ich ins Zoogeschäft gehen und mir die Hunde anschauen. Später würde ich meine Oma besuchen und mit ihr ein paar Runden Rommé spielen. Sie würde mir Plätzchen backen und mir ein riesengroßes Glas Milch servieren. Dann würde ich noch spazieren gehen, meine Freunde treffen und stundenlang im Park spielen.*[24]

Welche Antwort klingt für Sie nach dem besseren Tag? Und welcher Tagesablauf würde Sie wohl glücklicher und gesünder machen (von dem großen Eis und den Keksen einmal abgesehen)?

Die beiden Abschnitte fassen ganz schön zusammen, worum es in diesem Buch geht. Es kann enorme Vorteile haben, so zu denken und auch so zu handeln wie Kleinkinder. Als die Autorinnen dieser Studie alle Aufsätze gemeinsam betrachteten, fiel ihnen ein Hauptunterschied auf: Das Denken als Erwachsener brachte mehr Antworten hervor, in denen es um Verpflichtungen ging, während sich das Denken als Kind mehr auf Wünsche konzentrierte, vor allem auf das Spielen mit Freunden. Verpflichtungen sind wichtig, und natürlich sollten wir sie nicht vernachlässigen, doch das erwachsene Denken konzentriert sich oft viel zu sehr darauf und vernachlässigt das Spiel und die gemeinsam mit Freunden verbrachte Zeit. Für Kinder ist Spielen ein Lebensstil, vor allem für Kleinkinder. Und es könnte eine gute Strategie sein, es einmal mit kindlichem Denken zu probieren, wenn Sie Ihre Freizeit planen. Vielleicht beginnen Sie mit einem halben Tag an einem Wochenende. Wenn es gut funktioniert, können Sie es auf einen ganzen Tag am Wochenende ausdehnen, vielleicht sogar auf eine oder zwei Abendstunden unter der Woche. Wenn Sie so glücklich sind, ein Kleinkind in Ihrem Leben zu haben, bitten Sie es ruhig, die Zeit für Sie zu verplanen. Sie werden auf diese Weise eine ganze Auswahl von spaßigen Ideen bekommen.

## Spiel und romantische Beziehungen

Sei es am Anfang einer neuen Beziehung oder mit Blick auf Paare, die schon mehr als fünfzig Jahre zusammen sind – immer sehen wir, wie wichtig Spielen ist. Zu Beginn einer Beziehung schicken Menschen Signale an potenzielle Partnerinnen und Partner: Blickkontakte, ein Lächeln, Berührungen, Humor. Wir nennen das Flirten, doch tatsächlich handelt es sich um einen spielerischen Umgang miteinander. Auf lange Sicht können wir sehen, dass eine gewisse Verspieltheit lebenswichtig für Bezie-

hungen ist. Mit gemeinsamen Aktivitäten, Abenteuern und Späßen, die nur der Partner oder die Partnerin versteht, hält sie den
Funken lebendig. Wie schon in Kapitel 3 besprochen, fühlen sich
Menschen wohler und offener, wenn gemeinsam gelacht wird.
Lachen schenkt ihnen sofort ein Gefühl von Verbundenheit, das
für den Aufbau von Beziehungen ungemein wichtig ist. Ein spielerischer Umgang miteinander tut dasselbe. Er hilft nicht nur,
Stress abzubauen und die Kreativität zu steigern, sondern kann
uns auch helfen, Liebe zu finden und langfristige Beziehungen
aufrechtzuerhalten.

Da Lachen und Spielen so eng miteinander verwandt sind, ist
anzunehmen, dass auch das Spielen seine Wurzeln in unserer
Evolution hat. Wie schon in Kapitel 3 gesehen, entwickeln sich
Lächeln und Lachen von Natur aus in einem frühen Alter, und
zwar nicht nur beim Menschen, sondern auch bei Tieren. Ähnlich verhält es sich mit dem Spiel, denn alle Tiere um uns herum
spielen. Hunde jagen sich über die Wiese, Otter jonglieren mit
Steinen, Delfine lassen Ringe aus Luftblasen entstehen. Beim
Menschen hat das Spiel offenbar über die Lebensspanne hinweg
unterschiedliche Funktionen. Eine dieser Funktionen nach der
Kindheit ist der Aufbau von Beziehungen, vor allem von Liebesbeziehungen.

Professor Garry Chick von der Pennsylvania State University
hat eine Theorie zum Zusammenhang von Spiel und Beziehungen bei Erwachsenen entwickelt. Ihr zufolge senden Erwachsene mithilfe von spielerischem Verhalten Signale an potenzielle
Partnerinnen bzw. Partner. Männer signalisieren durch das Spiel
eine nicht aggressive Haltung, Frauen signalisieren Jugend und
Gebärfähigkeit.[25, 26] Chick hat zu diesem Thema intensive Forschung betrieben. In einer Studie untersuchte er die Bedeutung
des Spielens für die Anziehung potenzieller Partnerinnen und
Partner mit 254 College-Studierenden im Alter von 18 bis 26 Jahren. Sie fragten die Teilnehmenden nach sechzehn potenziell at-
traktiven Charakterzügen und baten die Befragten, diese auf ei-

ner Skala von eins (nicht wünschenswert) bis zehn (sehr wünschenswert) zu bewerten.

Nahm man beide Geschlechter zusammen, dann rangierte »spielt gern« mitsamt den ähnlichen Zügen »hat Sinn für Humor« und »hat gerne Spaß« unter den Top five. Die weiteren beiden Plätze unter den ersten fünf wurden von »ist freundlich und verständnisvoll« und »ist gesund« eingenommen. Verspieltheit rangierte also vor »attraktiv« (Platz 10), »Hochschulabschluss« (Platz elf) und »wird vermutlich gut verdienen« (Platz zwölf). Was die durchschnittliche Bewertung der Charakterzüge anging, rangierten die mit Spiel verbundenen Beispiele nie niedriger als vier und lagen damit zusammen mit Intelligenz ganz vorn. Selbst wenn Chicks Hypothese darüber, welche spezifischen Botschaften ein spielerisches Verhalten transportieren, vielleicht nicht ganz korrekt sind, haben verspielte Menschen offenbar einen Vorteil, wenn es darum geht, attraktiv auf andere zu wirken.

Verspieltheit ist also wichtig für potenzielle Partnerinnen und kann helfen, das erste Date zu bekommen, aber was passiert im Laufe der Zeit? Es stellt sich heraus, dass Verspieltheit auch mit längerfristiger Beziehungszufriedenheit zusammenhängt.

Proyer, der das OLIW-Modell entwickelt hat, führte ein Experiment durch, bei dem er Aspekte der Verspieltheit des Partners und verschiedene Aspekte der Beziehungszufriedenheit untersuchte. Seine Studie umfasste mehr als 200 heterosexuelle Paare, die zwischen drei Monaten und 37 Jahren zusammen waren. Alle Teilnehmenden füllten einen Online-Fragebogen aus. Von den vier Facetten der Verspieltheit, die im Modell beschrieben werden, standen drei mit einer höheren Beziehungszufriedenheit in Verbindung: auf andere Menschen hin ausgerichtet, intellektuell und skurril. Wie von den Autoren der Studie erwartet, zeigte die auf andere Menschen ausgerichtete Verspieltheit die stärkste Korrelation, insbesondere für die Aufrechterhaltung der Beziehung, für Zukunftsorientierung, Faszination und sexuelle Befriedigung. Die Autorinnen weisen darauf hin, dass dies Sinn ergibt.

Spielerisches Handeln gegenüber anderen kann dafür sorgen, dass diese Personen sich wohlfühlen, und es kann »soziale Bindungen stärken«.[27]

Bisher ist die in diesem Abschnitt besprochene Forschung durch relativ kleine Stichprobengrößen eingeschränkt. Außerdem wurden nur Personen berücksichtigt, die sich als heterosexuell identifizieren und als entweder männlich oder weiblich bezeichnen. Eine größere Studie, die 2019 von der Universität in São Paulo in Brasilien veröffentlicht wurde, umfasste annähernd 1200 Personen, darunter solche, die sich als cisgender, transgender und nicht-binär identifizierten. Nur 60 Prozent der Teilnehmenden identifizierten sich als ausschließlich heterosexuell. Die meisten Teilnehmenden waren in ihren Zwanzigern und Dreißigern. In dieser Studie erhielten die Teilnehmenden den OLIW-Fragebogen zur Messung von Verspieltheit und wurden zu früheren kurz- und langfristigen Beziehungen befragt, die sie in ihrem Leben gehabt hatten. Eine kurzfristige Beziehung wurde definiert als zwanglose Verabredungen ohne die Erwartung, zusammenzubleiben, während eine langfristige Beziehung die Erwartung umfasste, zusammenzubleiben. Die Ergebnisse der Analyse sind wirklich faszinierend. Zum einen hatten spielfreudige Erwachsene mehr Partnerinnen bzw. Partner, zum anderen wurden von verschiedenen Geschlechtern verschiedene Arten von Verspieltheit benutzt, wenn sie um Partnerinnen und Partner konkurrierten.[28]

Und als Bonus kommt noch dazu: Verspieltheit kann auch im Schlafzimmer hilfreich sein. Es gibt, wenn auch noch vorläufige, Forschungsergebnisse zum Zusammenhang von Verspieltheit bei Erwachsenen und Sexualität. In einer Studie, die 2022 veröffentlicht wurde, untersuchte Proyers Team mehr als tausend Erwachsene, denen Fragen zum Thema Verspieltheit und zu sexuellen Verhaltensweisen und Praktiken gestellt wurden, darunter sexuelle Zurückhaltung, Suche nach sexuellem Erleben und BDSM-Praktiken. Dabei wurden Zusammenhänge zwischen verschiedenen sexuellen Verhaltensweisen und Verspieltheit gefunden, vor allem mit skurriler Verspieltheit. Außerdem konnten die Forschenden feststellen, dass Menschen, die Spaß an BDSM haben, verspielter sind als Personen, die sich auf derartige Praktiken nicht einlassen.[29]

Im Großen und Ganzen haben solche Studien ihre bereits besprochenen Grenzen, da die Daten aus Befragungen über eigene Präferenzen und Praktiken stammen. Doch die wachsende Zahl an Studien weist auf die Bedeutung von Spiel in Beziehungen hin, sowohl als Charakterzug, der potenziellen Partnerinnen und Partnern etwas Positives signalisiert, als auch als Möglichkeit für Paare, in einer Weise zu interagieren, die es ihnen ermöglicht, sich auf Dauer wohler und glücklicher zu fühlen.

## Mehr Zeit zum Spielen

Wenn Spiel so viele Vorteile hat und uns so viel Freude bringt, ist eigentlich schon klar, dass es in unserem Leben zu wenig Raum einnimmt. Es klingt so einfach, wenn man sagt, spielen Sie einfach mehr. Doch für Erwachsene kann genau das aus verschiedenen Gründen unglaublich schwierig sein. Wir wollen einige der Hürden hier betrachten, um Möglichkeiten zu finden, sie zu überwinden.

Zunächst einmal – und dies scheint das wichtigste Problem zu sein – haben Erwachsene das Gefühl, sie dürften nicht spielen. Als wäre Spielen irgendwie nicht akzeptabel. Selbst wenn wir die Zeit dazu hätten, herrscht in unserem Kopf eine Vorstellung, von der wir bereits gesprochen haben: Wir müssen etwas »Produktives« tun. Hier liegt also der erste Schritt, um mehr zu spielen: Im Begreifen, dass wir dafür keine Erlaubnis brauchen. Ja, Spielen hat einen echten Nutzen, doch Sie dürfen auch einfach nur spielen, weil es Ihnen Freude macht. Leider verfolgt uns dieses Thema bis ins hohe Alter.

In einer Studie aus dem Jahr 2022, die von der Ariel University in Israel durchgeführt wurde, untersuchten die Forschenden die Wirkung von Clowns in Altenheimen. Anhand von Beobachtungen und Fragebogen stellten die Forschenden fest, dass die Clowns vor allem deshalb so nützlich waren, weil ihre Auftritte den Menschen die »Erlaubnis« gaben, sich spielerisch zu verhalten. Sobald die alten Menschen das Gefühl hatten, es sei in Ordnung, zu spielen, hatten sie Freude daran. Einer der Bewohner sagte dazu: »Es ist eine Zeit, in der man nicht über Probleme im Leben nachdenkt oder daran, dass man allein ist.« Leider nahmen einige Bewohnerinnen des Altenheims nicht an der Spielstunde mit dem Clown teil. Danach gefragt, warum das so sei, antwortete eine Bewohnerin: »Das ist etwas für alte Leute oder Kinder.« Wobei man wissen muss, dass diese Person über siebzig war.[30] Wenn wir uns nicht jetzt die Erlaubnis zum Spielen geben, kann es leicht sein, dass wir nie dorthin kommen.

Ein weiteres Problem, das uns vom spontanen Spielen abhält, ist die Tatsache, dass Erwachsene viel Zeit damit verbringen, über die Zukunft nachzudenken und über alles, was noch getan werden muss, statt mehr in der Gegenwart zu leben, wie es Kleinkinder tun. Es ist oft schwierig, im gegenwärtigen Augenblick zu leben, wenn die Zukunft uns so viele Sorgen bereitet, doch es gibt zumindest eine vorübergehende Lösung.

Im Jahr 2019 untersuchten Forschende der Universität Warschau Hunderte von Studierenden, um herauszufinden, ob sich ihr Denken verändert, wenn sie entweder über ihre eigene Kindheit nachdenken oder die Perspektive eines Kindes einnehmen. Um ihre Haltung zur Gegenwart zu messen, wurde ein Tool angewandt, mit dem die Freude am gegenwärtigen Augenblick gewertet wird. Vier Experimente wurden dann durchgeführt, jeweils mit einer Experiment- und einer Kontrollgruppe. Das Ergebnis: Wenn Erinnerungen an die Kindheit hervorgeholt wurden, wuchs die Orientierung an der Gegenwart bei Erwachsenen. In einem der Experimente wurde die Frage nach der Position als Kind oder Erwachsener nicht einmal explizit gestellt. Die Teilnehmenden bekamen vielmehr dreißig Zusammenstellungen mit jeweils fünf Wörtern vorgelegt, aus denen sie Sätze bilden sollten. In der Experimentgruppe enthielt die Hälfte der Sätze Wörter, die mit Kindheit verbunden waren, z. B. »naiv«. In der Kontrollgruppe waren es nur Wörter, die mit Erwachsenen in Verbindung standen, darunter »Arbeit«, »Chef« oder »Dokument«. In diesem Experiment führte die bloße Gegenwart von Wörtern, die an die Kindheit erinnerten, zu einer stärkeren Orientierung an der Gegenwart.[31]

Wir wissen nun also, dass wir uns die Erlaubnis geben müssen und uns stärker an der Gegenwart orientieren sollten, um mehr zu spielen. Beides kann einfach dadurch geschehen, dass wir die Perspektive eines Kindes einnehmen. Diese beiden Punkte sind stark mit dem Mindset verbunden, es gibt aber auch noch ganz praktische Hinweise, wie Sie mehr Spiel in Ihr Leben lassen können. Mit diesen Hinweisen wollen wir das Kapitel beenden.

Im Jahr 2021 taten sich Proyer und Chick mit zwei weiteren Forschenden zusammen, um Möglichkeiten zu finden, Verspieltheit bei Erwachsenen zu fördern. Sie führten ein Experiment mit mehr als 500 Erwachsenen im Alter zwischen 18 und 84 Jahren durch, bei dem die Probanden nach dem Zufallsprinzip vier Gruppen zugeordnet wurden. Jede dieser vier Gruppen hatte die Aufgabe, vor dem Schlafengehen fünfzehn Minuten lang Rückschau auf den Tag zu halten: was passiert war, wie sie sich gefühlt hatten, wer daran teilgehabt hatte. Dann sollten sie all das aufschreiben.

Die erste Gruppe bekam die Aufgabe, über drei spielerische Dinge zu schreiben, die ihnen an diesem Tag passiert waren. Die zweite Gruppe wurde aufgefordert, in einer Weise spielerisch an Dinge heranzugehen, wie sie das bisher nicht gewohnt waren. Die dritte Gruppe sollte über alle spielerischen Dinge schreiben, die an diesem Tag passiert waren, unabhängig davon, ob sie daran teilgenommen hatten oder nicht. Und die letzte Gruppe, die als Kontrollgruppe fungierte, bekam die Aufgabe, Erinnerungen aus ihrer Kindheit aufzuschreiben. Jede Gruppe tat das eine Woche lang.

Die Teilnehmenden wurden nach zwei, vier und zwölf Wochen über das Ausmaß ihrer eigenen Verspieltheit befragt, dazu über ihr Glücksempfinden und depressive Symptome, alles anhand von validierten Skalen. Am Ende des Experiments konnten die Forschenden feststellen, dass die Teilnehmenden der ersten drei Gruppen in jeder Hinsicht höhere Punktzahlen in Bezug auf Verspieltheit und Glück erzielt hatten und dass ihre Werte auf der Skala der depressiven Symptome niedriger waren – all das verglichen mit der Kontrollgruppe. Interessant ist auch, dass einige Teilnehmende beschlossen, die Übung über die eigentlich angesetzte Woche hinaus fortzusetzen. Dies trug natürlich zu den beschriebenen Wirkungen bei, doch auch wenn man diese Personen nicht berücksichtigte, blieben die Gesamtergebnisse bestehen.[32]

Verspielte Menschen genießen eine ganze Reihe von Vorteilen, doch am wichtigsten ist, dass uns Verspieltheit einfach erlaubt, unser Leben im gegenwärtigen Augenblick zu genießen. Wir müssen uns die Erlaubnis geben, regelmäßig zu spielen, und wir sollten uns keine Sorgen darum machen, welche Auswirkungen das in Zukunft hat.

Das ist leichter gesagt als getan, doch schon indem Sie am Ende des Tages über Spielen nachdenken oder indem Sie versuchen, spielerisch an ungewohnte Situationen heranzugehen, kann sich Ihr Wohlbefinden verbessern.

# Von Kleinkindern lernen
## 5. Regel:
### *Spielzeit ist jederzeit.*

- Aspekte des Spiels können in alles integriert werden, was Sie tun. Kleine Erinnerungen ans Spiel können Ihnen am Anfang helfen.
- Geben Sie sich die Erlaubnis zu unstrukturiertem Spiel. Nicht jeder Augenblick Ihres Lebens muss ein Ziel haben. Haben Sie einfach mal Spaß!
- Um präsenter und kreativer zu sein und die Zeit beim Spielen zu genießen, denken Sie darüber nach, was Ihr inneres Kind tun würde.
- Wenn Sie verspielt sind, senden Sie Signale an andere aus, die dafür sorgen, dass man Sie gern näher kennenlernen will.
- Verbringen Sie jeden Abend etwas Zeit damit, über das Spielen an diesem Tag nachzudenken. Diese Beobachtungen können Ihnen helfen, neue Formen des Spiels auszuprobieren und öfter anzuwenden.

Zweiter Teil

# Ein goldenes Sternchen
# in Sachen Arbeit

# 6
# Teamwork

*Lass dir von mir helfen*

Viele Führungskräfte und Akademiker halten Kleinkinder für niedliche Kuriositäten. Dabei könnten sie so viel von ihnen lernen, denn Kleinkinder zeigen einige der wichtigsten Fertigkeiten in Sachen Teamwork, die an jedem Arbeitsplatz nützlich sind. Die Mechanismen, die uns befähigen und motivieren, mit anderen zusammenzuarbeiten, entwickeln sich sehr früh. Schon Babys wechseln sich mit Erwachsenen ab, wenn sie einen Ball hin und her rollen. Im Alter von zwei Jahren können Kinder gemeinsam mit anderen Aufgaben erledigen, und mit drei Jahren werden gemeinsame Ziele zu Verpflichtungen. Dreijährige erwarten von anderen, dass sie eine gemeinsame Aufgabe bis zum Ende durchführen, und wenn das nicht geschieht, wenden sie eine Vielfalt von Strategien an, um ihre Partnerinnen und Partner zurückzuholen.[1]

Jedes Kleinkind verfügt von Natur aus über hervorragende Teamwork-Skills. Ohne dass man sie darum bitten muss, nehmen sie an den langweiligsten Tätigkeiten teil, wenn jemand anderes damit beschäftigt ist. Und sie tun es sogar gern. Bei mir zu Hause wird das Saubermachen nach dem Abendessen von Arya mit Begeisterung und Enthusiasmus in Angriff genommen. Sie schnappt sich bereitwillig jeden Abend den Swiffer, um dafür zu sorgen, dass sämtliche Krümel, die sie während des Essens hat fallen lassen, aufgewischt werden. Das hat zwar normalerweise nur zur Folge, dass die Krümel gleichmäßig im gesamten Zimmer verteilt werden, doch ich bewundere ihre Bemühungen sehr.

Der Antrieb, mit anderen zusammenzuarbeiten, findet sich bei allen Kleinkindern. Ein zweites schönes Beispiel ist der fünfzehn Monate alte Thomas Pethick, der in einer Kleinstadt im kanadischen British Columbia lebt. Seine Familie hat einen Lieferservice für Trinkwasser und holt jeden Tag die leeren Wasserbehälter bei den Kunden ab. In einem Video, das Thomas' Mutter auf TikTok gepostet hat, sieht man ihn, wie er an einem schneereichen Wintertag zu dem Lieferwagen eilt, sobald dieser vorfährt. Die Wasserbehälter sind so groß wie er selbst, aber er schnappt sich zwei davon gleichzeitig und schleppt sie zum Lagerraum im Haus. In der Pause greift er zur Schaufel und schaufelt Schnee. Das Video war unglaublich populär und wurde 33 Millionen Mal angeklickt. Dabei zeigte es lediglich normales, alltägliches Kleinkindverhalten.[2]

Wir alle müssen ständig mit anderen zusammenarbeiten. Bei einigen von uns ist es die normale Art, in Teams zu arbeiten. In den letzten zwei Jahrzehnten ist die Zeit, die Arbeitskräfte mit gemeinsamen Aktivitäten verbringen, um mehr als 50 Prozent gestiegen. In vielen Firmen arbeiten die Angestellten 80 Prozent der Zeit mit anderen zusammen.[3] Wenn wir eine Führungsrolle innehaben, sind wir oft dafür verantwortlich, dass alle Mitglieder des Teams effizient auf ein gemeinsames Ziel hinarbeiten. Dabei spielt Teamdynamik eine unvermeidliche Rolle, was positive, aber auch negative Auswirkungen haben kann. Diese Dynamiken müssen beachtet werden, da sie das Ergebnis der Arbeit beeinflussen können.[4]

Die Art und Weise, wie wir in verschiedenen Szenarien reagieren, kann das Team zum Erfolg führen oder zum Scheitern bringen. Für Erwachsene kann es sehr schwierig sein, mit negativer Dynamik im Team umzugehen. Da wirkt der Blick auf die Art, wie Kleinkinder damit zurechtkommen, unter Umständen inspirierend und motivierend. Wie wir sehen werden, lieben sie gemeinsame Aktivitäten. Selbst wenn sie eine Aufgabe erledigt haben, neigen sie dazu, noch einmal von vorn anzufangen, damit sie und ihre Mitstreiter es wiederholen können.[5] Da sie auf diesem Gebiet echte Expertinnen sind, lohnt es sich, ihnen zuzusehen, wie sie proaktiv gegen negative Dynamik im Team angehen. Dieses Kapitel beschäftigt sich mit fünf Schlüsselkonzepten, die Kleinkinder im Bereich des Teamworks anwenden und die in jedem Team positiv wirken können.

Bevor wir damit beginnen, möchte ich Michael Tomasello und seiner Arbeit meine große Anerkennung aussprechen. Tomasello ist Professor für Psychologie und Neurowissenschaften an der Duke University und einer der Leiter des Max-Planck-Instituts für Evolutionäre Anthropologie. Er hat seine gesamte Tätigkeit der Forschung zu Zusammenarbeit, Kommunikation und sozialer Kognition bei kleinen Kindern gewidmet. Der größte Teil der Forschung, von der in diesem Kapitel die Rede ist, stammt aus seinem Labor, und ich kann Ihnen nur wärmstens empfehlen, seinen Keynote-Vortrag vor der Association of Psychological Science im Jahr 2019 anzusehen. Der Vortrag trägt den Titel »Mensch werden: eine Theorie der Ontogenese«. Darin zeigt er Videoclips aus zahlreichen Forschungsprojekten, die in diesem Kapitel beschrieben werden und die zeigen, was für wunderbare Teammitglieder Kleinkinder sein können.[6]

## Klare Kommunikation, um ein Teammitglied zurückzuholen

Wenn sich ein Kollege oder eine Kollegin nicht mehr für das gemeinsame Projekt engagiert oder nicht bei der Aufgabe bleibt, reagieren wir auf vielfältige Weise. Einige dieser Reaktionen sind hilfreich, andere eher nicht. Eine Möglichkeit besteht darin, die Person einfach zu ignorieren und das Projekt allein oder mit einem anderen Teammitglied fertigzustellen, das noch mitarbeitet. Eine andere Option ist, die Person zu konfrontieren, die nicht mehr mitarbeitet. Eine dritte, freundlichere Art wäre es, die

Person beim Arbeiten zu begleiten. Schließlich wird ihre Expertise gebraucht, um das Projekt abzuschließen, und es gibt sicher einen Grund, warum man sie ursprünglich ins Team aufgenommen hat. Kleinkinder finden es vollkommen natürlich, mit anderen zusammenzuarbeiten. Wie wir schon in Kapitel 5 gesehen haben, gehen sie ganz von selbst spielerisch an die Dinge heran, was bedeutet, dass sie Aufgaben zu Spielen umdeuten können. Wenn jemand aber mitten im Spiel aufhört, verwirrt sie das zunächst. Sie verstehen überhaupt nicht, warum jemand so etwas tut, und werden alles unternehmen, was ihnen einfällt, um die Person zurückzuholen.

In diesem Abschnitt konzentrieren wir uns im Detail auf eine Studie, der wir verschiedene wichtige Erkenntnisse darüber verdanken, wie Kleinkinder kooperieren und ihre Partnerinnen und Partner bei der Stange halten. Wie fast immer bei den Fertigkeiten von Kleinkindern, sind ihre Methoden ebenso einfach wie effektiv. Die Studie stammt aus dem Jahr 2006 und wurde mit 32 Kleinkindern im Alter von ein bis zwei Jahren durchgeführt.[7] Dazu entwickelten die Forschenden vier Aufgaben für die Kleinkinder. Zwei davon betrafen Problemlösung, die anderen beiden waren soziale Spiele. Jede Aufgabe verlangte, dass zwei Personen sie gemeinsam durchführen, entweder mit verschiedenen Aktivitäten (komplementär) oder mit derselben Aktivität (parallel). Die Aufgabe zur Problemlösung mit komplementärer Aktivität wurde »Aufzug« genannt. Dabei gab es einen Zylinder mit einem Objekt darin, der sich auf und ab bewegte. Um an das Objekt heranzukommen, musste eine Person den Zylinder hochschieben, während die andere Person das Objekt herauszog. Es war nicht möglich, dass eine Person beide Aktivitäten allein durchführte, denn es gab eine Trennwand. Nachdem man dafür gesorgt hatte, dass die Kinder wussten, wie die Aufgabe zu bewältigen war, arbeiteten ein Mitglied des Forschungsteams und ein Kind zusammen. Dann stoppte das Mitglied des Forschungsteams seine Aktivität für fünfzehn Sekunden.

Verwirrt darüber, dass jemand mitten in einer gemeinsamen Aufgabe stoppte, hatten die Kleinkinder mehrere Möglichkeiten. Sie konnten ebenfalls stoppen, sie konnten versuchen, die Aufgabe allein zu lösen, sie konnten auf den Partner bzw. die Partnerin warten oder den Versuch unternehmen, die andere Person zum Weitermachen zu bewegen. Die am häufigsten beobachtete Lösung war der Versuch, die andere Person wieder einzubeziehen. Und die Kinder taten dies auf verschiedene interessante Weisen, die zwei gute Lektionen für uns bereithalten. Zunächst einmal wandten sie klare Kommunikation an. Sie sprachen die andere Person deutlich an und kommunizierten das Ziel bzw. die Aufgabe. Wenn es sich bei der anderen Person um einen fremden Mann handelte, sagten sie z. B.: »Mann!« Dann benutzten sie die nötigen Wörter, um die Aufmerksamkeit auf das gemeinsame Ziel zu lenken, z. B. »Ball« bei einer Aufgabe, wo das Ziel darin bestand, einen Ball aus dem Zylinder herauszuholen. Ein anderes Beispiel für klare Kommunikation waren Anweisungen, die die Kinder ihrem erwachsenen Partner gaben. Sie taten das mit Gesten, also indem sie auf den Zylinder zeigten, oder mit einfacher Verbalisierung, z. B. »Heben!« oder »Rausnehmen!« oder »Aufmachen!« Nie kam es dazu, dass die Kleinkinder der anderen Person einen Vorwurf machten. Und freundliche Menschen, die sie nun mal sind, sagten sie auch sehr oft »Bitte!«.

Oft brauchen wir nichts anderes als direkte Kommunikation, wenn wir in Teams arbeiten. Es mag vorkommen, dass ein Teammitglied seine Aufgabe nicht kennt oder vielleicht den Online-Hinweis auf eine Deadline oder die Einladung zu einem Meeting übersehen hat. Es kann auch Fehlkommunikation in Bezug auf die Aufgaben geben, die zu lösen sind. Klare Anweisungen ohne Vorwurf können eine solche Person oft wieder in die Spur bringen. Und vergessen Sie nicht, »Bitte« zu sagen!

Die zweite Strategie, die die Kleinkinder nutzten, um ihr Teammitglied zurückzuholen, ging einen Schritt weiter, über die Kommunikation hinaus: Sie halfen der anderen Person auf sanfte Weise. Eine der Problemlösungsaufgaben bestand darin, ein Spielzeug aus einer Röhre herauszuholen. An beiden Enden der Röhre befanden sich Griffe, und beide Teammitglieder mussten an diesen Griffen ziehen, um das Spielzeug aus der Röhre zu befreien. Wenn nun das erwachsene Teammitglied die Arbeit einstellte, hielten einige Kinder den Griff und schoben die Röhre hinüber, um der anderen Person zu helfen. Sie versuchten wirklich alles, um ihrer Partnerin bzw. ihrem Partner zu verstehen zu geben, was sie tun sollten. Auch diese Strategie können wir in erwachsenen Teams anwenden. Vielleicht hat die andere Person die ursprünglichen Anweisungen nicht verstanden und braucht Anleitung, um den ganzen Prozess in den Griff zu bekommen.

In Teams von Erwachsenen ist schlechte Kommunikation ein ernstes Problem. Für einen Bericht mit dem Titel »Kommunikationshürden am modernen Arbeitsplatz«, der 2018 in der Zeitschrift *The Economist* erschien, nahmen mehr als 400 Führungskräfte, Manager und Mitarbeitende an einer Studie über Kommunikation am Arbeitsplatz teil. Dabei wurde schlechte Kommunikation als Hauptfaktor für eine ganze Reihe von Problemen identifiziert. Das häufigste Problem war zusätzlicher Stress (den mehr als die Hälfte der Befragten nannten), das zweithäufigste Verspätungen innerhalb des Prozesses oder kein rechtzeitiger Abschluss des Projekts (dieses Problem wurde von 44 Prozent der Befragten genannt). Und am häufigsten wurden als Ursache unklare Anweisungen von Vorgesetzten oder Managern angeführt.[8]

Was das gemeinsame Arbeiten an Aufgaben angeht, denken Kleinkinder anders als Erwachsene. Sie fokussieren sich stärker auf den Prozess und auf die eigentliche gemeinsame Tätigkeit als auf das Ergebnis. In der Studie mit Kleinkindern, von der hier schon die Rede war, machten die Forschenden eine unerwartete Beobachtung: Die Kinder hörten nicht auf, wenn sie ihr Ziel erreicht hatten, sondern schoben das Objekt zurück in die Ausgangsposition. Dies war bei 30 von 32 Kindern der Fall. Die Forschenden schließen daraus, dass »ihre Versuche, das Objekt zurückzuschieben, auf ihr Interesse hindeuten, die gemeinsame Aktivität fortzusetzen, weil diese Tätigkeit für sich genommen befriedigend ist«.[9] Wenn also ein Teammitglied die Aktivität einstellt, neigen Kleinkinder immer dazu, diese Person wieder einzubeziehen. Sie tun dies in vielfältiger Weise und vor allem zunächst mit klarer Kommunikation, indem sie die jeweilige Person ansprechen und die Aufgabe erklären. Wenn das nicht funktioniert, gehen sie einen Schritt weiter und bieten sanfte Unterstützung an.

## Durch Herausforderungen navigieren

Selbst die fähigsten Teams fahren unterwegs mal in ein Schlagloch. Es passieren Dinge, die außerhalb unserer Kontrolle liegen, und es ist wichtig zu unterscheiden, was wir reparieren können und was nicht. Kleinkinder handeln, wie wir schon gesehen haben, immer mit Blick auf maximale Kooperation. Außerdem sind sie die geborenen Problemlöser, wollen auch noch Blockaden einen Sinn abgewinnen und handeln in einer Weise, die »moralisch relevant«[10] und zugleich zielführend ist. Das heißt, sie besitzen einen stark ausgeprägten Sinn für Fairness und bemühen sich, ihre Teammitglieder zu verstehen, bevor über den nächsten Schritt nachgedacht wird. In diesem Abschnitt werden wir sehen, wie Kleinkinder in zwei verschiedenen, unerwarteten Szenarien reagieren: Zum einen, wenn sie mit anderen zusammen eine Aufgabe angehen und der Partner bzw. die Partnerin etwas falsch macht. Zum anderen, wenn die Apparatur, an der beide zusammenarbeiten, kaputt geht.

In der nächsten Studie wollten die Forschenden herausfinden, was Kleinkinder tun, wenn die Sache nicht so läuft, wie sie es zusammen mit ihrem Partner bzw. ihrer Partnerin geplant haben.

Diesmal war die zweite Person ebenfalls ein Kind. Die Apparatur, die sie benutzten, lässt sich am besten als ein rechteckiger Tisch beschreiben, ähnlich einem Billardtisch, aber ohne Beine. Über die Tischfläche war ein Seil gespannt. Um die Aufgabe zu lösen, mussten zwei Personen mithilfe eines Griffs an dem Seil ziehen, sodass Murmeln herausrollten. Die Kinder konnten die Murmeln anschließend in Sticker umtauschen. Ein Kind war die Testperson, das andere Kind war instruiert worden, sich auf eine bestimmte Weise zu verhalten. Die Forschenden entwickelten drei Szenarien. Beim ersten Szenario war das Partnerkind darauf trainiert, sich egoistisch zu verhalten und den Griff loszulassen, um dann die Schachtel mit den Stickern zu öffnen und sich alle Sticker zu sichern. (Wie wir in Kapitel 2 zum Thema Freundlichkeit gesehen haben, würden Kleinkinder das von sich aus nie tun, man musste also einen Trick anwenden und ihnen sagen, genau dies sei das Ziel des Spiels, um sie zum Mitmachen zu bewegen.) Im zweiten Szenario sollte das Partnerkind von der Seite statt von vorn an dem Seil ziehen, was aber zur Folge hatte, dass die Murmeln nicht herausfielen. Das Testkind bekam den Eindruck, das andere Kind würde sich Mühe geben, die Aufgabe aber falsch angehen. Im dritten Szenario schließlich war der Griff so präpariert, dass er brach.

Wir wollen uns hier auf Szenario zwei und drei konzentrieren. An dem Experiment nahmen 144 dreijährige Kinder teil. Die Hälfte von ihnen wurde getestet, die andere Hälfte waren die trainierten Partnerkinder. Bei jedem Szenario achteten die Forschenden auf das Verhalten und die Verbalisationen der Kinder. Sie reichten von Protest und Erklärungen über neutrale Bemerkungen bis hin zu normalem Geplapper, das nichts mit der Situation zu tun hatte, z. B. »Blau ist eine schöne Farbe«. Auch die emotionale Erregung der Kinder wurde gemessen, wenn die Dinge nicht so liefen wie geplant. Die Skala reichte von null (keine Verhaltensänderung) bis drei (extreme Gereiztheit, Frustration oder Zorn).

Schauen wir uns zuerst die emotionale Erregung an, denn wie wir ja schon in der Einleitung diskutiert haben, gelten Kleinkinder hier als besonders empfänglich. Es stimmt, dass sie immer wieder einmal Wutanfälle bekommen, manchmal sogar in extremer Form, aber es ist durchaus hilfreich, zu sehen, wie Kleinkinder in einer Situation reagieren, die nicht nach ihrem Plan läuft, die sie aber verstehen und in der sie die Möglichkeit haben, zu kommunizieren. Wir fokussieren uns dabei auf Szenario drei: der Griff geht kaputt. Wenn dies passierte, stellten die meisten der getesteten Kleinkinder sachlich fest: »Jetzt ist er ab.« Vor allem aber zeigten sie nur wenig Frustration, sodass sie nicht einmal Stufe 0,5 auf der dreistufigen Skala erreichten. Vergleichen Sie das mal mit der Reaktion von Erwachsenen, wenn irgendein Gerät versagt. Am ehesten kennen wir das von der Wut auf den Computer, die Sie oder jemand, den Sie kennen, vielleicht schon einmal erlebt haben.[11] In den USA gab mehr als ein Drittel der Erwachsenen, die man in einer Studie über Computerprobleme in den letzten sechs Monaten befragt hatte, an, dass sie auf ihren Computer losgegangen, ihn beschimpft oder mit der Faust oder einem Gegenstand darauf geschlagen hatten.[12] Kleinkinder dagegen verstehen, dass das Versagen eines Werkzeugs wie in diesem Fall weitgehend außerhalb ihrer Kontrolle liegt und dass es nichts nützt, wütend zu werden oder dem Gegenstand Vorwürfe zu machen.

Das nächste wichtige Ergebnis in dieser Studie zeigte sich in Szenario zwei mit dem »unwissenden« Partnerkind. In diesem Fall erkannten die Kleinkinder, dass ihr Partner bzw. ihre Partnerin sich Mühe gab, die Aufgabe richtig zu lösen, dabei aber etwas falsch machte. Hier stieg die Frustration etwas stärker an, knapp unter 1 auf der dreistufigen Skala, einige protestierten auch im Sinne von »Nein, nicht so!«, doch es gab vor allem zwei Bereiche, in denen die Kinder höhere Punktzahlen erlangten, verglichen mit den beiden anderen Situationen. Zum einen kam es zu »neutralen Bemerkungen«, bei denen einfach festgestellt wurde, dass die Sache nicht funktioniert hatte, ganz ohne Tadel. Die Kinder sagten Dinge wie: »Wir haben es nicht geschafft.« Die zweite Reaktion waren Anleitungen für das Partnerkind. »So geht das.« – »Nimm mal dein Seil.« – »Hau-ruck!« Die Autoren der Studie kommentierten dies so, dass Kleinkinder Erklärungen nutzen, um »Unwissenheit in Wissen zu verwandeln und so ein kooperativeres Verhalten zu erreichen«.[13]

Es ist nur menschlich, Vorwürfe zu machen, wenn etwas schiefgeht.[14] Doch es ist auch höchst wertvoll, eine Kultur am Arbeitsplatz zu entwickeln, bei der keine Vorwürfe an Individuen gerichtet werden. Diese Art von Teamkultur fördert Versuch und Irrtum und schafft Raum für Innovationen.[15] Einige der stärksten Eliteteams auf der Welt, beispielsweise das Formel-1-Team von Mercedes-Benz, arbeiten auf diese Weise. So gelingt es ihnen, »an die Wurzel des Problems zu gelangen und dafür zu sorgen, dass so etwas nicht wieder passiert«, erklärt der Teamchef Ian James.[16] Und in seinem Buch *The Blame Game* stellt der Organisationspsychologe Ben Dattner fest, dass Vorwürfe bei der Arbeit ein »Zumachen« bewirken und Lernerfolge verhindern.[17]

Wenn bei der Arbeit im Team etwas nicht so läuft wie geplant, nehmen sich Kleinkinder die Zeit zu verstehen, warum das so ist, und handeln dann entsprechend. Wenn es so aussieht, als würde ihr Partner bzw. ihre Partnerin die Aufgabe nicht verstehen, reagieren sie in den meisten Fällen neutral und versuchen, die andere Person so zu unterrichten, dass eine Zusammenarbeit möglich wird. Wenn das Problem im Werkzeug selbst liegt, ergibt es keinen Sinn, anderen Vorwürfe zu machen oder wütend zu werden. Sie erkennen das Problem an und machen so weiter, wie es eben geht.

## Eine respektvolle Art, ein Projekt aufzugeben

Aus verschiedenen Gründen ist es manchmal unmöglich, ein Projekt abzuschließen und unseren Verpflichtungen nachzukommen. Da Kleinkinder eine so starke Hingabe an die Arbeit im Team verspüren, erwarten sie von anderen nicht weniger als das. Und es gibt auf jeden Fall eine richtige und eine falsche Art, ein Projekt aufzugeben. Selbst wenn Kleinkinder von einem Teammitglied angesprochen werden, das darum bittet, gehen zu dürfen, reagieren sie überrascht. Warum sollte jemand aus einem Projekt aussteigen, bevor es fertig ist, wenn man sich doch verabredet hat, gemeinsam daran zu arbeiten? So etwas verwirrt sie.

Im nächsten Experiment wollten die Forschenden herausfinden, wie Kleinkinder reagieren, wenn ihr Partner, in diesem Fall eine Puppe, die Verabredung zur Zusammenarbeit bricht. Ursprünglich nahmen 144 Drei- und Fünfjährige an der Studie teil, allerdings musste die Hälfte von ihnen ausgeschlossen werden. Zum Teil hatte das technische Gründe, weil z. B. eine Kamera nicht funktionierte, zum Teil waren es auch Gründe, wie man sie bei kleinen Kindern erwarten darf – sie wollten nicht allein im Zimmer bleiben oder hatten Angst vor der Puppe.

Einige Gründe jedoch überraschen und zeigen wieder einmal, wie authentisch und fürsorglich Kleinkinder sind. Acht von ihnen wollten die Puppe nicht aus der gemeinsamen Arbeit entlassen – sie arbeiteten mit einer solchen Hingabe, dass man sie ausschließen musste. Und im zweiten Teil mussten weitere 28 Kinder herausgenommen werden, weil sie darauf warteten, dass die Puppe zurückkam, und nicht allein weitermachen wollten. Sie waren sicher, dass jemand, der aus einem Projekt aussteigt, irgendwann wiederkommt. Übrigens wurde kein einziges Kind ausgeschlossen, weil es die Aufgabe nicht angehen wollte. Solange sie sich nicht vor der Puppe fürchteten, waren sie alle nur zu gern bereit, an der gemeinsamen Aufgabe zu arbeiten.

Zurück zu dem Experiment. Zunächst wurde den Kindern die Puppe vorgestellt. Man sagte ihnen, die Puppe sei genauso alt wie sie selbst, habe dasselbe Geschlecht und lebe in der gleichen Stadt und spiele gern. So ein Zufall! Die Aufgabe, die den beiden gestellt wurde, war eine modifizierte Version eines Versuchsaufbaus, den wir schon gesehen haben: Ein Partner muss einen Zylinder hochschieben, die andere Person kann dann einen Gegenstand herausnehmen. In diesem Fall handelte es sich um Perlen. Nachdem sich beide mit einem »Okay« und einem High-Five zur Zusammenarbeit verabredet hatten, ging es los. Doch es dauerte nicht lange. Während das Kind den Zylinder hochschob, um der Puppe den Zugang zu den Perlen zu ermöglichen, beschloss die Puppe zu gehen. Sie tat das auf drei verschiedene Weisen: Entweder, indem sie dem Kind sagte, sie habe etwas vergessen, und darum bat, gehen zu dürfen. Oder, indem sie ebenfalls sagte, sie habe etwas vergessen, dann aber ging, ohne um Erlaubnis zu bitten. Oder sie ging einfach, ohne ein Wort zu sagen.

Die Mitglieder des Forschungsteams zeichneten auf, ob die Kinder protestierten, wie lange sie warteten, bevor sie versuchten, die Aufgabe allein zu lösen, und ob sie der Ansicht waren, die Puppe solle am Ende der Arbeit ein Armband als Belohnung bekommen. Wenn die Puppe einfach ohne Erklärung ging, war der Protest intensiver, und die Kinder warteten länger, ob die Puppe wiederkam, »als könnten sie gar nicht glauben, dass ihr Partner bzw. ihre Partnerin einfach wegging«. Außerdem waren sie in diesem Fall durchaus der Ansicht, dass die Puppe die Belohnung weniger verdient hatte – obwohl immerhin mehr als die Hälfte der Kinder meinte, die Puppe solle ein Armband bekommen, auch wenn sie einfach weggegangen war. In den Situationen, in denen die Puppe eine Erklärung abgab, aber nicht um Erlaubnis fragte, wurde das eher akzeptiert als das wortlose Gehen, aber nicht so sehr wie die Version, bei der um Erlaubnis gebeten wurde. Die Autorinnen der Studie weisen darauf hin, dass es Kleinkindern »vor allem darum geht, eine soziale Dynamik zu erhalten, bei der gegenseitiger Respekt herrscht«. Und »die Bitte um Erlaubnis, aus einer Verabredung auszusteigen, wird als maximal respektvoll empfunden, während eine bloße Erklärung als anmaßend (je nach den Umständen) und schlichtes Weggehen als respektlos betrachtet wird«.[18]

Kleinkinder wissen sehr wohl, dass eine Verabredung zur Zusammenarbeit großes Gewicht hat und dass wir alles tun sollten, um diese Verabredung einzuhalten. Daran können wir den hohen Respekt für andere Menschen und die ausgeprägte Arbeitsethik von Kleinkindern ablesen. Es gibt Zeiten, in denen wir aus einem Projekt aussteigen müssen, und wenn dies geschieht, sollten wir die Zustimmung unseres Partners bzw. unserer Partnerin einholen. Es ist manchmal auch akzeptabel, einfach über den Ausstieg zu informieren, aber besser ist es in jedem Fall, die Sache zu besprechen. Kleinkinder glauben fest an diese Regeln und halten sich daran. Andere Menschen sind oft nicht so respektvoll. Wenn das passiert, haben diese Menschen trotzdem Freundlichkeit verdient, wie die Kleinkinder zeigen, die bereit sind, Belohnungen zu teilen. In Kapitel 2 haben wir gesehen, dass Kleinkinder nicht nachtragend sind. Doch es muss schon eine gewisse Balance der Fairness geben, wenn es um Belohnungen geht. Darüber werden wir am Ende dieses Kapitels noch sprechen.

Es scheint fast selbstverständlich, dass wir offen und respektvoll kommunizieren, wenn wir aus einem Projekt oder einem Job aussteigen, doch so läuft es nicht immer. Leonard Schlesinger, Professor an der Harvard Business School, betont, dass der Anfang und das Ende einer professionellen Beziehung die wichtigsten Stationen sind. Wenn Sie einen Job aufgeben, sollten Sie sensibel damit umgehen, sorgfältig planen und Ihrem Team beim Übergang behilflich sein. Zwei Wochen sind die Norm, besser ist ein Monat Vorlaufzeit, um zusammen mit dem Team zu überlegen, wie man die verbleibende gemeinsame Zeit am besten nutzt. »Ihr ehemaliger Chef und Ihre Kollegen sollten ein ausschließlich positives Gefühl von Ihrer Professionalität zurückbehalten«, sagt er.[19]

In einem Artikel für die Zeitschrift *Nature* gab jemand aus der Personalabteilung des U.S. National Institutes of Health einen ähnlichen Rat. Wir sollten »unseren Abschied nutzen, um Brücken zu bauen, nicht um sie abzubrechen«, heißt es da. »Geben Sie Ihren Vorgesetzten reichlich Vorlaufzeit.« Außerdem wird empfohlen, dass die Nachricht von einer Kündigung dem oder der Vorgesetzten persönlich überbracht wird. Wenn Sie Dokumente oder Akten aus dem Job mitnehmen müssen, den Sie aufgeben, achten Sie darauf, dass Sie dafür eine Erlaubnis einholen und dass Sie nur Kopien an sich nehmen. Und schließlich: Seien Sie so hilfsbereit wie möglich und halten Sie Kontakt zu den Kolleginnen und Kollegen, die Sie verlassen – geben Sie ihnen Ihre neuen Kontaktdaten.[20] Alle diese Empfehlungen zielen auf maximalen Respekt anderer Menschen gegenüber ab, genau wie es Kleinkinder tun.

## Jedem eine Stimme geben

Manchmal, vor allem, wenn wir uns in einer Führungsposition befinden, müssen wir bei der Arbeit in Teams Entscheidungen treffen, die bestimmten Teammitgliedern unfair vorkommen können. Als Experten für Fairness sind Kleinkinder sich dieses Problems schmerzlich bewusst. Doch sie wissen auch, dass Kompromisse wichtig sind, und wer ihre Reaktionen in Szenarien beobachtet, in denen sie ungleich behandelt werden, lernt daraus einiges über das richtige Teammanagement in solchen Entscheidungssituationen.

Bei dem folgenden Experiment wurde eine wichtige Besprechung zwischen einem Kleinkind, einer Kuh-Handpuppe und einer Schwein-Handpuppe anberaumt. An dem Experiment nahmen 160 Kinder im Alter zwischen drei und fünf Jahren teil.

Wenn die Kinder den Besprechungsraum betraten, saßen die beiden tierischen Manager bereits bequem auf ihren Polstern und begannen mit den üblichen Formalitäten, um das neueste Teammitglied kennenzulernen. Im Verlauf des Meetings fand eine andere Person auf wundersame Weise eine Schatzkiste, die mit Stickern angefüllt war, und brachte sie ins Zimmer. Nun sollten die Sticker zwischen den drei Teilnehmenden an der Besprechung verteilt werden, allerdings durften nur die Kuh oder das Schwein über die Art und Weise entscheiden, wie diese Verteilung vor sich gehen sollte. Und jedes Mal bekam das Kleinkind leider die wenigsten Sticker. Kuh und Schwein versuchten dies mit jedem Kleinkind mehrmals, auf eine von vier Arten. Beim ersten Verfahren ignorierten sie das Kind einfach und nahmen sich mehr Sticker. Beim zweiten Mal fragten sie das Kind nach seiner Meinung, nahmen sich dann aber trotzdem mehr Sticker, unabhängig davon, was das Kind gesagt hatte. Beim dritten Mal fragten sie das Kind wieder nach seiner Meinung, boten dann aber als Erklärung an, dass das Schwein Geburtstag habe und deshalb mehr Sticker bekommen müsse. Das vierte und letzte Szenario sah genauso aus, nur dass das Kind um Erlaubnis gebeten wurde, so zu verfahren.

Die Mitglieder des Forschungsteams untersuchten dann Quantität und Qualität des Protests, der von den Kindern zu hören war. Das wichtigste Ergebnis: Die Kinder protestierten am wenigsten, wenn man sie nach ihrer Meinung fragte, eine Erklärung für die ungleiche Verteilung gab und sie um Erlaubnis bat. Es gab nur ein anderes Szenario, in dem die Kinder sehr wenig protestierten: Bei den Dreijährigen, wenn sie ignoriert wurden. Die Autoren weisen darauf hin, dass dies wahrscheinlich mit dem Verhalten der Erwachsenen im Alltag zusammenhängt, die über den Kopf der Kinder hinweg entscheiden. Doch wenn man diese Kinder nach ihrer Meinung fragte, hatten sie natürlich viel zu sagen! Der wichtigste Punkt für die Kinder beider Altersgruppen war, dass sie selbst entscheiden wollten. In Bezug auf den größeren Stapel Sticker sagten sie beispielsweise: »Aber ich wollte die andere Seite!« Die zweithäufigste Form des Protests war eine Verbalisierung der Folgen, die eine bestimmte Entscheidung haben würde: »Aber dann kriege ich nur einen Sticker!« Weniger häufig, aber immer noch wichtig, kam der Protest der Kinder gegen die Art der Entscheidungsfindung auf. Dabei wurden die Themen Moral und Fairness betont.[21]

Führungskräfte können hier viel lernen. Zunächst: Wenn eine Entscheidung getroffen werden muss, die objektiv unfair ist, erreicht man mehr Akzeptanz, indem man jedem die Möglichkeit gibt, seine Meinung zu sagen, indem man die Entscheidung rechtfertigt und indem man um Zustimmung bittet – also indem man insgesamt einen freundlicheren Ansatz wählt. Zum zweiten muss man erkennen: Einige Teammitglieder sind so sehr daran gewöhnt, dass Entscheidungen über ihren Kopf hinweg getroffen werden, dass sie nie dagegen protestieren. Doch genau diese Teammitglieder haben vielleicht die besten Ideen, und gerade deshalb sollten vor wichtigen Entscheidungen alle Meinungen berücksichtigt werden.

Diese Idee, allen eine Stimme zu geben, ist auch in Studien mit Erwachsenen untersucht worden. Die Ergebnisse sind ähnlich wie bei den Kindern: Auch Erwachsene sind eher bereit, eine für sie ungünstige Entscheidung zu akzeptieren, wenn man zuvor ihre Meinung hört. Und ganz wichtig: Die Studien mit Erwachsenen zeigen, dass der Effekt in jedem Fall auftritt, unabhängig von der Frage, ob die Leute erwarten, dass ihre Meinung das Ergebnis beeinflusst, oder nicht.[22] In einer der umfangreichsten Studien zu diesem Thema befragten Forschende der University of Michigan Textilarbeiterinnen und -arbeiter in Indien. Sie suchten sich eine große Firma mit mehr als 100 000 Mitarbeitenden und wählten für die Studie nach dem Zufallsprinzip 2000 Mitarbeitende aus. Die Arbeiterinnen und Arbeiter hatten kürzlich erfahren, dass ihre Lohnerhöhung in diesem Jahr niedriger ausfallen würde als erwartet. Die Hälfte der Teilnehmenden an der Studie bekamen Gelegenheit, anonym Feedback zu ihrem Job und ihren Vorgesetzten zu geben. Nach sechs Monaten zeigten die Mitglieder dieser Gruppe eine um 20 Prozent geringere Neigung zum Kündigen als die Mitglieder der Kontrollgruppe.[23]

Von entscheidender Bedeutung ist in diesem Fall, dass es nicht darum gehen kann, Angestellte auszubeuten, indem man ihre Meinung abfragt. Das würden Kleinkinder komplett ablehnen, sie würden fordern, dass so etwas sofort aufhört. Für sie ist Fairness ein enorm hoher Wert, und tatsächlich mussten drei Kinder von dem Experiment mit Kuh und Schwein ausgeschlossen werden, weil sie hartnäckig jede Zustimmung zu einer ungleichen Verteilung verweigerten. Im Abschlussgespräch mit einer neutralen Katzenpuppe erklärte die Mehrzahl der Kinder, sie würden mit Kuh und Schwein nicht mehr spielen wollen. Unfaires Verhalten wird in vielfältiger Weise angeprangert. Kleinkinder, die man nach ihrer Meinung fragt, bestehen nicht nur auf ihrer persönlichen Entscheidung, sondern weisen Führungskräfte auch auf die Folgen ihres Verhaltens hin, kritisieren den Entscheidungsprozess als solchen und appellieren an Moral und Fairness.

Abgesehen von den Themen Fairness und Moral – Standards, die Kleinkinder in höchsten Ehren halten – funktionieren Teams auch einfach besser, wenn jedes Mitgliied seine Meinung sagen kann. In einer Studie, die von Forschenden des MIT und der Carnegie Mellon University durchgeführt wurde, bekamen 699 Personen, die in kleinen Teams arbeiteten, verschiedene Aufgaben zur Zusammenarbeit. Dabei ging es ebenso um visuelle Puzzles wie um Verhandlungen über begrenzte Ressourcen – ein Thema, in das wir im nächsten Abschnitt tiefer einsteigen werden. Die Ergebnisse dieser Studie waren bemerkenswert: Es zeigte sich nämlich, dass es einen allgemeinen kollektiven Intelligenzfaktor gab, c-Faktor genannt (nach dem englischen Wort »collective«). Dieser Faktor war weder an die durchschnittliche Intelligenz der Gruppe gebunden noch an die Intelligenz von Individuen. Es war also nicht das Team mit den schlauesten Mitgliedern, das die besten Ergebnisse brachte. Der c-Faktor war vielmehr mit sozialer Sensibilität und »gleicher Verteilung der Gesprächsanteile« verbunden. Mit anderen Worten: In Teams, die jeden gleichermaßen zu Wort kommen ließen und sensibel mit den Gefühlen aller Mitglieder umgingen, waren die Erfolgsaussichten am höchsten.[24]

Die Idee, sensibel zu sein und jeden gleichermaßen zu Wort kommen zu lassen, verbindet sich mit dem größeren Konzept psychologischer Sicherheit, dem »Glauben daran, dass jeder seine Meinung sagen kann, ohne Strafe oder Demütigung zu riskieren«.[25] Im Jahr 2015 rief Google ein intensives Projekt ins Leben, um herauszufinden, was ein effektives Team ausmacht. Sie nannten es *Project Aristotle* und führten im Zuge dieses Projekts mehr als 200 Interviews durch, in denen mehr als 250 Eigenschaften der verschiedensten Teams bei Google untersucht wurden. Ähnlich wie bei der MIT-Studie zeigte sich, dass es weniger wichtig ist, *wer* zu einem Team gehört, als vielmehr, *wie* die Teammitglieder interagieren. Die nächsten zwei wichtigen Faktoren der Teamdynamik betrafen Verlässlichkeit und Struktur bzw. Klarheit.[26, 27] Beide Faktoren sind, wie wir in diesem Kapitel gesehen haben, auch für Kleinkinder enorm wichtig. In der Zusammenarbeit ist niemand mit mehr Hingabe und Verlässlichkeit bei der Sache als ein Kleinkind. Und mehr als alles andere wollen sie ihrem Partner bzw. ihrer Partnerin die Aufgabe klar machen, sodass man das Projekt gut zusammen abschließen kann.

## Vor allem fair und respektvoll

Wie bereits in den letzten fünf Kapiteln ausführlich besprochen, tauchen immer wieder Themen auf, die an den Kern der Identität von Kleinkindern heranreichen. Diese Eigenschaften beschreiben die Kinder in jeder Situation und bleiben erhalten, unabhängig von der Art des Tests. Dabei tauchen immer wieder

Wörter wie *freundlich, neugierig, hingebungsvoll* und *entschlossen* auf. Und nachdem wir nun gesehen haben, wie sie sich im Team verhalten, gehört auch *fair* auf diese Liste. Kleinkinder verhalten sich immer fair. Sie machen anderen nicht sofort Vorwürfe, wenn sie ihre Aufgaben nicht erfüllen, sondern versuchen, die Situation zu verstehen und so über die nächsten Schritte zu entscheiden, dass es für alle Beteiligten fair ausgeht. Bei Entscheidungen wollen sie mitreden und räumen die Chance dazu auch allen anderen ein, um Gleichheit herzustellen. Die Daten stützen in ihrer Breite das Kleinkind-Ideal der Fairness so sehr, dass wir hier nicht eine Studie im Detail betrachten wollen, sondern einige verschiedene Studien streifen, die uns verstehen helfen, was Fairness für Kleinkinder bedeutet. Dabei werden wir sehen, dass sie sich eins besonders wünschen: Jeder, auch sie selbst, soll mit Respekt behandelt werden.

In einer Metastudie aus dem Jahr 2019, die sämtliche Forschung zu diesem Thema zusammenfasst, zeigt sich, dass Kleinkinder einen starken, angeborenen Sinn für Fairness haben.[28] Wir haben bereits in den vorhergehenden Kapiteln einige der evolutionären Wurzeln des Kleinkind-Verhaltens betrachtet, und auch hier können diese Wurzeln als Erklärungsmodell dienen. Irgendwann im Verlauf der frühen Menschheitsgeschichte haben unsere Vorfahren gelernt, dass Zusammenarbeit die beste Möglichkeit bietet, alle satt zu bekommen. Um Lösungen zu finden, die verschiedene Menschen mit verschiedenen Bedürfnissen zufriedenstellen, haben wir einen Sinn für Fairness entwickelt. Wenn wir uns an diese Fairness halten, können wir Beziehungen aufrechterhalten. Und wenn Kleinkinder sich Fairness wünschen, geht es ihnen vor allem darum: um gute Beziehungen.

Man hat diese Idee überprüft, indem man beobachtet hat, wie Kleinkinder Belohnungen verteilen, die sie für ihre Zusammenarbeit erhalten. In den Szenarien, die für eine solche Studie entwickelt wurden, gab es zwei Möglichkeiten einer ungleichen Verteilung. Die erste, »unvorteilhafte Ungleichheit« genannt, entsteht, wenn ein Kleinkind weniger bekommt als ein anderes. Die zweite, »vorteilhafte Ungleichheit« genannt, entsteht, wenn ein Kleinkind mehr bekommt als andere. Verschiedene Studien haben gezeigt, dass Kleinkinder ab dem Alter von drei Jahren beide Arten von Ungleichheit vermeiden. Sie wollen nach einer erfolgreichen Zusammenarbeit nicht weniger bekommen als andere, aber auch nicht mehr, wenn alle mitgeholfen haben. Die Belohnungen wurden durch die Zusammenarbeit verdient, also müssen sie natürlich auch gleich verteilt werden. Wenn Kinder mehr als ihren fairen Anteil bekommen, weisen sie die Belohnung entweder zurück, oder sie nehmen sie an und teilen dann. Es spielt dabei auch keine Rolle, wer der Partner bzw. die Partnerin ist. Sie verhalten sich genau gleich, ob es sich um eine Handpuppe in Tiergestalt, eine erwachsene Person oder ein anderes Kind handelt. Das riesige weltweite Problem der ungleichen Bezahlung für gleiche Arbeit (Frauen verdienen bei gleicher Arbeit immer noch 37 Prozent weniger als Männer)[29] ist nicht akzeptabel und wäre in einer Welt der Kleinkinder absolut undenkbar.

In ihrem Streben nach einer fairen Verteilung von Belohnungen berücksichtigen Kleinkinder auch, wie viel bestimmte Personen an einem Projekt gearbeitet haben. Sie beobachten alle kleinen Details des Lebens so genau, dass sie auch den eigenen Beitrag und den Beitrag anderer zu einem Projekt mühelos einschätzen können. Darin sind sie nicht perfekt, und es kommt auch zu einer Verschiebung zu den eigenen Gunsten, doch sie werden immer versuchen, den größten Anteil an der Belohnung jener Person zukommen zu lassen, die am meisten gearbeitet hat – auch wenn sie das nicht selbst sind. In einer Studie erkannten die Kinder die Projekte, zu denen sie weniger beigetragen hatten, und gaben die Sticker weiter, statt sie für sich zu behalten.[30] Dasselbe Verhalten zeigte sich auch bei geschenkten Spielsachen[31] und Abzeichen.[32] Und im Extremfall, wenn es in der

Gruppe einen Trittbrettfahrer gibt, lehnen Kleinkinder ganz klar ein Verhalten ab, das absichtlich nicht zur Arbeit der Gruppe beiträgt. In solchen Fällen wird auch ein Anteil an einer möglichen Belohnung abgelehnt. Und sie haben verständlicherweise wenig Lust, noch einmal mit dieser Person zusammenzuarbeiten.[33] Allerdings zeigt sich oft, dass ihr starker Sinn für Freundlichkeit, den wir in Kapitel 2 besprochen haben, den Sinn für Fairness überwiegt. Sie teilen zwar weniger mit Trittbrettfahrern, die nichts zum Erfolg beigetragen haben, doch sie teilen – nur eben ein bisschen weniger gleichmäßig.[34]

Ihr Sinn für Fairness versetzt Kleinkinder auch in die Lage, Belohnungen aufzuteilen, wenn Konflikte auftauchen – und dies ohne teure Anwältinnen oder Mediatoren. Es gibt extreme Studien, in denen Kleinkinder die Chance bekamen, Belohnungen zu monopolisieren. Doch selbst in einem solchen Fall neigen sie dazu, gleichmäßig zu teilen, und zwar bei unterschiedlichen Arten von Belohnungen und bei Belohnungen mit unterschiedlichem Wert.[35] Und wenn es doch einmal vorkommt, dass ein Kind sich mehr nimmt, teilen sie am Ende fast immer gerecht, sobald das benachteiligte Kind auf die Ungleichheit hinweist. Die Autoren der Metastudie schreiben dazu: »Der entscheidende Punkt ist, dass die Kinder nicht nur eine Präferenz für Gleichheit zum Ausdruck brachten, sondern eine Abneigung gegen Ungleichheit sowie ein normatives Urteil, dass niemand ungerecht behandelt werden sollte.«[36] Bei all dem gibt es keinen großen Streit und auch keine Ausbrüche. Kinder sind so fair gesinnt, dass sie davon ausgehen, dass jeder so denkt. Auf eine ungleiche Verteilung weisen sie in den meisten Fällen einfach hin und »vertrauen darauf, dass der oder die andere dann das Richtige tun wird«.[37] Dieses Verhalten zeigt sich in gleicher Weise, wenn sie selbst ungerecht behandelt werden und wenn sie erleben, dass es Dritten so geht.[38]

Am Ende läuft alles darauf hinaus – und das ist vielleicht die wichtigste Lektion, die wir in Sachen Zusammenarbeit in Teams von Kleinkindern lernen können –, dass jeder Mensch Respekt verdient. Respektvolles Verhalten heißt, Absprachen einzuhalten. Wenn Sie aus einem Projekt aussteigen müssen, zeigen Sie den anderen Respekt, indem Sie das Gespräch suchen. Wenn Sie beobachten, dass jemand im Team nicht die volle Leistung bringt, gehen Sie respektvoll auf ihn zu und erklären Sie ihm die Sache. Und wenn es um die Verteilung von Belohnungen geht, behandeln Sie auf jeden Fall alle mit Respekt. Am einfachsten gelingt das, wenn alle gleichermaßen berücksichtigt werden. Wenn jemand jedoch mehr an dem Projekt gearbeitet hat, muss er oder sie auch mehr bekommen. Und wenn Belohnungen ungleich verteilt werden müssen, dann gebietet es der Respekt, alle nach ihrer Meinung zu fragen, das gewählte Verfahren zu rechtfertigen und jedem die Möglichkeit zu geben, etwas dazu zu sagen.

## Das ultimative Teammitglied

In diesem Kapitel haben wir vieles gesehen, was Kleinkinder zu großartigen Teammitgliedern macht. Und wir haben gelernt, unsere eigenen Interaktionen zu verbessern. Ich bin sicher, wir alle würden nur zu gern mit jemandem zusammenarbeiten, der so hingebungsvoll, fair und respektvoll ist wie ein Kleinkind. Doch was zeigt uns die Forschungsliteratur zu Erwachsenen über die Eigenschaften von besonders leistungsfähigen Teams?

Diese Frage hat das MIT Human Dynamics Laboratory in einem Übersichtsartikel für *Harvard Business Review* vielleicht am besten beantwortet. Der Artikel trägt den Titel »The New Science of Building Great Teams«. In der vielleicht umfassendsten und detailliertesten Untersuchung der Frage, was besonders gute Teammitglieder ausmacht, ging es dem Informatiker Sandy Pentland vom MIT darum, herauszufinden, welche wichtigen Eigenschaften von Teammitgliedern die besten Ergebnisse hervorbringen. Gemeinsam mit seinen Kolleginnen und Kollegen führte er über sieben Jahre hinweg Studien in mehr als zwanzig Firmen durch, die insgesamt 2.500 Personen umfassten. Dazu trugen die Angestellten soziometrische Messgeräte, mit denen Informationen über ihre Kommunikation gesammelt wurden. Diese Geräte haben etwa die Größe eines Handys und werden um den Hals getragen. Sie können Körpersprache aufnehmen (Bewegungen von Armen, Händen und Kopf), die Körperhaltung und die Stimmlage beim Sprechen. Sie sind auch dazu in der Lage, aufzuzeichnen, mit wem, wo und wie viel gesprochen wird. In diesen Studien wurden auch eine ganze Reihe von weiteren Faktoren gemessen, die zur Beurteilung der Angestellten wichtig waren, darunter der Ausbildungsgrad und die Leistung im Job. Bei Mitarbeitenden im Callcenter wurde also gemessen, wie viele Probleme sie lösen konnten, außerdem die durchschnittliche Sprechzeit bei jedem Anruf und die Zufriedenheit der Kundinnen und Kunden.[39]

Nachdem alle diese Faktoren analysiert und in geldwerte Produktivität umgerechnet worden waren, zeigte es sich, dass die Kommunikation im Team der wichtigste Erfolgsfaktor war. So wichtig, dass alle anderen Faktoren zusammengenommen – darunter Intelligenz, Persönlichkeit, Fertigkeiten und Inhalt von Gesprächen – gerade einen Wert erreichten, der dem Wie der Kommunikation entsprach. Betrachtete man genauer, welche Teile der Kommunikation besonders wichtig waren, ergaben sich drei spezifische Dimensionen, die man an Kleinkindern festmachen kann.

Das erste Schlüsselelement der Kommunikation, das von entscheidender Bedeutung für den Erfolg ist: Energie. Darin sind Kleinkinder natürlich unschlagbar. Sie erklären sich gern zur Arbeit in Gruppen bereit und lieben sie so sehr, dass sie sogar noch mal von vorn anfangen und alles noch mal machen. In Bezug auf Erwachsene lässt sich nach Auskunft der MIT-Studien Energie ins Team bringen, indem mehr Gespräche geführt werden und man sich insgesamt mehr miteinander beschäftigt. Dazu reicht es manchmal schon aus, einfach Ja zu sagen oder in einem Gespräch zu nicken. Außerdem stellte sich heraus, dass Teams mit höherem Energielevel mehr direkte Kommunikation pflegen. Es ist also wichtig, dieser Form der Kommunikation Priorität einzuräumen. Etwas weniger wertvoll sind Videokonferenzen und Telefongespräche, doch je mehr Personen an diesen Calls teilnehmen, desto weniger effektiv sind sie. Am Ende der Skala finden sich E-Mails und Textnachrichten.

Der zweitwichtigste Teil der Kommunikation, wie er sich in den Forschungsdaten darstellt, ist Engagement. Auch hier können Kleinkinder als Modell dienen. Sie zeigen nicht nur das höchste Level der Hingabe an gemeinsames Tun, sondern geben sich auch alle erdenkliche Mühe, ein Teammitglied zur Aufgabe zurückzuholen, wenn es aussteigt. Dies betrifft auch unser Thema »Jedem eine Stimme geben«, denn genau damit hält man das Engagement aufrecht.

In den MIT-Studien zeigt sich das ebenfalls. Teams, in denen sich mehr Mitglieder äußerten und die allen eine Teilhabe sicherten, leisteten mehr. In einem Beispiel zeigte sich, dass Teams weniger gewinnträchtige Entscheidungen trafen, wenn einige Mitglieder nur halb bei der Sache waren. Es ist also von entscheidender Wichtigkeit, dass alle Teammitglieder richtig mitmachen. Und für Führungskräfte stellt sich aufgrund der MIT-Daten die klare Frage: Wie kann ich dafür sorgen, dass genau das passiert? Dass also »alle richtig mitmachen«?

Die dritte wichtige Dimension von Kommunikation betrifft den Forschungsgeist. Intuitiv wissen Sie, wenn Sie Kleinkinder jemals beobachtet haben, dass sie in jeder Situation echte Forscher und Entdeckerinnen sind. Wir werden darauf in Kapitel 10 noch zurückkommen, wenn wir das Thema Risikofreude besprechen. In den MIT-Studien zeigte sich jedenfalls, dass Teammitglieder, die sich mit Forschungsgeist engagierten, mehr Kommunikation mit anderen Teams in Gang setzten. Sie suchten eine Verbindung nach außen, was wiederum zu Innovation und neuen Perspektiven führte.[40]

Die Datenlage zum Kommunikationsstil ist so überzeugend, dass sie sogar benutzt werden kann, um Erfolg oder Misserfolg vorherzusagen, ohne dass man irgendetwas über das Teammitglied oder den Inhalt von Gesprächen weiß. In einer der Studien, die Pentland durchführte, trug eine Gruppe von Führungskräften die soziometrischen Geräte bei einer Party. Fünf Tage später gab es eine Präsentation, bei der diese Leute Businesspläne vorstellten. Nur aufgrund der Daten von der Party, ohne irgendetwas Inhaltliches zu wissen, konnte die Studie den Ausgang der Präsentation mit 87-prozentiger Wahrscheinlichkeit vorhersagen.[41]

Kleinkinder funktionieren extrem gut in Teams, weil ihre Ziele, wie schon besprochen, sich mehr auf den Prozess der Zusammenarbeit mit anderen beziehen als auf das Ergebnis. Das versetzt sie in die Lage, klar zu kommunizieren und ihren Teammitgliedern zu helfen, wo es nötig ist. Und wenn wir die Forschungslage bei Erwachsenen betrachten, sehen wir, wie wichtig das ist. Teamkommunikation ist der entscheidende Erfolgsfaktor. Halten Sie sich also an die drei wichtigsten Faktoren der Kommunikation im Team, wann immer Sie in einer Gruppe arbeiten: Energie, Engagement und Forschungsgeist. Damit werden Sie zum bestmöglichen Mitglied Ihres Teams.

### Von Kleinkindern lernen
#### 6. Regel:
#### *Lass dir von mir helfen*

- Für die Arbeit im Team haben verbale Verabredungen oder ein High-Five eine große Bedeutung.
- Achten Sie vor allem auf Respekt gegenüber Ihren Teammitgliedern. Wenn der Respekt Ihre Interaktionen bestimmt, ist Ihnen der Erfolg gewiss.
- Wenn jemand in Ihrem Team aus einem Projekt aussteigt,

hat er oder sie die eigene Rolle vielleicht nicht richtig verstanden. Versuchen Sie es mit klarer Kommunikation, direkt, aber höflich. Denken Sie daran: »Mann, bitte heb das mal.«

- Wenn Ihr Partner bzw. Ihre Partnerin eine Aufgabe falsch angeht, helfen Sie ihm oder ihr im Sinne des Projekts, indem Sie zeigen, was zu tun ist: »Hau ruck!«
- Wenn Equipment kaputtgeht, ist niemand schuld. Stellen Sie in aller Ruhe fest, was passiert ist, und machen Sie weiter. Kein Gerät wird dadurch repariert, dass man es beschimpft.
- Als Führungskraft tragen Sie vor allem Verantwortung dafür, dass alle zu Wort kommen. Die besten Teams sind diejenigen, in denen jeder seine Meinung sagen kann.
- Es ist wichtig, wen Sie in Ihrem Team haben. Doch viel wichtiger ist die Art und Weise, wie Sie kommunizieren. Energie, Engagement und Forschungsgeist sind die Werkzeuge der erfolgreichsten Teams.

# 7

# Mentoring

*Zeig mir, wie es geht,*
*dann arbeite ich mehr.*

Oft, wenn ich in die Kita gehe, um Arya abzuholen, stehe ich noch eine Weile da, um sie zu beobachten. Ich finde es herzerwärmend, zu sehen, wie ihre Erzieherinnen, Frau Kristin und Frau Roop, sie bei jeder Aktivität anleiten. Sie tun das, ohne konkrete Anweisungen zu geben, nur indem sie ihr einige Optionen nennen, welche Aktivität gut wäre, was sie als Nächstes ausprobieren könnte. Und sie kennen die Bereiche ganz genau, in denen sie sich verbessern könnte. Wenn es sich um eine neue Aufgabe oder etwas Herausforderndes handelt, zum Beispiel, als Arya lernte, mit der Schere umzugehen, machten die Erzieherinnen neben ihr das Gleiche, sodass sie sehen konnte, wie es geht und wie wichtig es ist, es weiter zu versuchen, wenn sie es anfangs nicht schafft. Außerdem weiß Arya, dass sie immer um Hilfe bitten kann, wenn sie sie braucht. Und sie nimmt diese Möglichkeit oft in Anspruch.

»Papa Wutz!«, höre ich sehr häufig, wenn Arya mich endlich entdeckt, wie ich an der Tür stehe. Es ist nicht mein Lieblingsname, aber ich habe gelernt, damit zu leben. Der Name stammt von einer ihrer Lieblings-TV-Serie, *Peppa Wutz*, die die Abenteuer eines kleinen britischen Schweinchens und seiner Familie schildert. Diese Serie ist ziemlich unterhaltsam, aber ich persönlich schaue mir viel lieber *Ms. Rachels* Lernvideos für Kleinkinder mit ihr an. Auch diese Serie liebt sie sehr. Rachel Griffin Accurso ist ausgebildete Lehrerin und mittlerweile YouTube-Megastar unter

Kleinkindern mit mehr als fünf Millionen Abonnenten. Sie begann zunächst mit dem Drehen von Videos, um ihrem einjährigen Sohn zu helfen, dessen Sprachentwicklung verzögert ist. Die Serie gewann aber schnell an Popularität.[1] Inzwischen gibt es eine ganze Bibliothek mit Videos, die Kleinkindern neue Wörter und Lieder beibringen. Besonders schön ist es, zu sehen, dass Frau Rachel immer sehr ermutigend ist – ein Verhalten, das allen Kleinkindern guttut. Bei jedem Schritt ihres Unterrichts streut sie ein »Gut gemacht!«, »Wow!« oder »Ich bin so stolz auf dich!« ein.[2]

Die Beziehungen zwischen Kindern, Erzieherinnen und Eltern sind zwar keine formellen Mentor-Mentee-Beziehungen, sie können uns aber trotzdem wertvolle Lektionen liefern, weil man an ihnen viele wichtige Aspekte derartiger Beziehungen zwischen Erwachsenen erkennt.

Viele Leistungsträger in allen möglichen Disziplinen haben einen Mentor oder eine Mentorin. Gemeint ist jemand mit Erfahrung auf dem jeweiligen Fachgebiet, der zur Verfügung steht, um uns anzuleiten, zu motivieren und eigenes Wissen zu teilen. Ein guter Mentor kann uns in unserer Karriere ungeheuer voranbringen, indem er oder sie bei der Entscheidungsfindung oder beim Aufbau von Netzwerken hilft. Manchmal sind wir allerdings so verstrickt in den operativen Alltag, dass wir uns keine Mühe mehr geben, diese Beziehungen zu pflegen oder überhaupt aufrechtzuerhalten. Das ist nicht gut, denn es gibt starke Hinweise darauf, dass ein guter Mentor auf vielerlei Weise sehr nützlich ist, nicht zuletzt im Hinblick auf Produktivität, stärkere Motivation und verbesserte Karrierechancen.[3]

Kleinkinder kümmern sich nicht groß um diese spezifischen Vorteile. Doch nachdem sie von Erwachsenen abhängig sind, zeigen sie auf einzigartige Weise und wie unter einer Lupe, was solche Beziehungen uns zu bieten haben. In diesem Kapitel werden wir zunächst einige generelle Vorteile ansprechen, die Mentoren bieten, und dann Studien anschauen, die uns zeigen können, was eine gute Mentor-Mentee-Beziehung ausmacht. Sie können davon in jeder Position profitieren, sei es als Mentor bzw. Mentorin oder als Mentee.

Der größte Teil dieses Kapitels beschäftigt sich dann aber mit spezifischen Studien über das Verhalten von Kleinkindern, in denen sich zeigt, dass solche Beziehungen vor allem im Hinblick aufs »Dranbleiben« nützlich sind. Und wir werden auch die Forschung zu Mentor-Mentee-Beziehungen von Erwachsenen betrachten.

## Ein Mentor hat viele Vorteile

Selbst wenn Sie alle anderen Ratschläge in diesem Buch ignorieren und sich für eine Verbrecherkarriere entscheiden – dieses Kapitel wird Ihnen nützlich sein. Im Jahr 2006 veröffentlichten Forschende der Université de Montréal eine Studie mit dem Titel *Mentors and Criminal Achievement*. Für dieses Projekt hatten sie fast 200 Insassen von fünf Gefängnissen im kanadischen Bundesstaat Québec interviewt und dabei festgestellt, dass »die Existenz eines kriminellen Mentors von entscheidender Bedeutung für die kriminelle Leistungsfähigkeit« ist. Mentoren verhalfen Kriminellen zu höherem Einkommen und senkten das Risiko, erwischt zu werden.[4] Mentoren spielen also eine Rolle, egal in welchem Beruf oder auf welchem sonstigen Gebiet.

Doch wie in allen Beziehungen, garantiert die bloße Existenz einer Mentorin nicht unbedingt gute Ergebnisse. Viel hängt von der Beziehung selbst ab; wir werden einige Elemente sehen, die dabei hilfreich sind. Eine gute Mentor-Mentee-Beziehung bringt jedoch nachweislich eine ganze Reihe von Vorteilen. In verschiedenen Studien zeigte sich, dass Mentees eine bessere Einstellung zu ihrer Arbeit und größeren subjektiven und objektiven Erfolg haben (will sagen: mehr Zufriedenheit im Job und bessere Chancen auf Beförderung), eine höhere Leistungsfähigkeit, eine geringere Kündigungsquote und bessere Beziehungen, die auch über die zum Mentor hinausgehen. Auch die Rolle als Mentor oder Mentorin bringt Vorteile. Dazu liegen nicht ganz so viele Studien vor, doch es zeigt sich, dass Mentoren zufriedener im Job sind, mehr Leistung bringen und seltener in eine Job-Sackgasse geraten.[5]

Zusätzlich zu diesen wichtigen Vorteilen muss auch darauf hingewiesen werden, dass Mentor-Mentee-Beziehungen sich für beide Seiten positiv auf das Einkommen auswirken. Im Jahr 2006 führt die Forschungs- und Beratungsfirma Gartner eine Studie im Auftrag von Sun Microsystems durch, in der das Mentoren-programm des Unternehmens evaluiert werden sollte. Dabei wurden 95 Mentor-Mentee-Paare beobachtet und mit mehr als tausend Angestellten in der Kontrollgruppe verglichen, die keinen Mentor hatten. Nach fünf Jahren zeigte sich, dass ein Viertel der Mentees eine Gehaltserhöhung erhalten hatten, während es in der Kontrollgruppe nur 5 Prozent waren.[6] Jüngere Studien, davon eine unveröffentlichte, bei der eine große Firma mit mehr als 7500 Angestellten mit und ohne Mentorin untersucht wurde,[7] und eine veröffentlichte Studie über Mentorenbeziehungen im akademischen Bereich,[8] zeigten allerdings ebenfalls, dass die Existenz eines Mentors mit höherem Einkommen verbunden ist. Ähnliche Ergebnisse brachte auch eine Studie der University of South Florida.[9]

Doch obwohl die Vorteile und die Bedeutung solcher Beziehungen bekannt sind, haben viele Leute nach wie vor keinen Mentor. In einer Studie aus dem Jahr 2019, bei der 3000 vollzeit-beschäftigte Amerikaner im Alter von 21 bis 68 Jahren befragt wurden, gaben nur 56 Prozent an, schon einmal einen Mentor gehabt zu haben. Und nur knapp ein Drittel hatte aktuell eine Mentorin. Die Zahlen unterschieden sich außerdem stark je nach Branche. Im Bereich der Wissenschaft berichteten 66 Prozent der Befragten, sie hätten einen Mentor (gehabt), im Finanzwesen, in der Produktion und im Gesundheitsbereich war es weniger als die Hälfte. Trotz dieser niedrigen Zahlen gaben drei von vier Befragten an, sie hielten Mentorenbeziehungen für wichtig.[10]

Schon daran können wir erkennen, dass eine gute Mentor-Mentee-Beziehung für beide Seiten enorm nützlich sein kann. Doch obwohl die meisten Leute das wissen, gibt es Hürden, die verhindern, dass man solche Beziehungen anbahnt oder aufrechterhält. Wenn Sie Glück haben, gibt es an Ihrem Arbeitsplatz ein formelles Mentorenprogramm – das ist schon mal ein guter Ausgangspunkt. Doch in vielen Bereichen gibt es so etwas nicht, und dann ist es wichtig, dass Sie sich selbst einen Mentor oder eine Mentorin suchen. Das kann jemand an Ihrem Arbeitsplatz sein oder auch in einer anderen Abteilung oder gar in einer anderen Firma oder Branche. Konferenzen oder andere regionale oder landesweite berufliche Veranstaltungen können Orte sein, an denen man potenzielle Mentoren trifft. Und natürlich sind auch Beziehungen denkbar, die per E-Mail oder Videocall funktionieren.[11] Solche informellen Verbindungen können genauso effektiv oder noch effektiver sein als formelle Programme. Letztlich hängt es von der Beziehung ab, die man aufbaut, und von der inneren Verpflichtung auf beiden Seiten.

Der schwierigste Schritt besteht darin, eine solche Person zu finden. Wenn Sie das erstmal geschafft haben, gibt es bestimmte Dinge, die beide Seiten tun können, um den Erfolg der Beziehung sicherzustellen. Forschende an der University of Toronto und der University of California in San Francisco haben eine Studie durchgeführt, bei der sie 54 Fakultätsmitglieder zum Thema Mentorenbeziehungen befragten. Dabei kristallisierten sich fünf große Themen heraus, die eine erfolgreiche Beziehung ausmachen. Zunächst muss die Beziehung beiderseitig sein; auch der Mentor bzw. die Mentorin soll davon profitieren. Das kann einfach heißen, dass man sich bedankt oder eine formelle Anerkennung leistet. Dann spielt gegenseitiger Respekt eine große Rolle, insbesondere im Hinblick auf das Fachwissen des Mentors und die Zeit, die er oder sie aufwendet. Drittens sollten die Erwartungen über das gemeinsam formulierte Ziel klar kommuniziert werden, und beide Seiten sollten einander rechenschaftspflichtig sein. Der vierte Punkt ist die persönliche Beziehung. Manchmal wird man trotz ähnlicher Interessen einfach nicht warm miteinander, und das verhindert den Erfolg. Und zu guter Letzt sollten ähnliche Werte vertreten werden, was die Herangehensweise an die gemeinsame Arbeit angeht.[12]

So herausfordernd es auch sein kann, die richtige Person zu finden – die Existenz eines Mentors oder Mentees kann sich ganz klar positiv auf die Karriere auswirken. Schon deshalb ist es den Aufwand wert. Das kann auch bedeuten, dass Sie vielleicht mehr als einen Mentor haben – auch das kann hilfreich sein. Wir werden uns jetzt einige spezifische Aspekte ansehen, in denen Mentoren helfen können, und Anleitung für Menschen in der Rolle der Mentorin geben. Ein Großteil der Forschung zu diesem Thema stammt aus dem Leonard Learning Lab, wo Professor Julia Leonard im Rahmen des Fachbereichs Psychologie an der Yale University das Lernverhalten und das Durchhaltevermögen von Kleinkindern erforscht. In einer Reihe faszinierender Studien hat sie mit ihrem Team gezeigt, wie Kleinkinder ihr Verhalten ändern, je nachdem, wie Erwachsene handeln und sprechen. Ganz allgemein kann sie damit nachweisen, wie wichtig der richtige Mentor für unseren Erfolg am Arbeitsplatz sein kann.

## Anleitung, um das beste Projekt auszuwählen

›Warum springt sie denn nicht?‹, fragte ich mich, als ich Arya beim Sport beobachtete. Wir haben ja schon davon gesprochen, wie gern Kleinkinder sich bewegen, und deshalb geht sie jeden Samstag für eine Stunde zu einem Sportunterricht für Kleinkinder, wo sie herumrennen und mit ihren Freunden spielen kann. Eine Aktivität dort besteht darin, dass die Kinder eine weiche Rampe hinauflaufen, die ungefähr so hoch ist wie sie selbst, und dann auf eine Gymnastikmatte hinunterspringen. Ein Kind nach dem anderen rannte hinauf, und dann sprangen sie auf verschiedene Arten hinunter, wobei viel gelacht und gelächelt wurde. Nur Arya nicht. Sie rannte bis zum Ende der Rampe, drehte sich dann um und ließ sich vorsichtig herunter. So ging es einige Zeit – sie war nicht einmal bereit, auf der Stelle zu springen.

Man macht sich ja immer gleich Sorgen, wenn das eigene Kind etwas nicht schafft, was alle anderen Kinder können. Also sprachen wir mit ihrem Kinderarzt und mit ihren Erzieherinnen und arbeiteten dann zusammen eine Anleitung für Arya aus, die ihr helfen sollte zu springen. Zu Hause tanzen wir normalerweise jeden Abend fünf bis zehn Minuten lang, sobald wir den Tisch abgeräumt haben. Jetzt legten wir bei dieser Gelegenheit ein Lied mit dem Titel »Hop Little Bunnies« auf. In der Kita sorgten die Erzieherinnen für eine Reihe von Spielen mit Zielpunkten auf dem Boden, die Arya beim Üben helfen sollten. Die Abstände zwischen den Zielpunkten wurden allmählich vergrößert, sodass sie sich jeden Tag verbessern konnte. Und tatsächlich funktionierte es – inzwischen springt Arya gern herum, nicht zuletzt springt sie jeden Morgen auf mein Bett und weckt mich mit einem selbst ausgedachten Tanz, dem »Bouncy Castle Dance«.

Es ist wichtig, dass Dritte einen Blick auf unsere Entwicklung werfen. Sie können Bereiche sehen, in denen wir Hilfe brauchen, ohne das selbst zu merken, und Anleitung zu Aktivitäten geben, auf die wir besonderen Wert legen sollten, um uns zu verbessern. Wir können nicht alles allein schaffen, und die meisten von uns haben im Beruf zu viel zu tun und müssen Prioritäten setzen. Andere haben das Glück, selbst entscheiden zu können, zu welchen Projekten sie Ja oder Nein sagen. In jedem Fall kann ein Mentor von unschätzbarem Wert sein, indem er uns hilft, das Richtige auszuwählen. Die Dinge sollten nicht zu einfach sein, weil wir dort unsere Fähigkeiten nicht erweitern können (wobei uns manchmal nichts anderes übrig bleibt, als solche Tätigkeiten anzunehmen), aber auch nicht so schwierig, dass wir sie nicht schaffen können.

In einer Reihe von drei Experimenten, die an der Yale University durchgeführt wurden, wollten die Forschenden herausfinden, bei welchen Aufgaben Vorschulkinder und etwas ältere Kinder besonders beharrlich vorgingen. An dem ersten Experiment nahmen 66 Kinder im Alter von vier bis sechs Jahren teil. Jedes Kind saß an einem Tisch mit einem Baum, der mit einer Art Aufzug versehen war. Die Aufgabe bestand darin, ein Ei, das vom Baum gefallen war, auf die Metallplattform zu legen und langsam hochzuziehen. Was die Kinder nicht wussten: Das Experiment wurde durch einen versteckten Magneten manipuliert, den die Forschenden an- und abschalten konnten, sodass das Ei entweder auf der Plattform liegen blieb oder herunterfiel. Die Kinder wurden nach dem Zufallsprinzip zwei Gruppen zugeordnet. In der einen Gruppe fiel das Ei herunter, wobei sich die Höhe, bei der das geschah, langsam steigerte: 20 Zentimeter, 25 Zentimeter, 30 Zentimeter, schließlich 35 Zentimeter. Bei der anderen Gruppe fiel das Ei immer bei einer Höhe von 35 Zentimetern herunter. Jedes Kind hatte vier Versuche. Danach wurden alle Kinder gefragt, ob sie noch mal mit dem Baum spielen wollten. Bei den Kindern der ersten Gruppe war die Wahrscheinlichkeit, dass sie das Spiel wiederholen wollten, höher als bei der zweiten Gruppe, obwohl ja letztlich alle Kinder auf demselben Level landeten. Offenbar wirkte die Steigerung motivierend, während Stagnation demotivierend wirkte.[13]

Kleine Kinder verhalten sich rational und lassen sich von ihrem eigenen Maßstab einer allmählichen Verbesserung leiten. Auch Erwachsene kommen besser mit Situationen zurecht, in denen sie einen Fortschritt sehen können. Studien mit Erwachsenen, bei denen nicht erlernbare Aufgaben gestellt wurden, zeigen, dass die Teilnehmenden irgendwann aufgeben, während sie bei Aufgaben, die einen Fortschritt erkennen lassen, motivierter sind.[14] Manchmal fällt es uns leicht, unsere eigenen Ergebnisse im Zeitverlauf zu sehen und zu vergleichen, beispielsweise bei Verkaufszahlen. Doch solche simplen Maßeinheiten lassen uns vielleicht nicht das ganze Bild erkennen, und außerdem gibt es auch Fähigkeiten, bei denen Fortschritt schwieriger zu erkennen und rückzumelden ist. Hier kann eine Mentorin helfen, die unser Durchhaltevermögen steigert, indem sie uns zu Aufgaben anleitet, die ein gewisses Wachstum erkennen lassen, und uns von Aufgaben weglenkt, die eine solche Erkenntnis nicht nur unmöglich machen, sondern die wir irgendwann ohnehin aufgeben werden, sodass wir lediglich Zeit verschwenden.

Wir wissen außerdem, dass Erwachsene, selbst wenn sie einen Lerneffekt korrekt vorhersagen können, bestimmte Merkmale falsch einschätzen. In einem anderen Experiment der Yale-Forschungsgruppe, diesmal mit Erwachsenen, wurden mehr als 150 Personen für eine Reihe mit drei Aufgaben rekrutiert. Es handelte sich um ein Onlinespiel namens Lollitoss, bei dem die Teilnehmenden Lutscher, die sich an der unteren Kante des Bildschirms hin und her bewegten, einfangen, und in ein Ziel bringen sollten. Die Teilnehmenden konnten ihren Lernfortschritt vorhersagen, doch das Problem war, dass sie ihre Anfangsleistung über- und die Geschwindigkeit des Fortschritts unterschätzten.[15] So etwas kann schädlich sein, wenn wir einen Fortschritt im Zeitverlauf brauchen. Wenn wir unsere Fähigkeiten zu Beginn überschätzen, verdeckt das möglicherweise die Anfangsfortschritte. Und wenn wir unseren Fortschritt für langsamer halten, als er wirklich ist, besteht das Risiko, dass wir aufgeben. Ein Mentor als neutraler Beobachter kann uns helfen, den Fortschritt zu sehen, von eigenen Erfahrungen zu berichten und realistische Erwartungen zu setzen, was unsere Möglichkeiten angeht.

## Führen durch Beispiel

Direkte Anleitung in Bezug auf berufliche Entscheidungen ist unglaublich wichtig. Doch genauso wichtig ist es, dass ein Mentor oder eine Mentorin durch Beispiele führt. Das gilt vor allem, wenn es darum geht, einen Mentee zu dauerhafter harter Arbeit zu motivieren. Denn unsere größten Ziele können wir nur mit Durchhaltevermögen erreichen. Oft geben Menschen aber gerade bei großen Projekten (z. B. beim Schreiben eines Buches) vorzeitig auf. Ein Mentor kann uns helfen dranzubleiben, einfach indem er uns zeigt, was er jeden Tag tut.

In einer Studie, die im Jahr 2017 veröffentlicht wurde, versuchten die Forschenden herauszufinden, wie Kleinkinder eine neue Aufgabe angehen würden, nachdem sie einen Erwachsenen bei einer anderen Aufgabe beobachtet hatten. Das Szenario ähnelt einer Mentor-Mentee-Beziehung, in der die beiden Personen in ähnlichen Bereichen, aber an verschiedenen Projekten arbeiten. An der Studie nahmen mehr als hundert Kinder im Alter von einem Jahr teil, die in drei Gruppen aufgeteilt wurden. Die erste Gruppe, »effort group« genannt, beobachtete einen Erwachsenen, der zwei verschiedene Aufgaben löste: eine Schachtel öffnen, um ein Spielzeug herauszuholen, und eine Schlüsselkette von einem Karabiner lösen. Die Erwachsenen erzählten die ganze Zeit, was sie machten. »Hm … Wie kriege ich denn bloß mein Spielzeug da raus? Funktioniert es so? Nein, so geht es nicht, aber vielleicht so?« Und so weiter. Nach dreißig Sekunden war der Erwachsene jeweils erfolgreich.

Die zweite Gruppe von Kindern beobachtete einen Erwachsenen bei den gleichen Aufgaben, nur dass der Erfolg diesmal bereits nach zehn Sekunden kam. Außerdem wurde nicht gesprochen, und die Lösung sah ganz leicht aus. In der letzten Gruppe wurde die Situation gar nicht vorgespielt. Anschließend bekamen die Kinder ein neues Spielzeug: eine Musikkiste mit zwei Knöpfen. Den einen Knopf sah man sofort, es passierte aber nichts, wenn man darauf drückte. Der andere Knopf war versteckt, aktivierte aber die Musik. Die Mitglieder des Forschungsteams drückten im Beisein des Kindes auf den versteckten Knopf, sodass die Kinder wussten, dass das Spielzeug funktioniert, aber keine Ahnung hatten, wie sie die Musik aktivieren konnten.

In der Auswertung wurde betrachtet, wie oft die Kinder vor Ablauf von zwei Minuten auf den inaktiven Knopf gedrückt hatten (ein Maß für ihre Beharrlichkeit), ob sie das Spielzeug wieder zurückgaben oder auf den Boden warfen. Im Ergebnis verhielten sich die Kleinkinder aus der ersten Gruppe (in der der Erwachsene mehrere Versuche unternommen hatte, seine Aufgabe zu lösen) beharrlicher als die Kinder in den anderen beiden Gruppen. Die Autoren schließen daraus, dass es den Kindern half, die Erwachsenen bei ihren Anstrengungen zu beobachten: »Wer Kindern zeigt, dass sich harte Arbeit auszahlt, ermutigt sie womöglich, sich ebenfalls anzustrengen.«[16]

Dieses Experiment ist kein Einzelfall; Forschende haben ähnliche Ergebnisse in einer anderen Studie mit Vier- und Fünfjährigen festgestellt. Bei einer Reihe von vier Experimenten mit mehr als 500 Kindern beobachteten die Kinder Erwachsene, die eine Aufgabe bearbeiteten und dabei entweder Erfolg hatten oder scheiterten, die sich Mühe gaben oder auch nicht. Dann versuchten die Kinder, ihre eigene Aufgabe zu lösen. Es zeigte sich, dass ihre Beharrlichkeit eng mit der Kombination von Anstrengung und Erfolg verbunden war. Und noch ein anderer wichtiger Aspekt von Mentorenbeziehungen wurde in dieser Studie herausgearbeitet: ehrliche Erwartungen. Bei dem betreffenden Teilexperiment bekamen die Kinder ein Geschicklichkeitsspiel für Erwachsene und ein Aktivitätsbrett für ihr eigenes Alter, sodass sie die Schwierigkeit der beiden Aufgaben einschätzen konnten. Man sagte ihnen: »Ein paar von diesen Spielzeugen sind für Erwachsene, die können für Kinder zu schwierig sein.« Direkt vor dem Beginn der Arbeit an der Aufgabe wurden sie noch einmal daran erinnert. Die Forschenden stellten fest, dass die Kinder durchaus in der Lage waren, ihre Beharrlichkeit zu dosieren, und dass sie sich mehr anstrengten, wenn ihre Erwartungen im Voraus geklärt waren. Auch hier war es besonders wichtig, dass sie einen Erwachsenen sahen, der Erfolg hatte. Die Kombination einer solchen Beobachtung mit realistischen Erwartungen in Bezug auf die Schwierigkeit der Aufgabe führte zum höchsten Level an Beharrlichkeit.[17]

Es ist wichtig für die Motivation in jedem Alter, dass wir die Beharrlichkeit unserer Mentoren und Vorbilder beobachten können. In einer Studie aus dem Jahr 2020 rekrutierten Forschende der Pennsylvania State University online mehr als 600 erwachsene Teilnehmende. In einer Reihe von drei Experimenten wurden den Teilnehmenden identische Geschichten über die inneren Kämpfe von Albert Einstein, Thomas Edison und einem unbekannten Wissenschaftler vorgelegt. Dann wurden die Teilnehmenden über ihre Ansichten in Bezug auf diese Wissenschaftler befragt, und danach mussten sie selbst mathematische Aufgaben lösen. Wie bei den Kleinkindern zeigte sich auch bei den Erwachsenen, dass ihre Motivation und Beharrlichkeit wuchsen, wenn sie die Herausforderungen kannten, die ein Vorbild gemeistert hatte, bevor sich der Erfolg einstellte. Einstein gilt allgemein als Genie, während Edison als jemand gilt, der hart arbeitete. Und obwohl die Geschichten identisch waren, kamen die Teilnehmenden besser mit den mathematischen Aufgaben zurecht, wenn sie jemanden als beharrlich einschätzten, wie das bei Edison der Fall war.[18] Der Autor der Studie, Danfei Hu, kommentiert das so: »Wenn wir die Botschaft rüberbringen könnten, dass es normal ist, sich anzustrengen, bevor der Erfolg sich einstellt, wäre das unglaublich nützlich.«[19]

Es ist also extrem hilfreich, sich einen Mentor auszusuchen, der offen und ehrlich über die Mühen spricht, die es ihn gekostet hat, dorthin zu kommen, wo er oder sie jetzt ist. Wenn wir davon hören, verbunden mit Anekdoten über die heutigen Anstrengungen, um Erfolg zu haben, kann uns das motivieren, selbst beharrlicher zu sein. Und wenn Sie sich in der Rolle des Mentors befinden, denken Sie bei Begegnungen mit Ihren Mentees daran, dass dies eine der hilfreichsten Sachen ist, die Sie ihnen mitteilen können.

## Ermutigung ist wichtig

Hinführung zum richtigen Projekt und ein gutes Beispiel in Sachen Durchhaltevermögen sind wichtig. Doch manchmal brauchen wir einfach nur ein wenig Ermutigung, freundliche Worte oder ein High-Five, damit wir den nächsten großen Schritt wagen können. Kleinkinder und Erwachsene reagieren enorm stark auf Ermutigung. Wir alle brauchen einen Mentor, der genau das zur richtigen Zeit leistet.

Gehen wir noch einmal zurück zu der Studie, die wir bereits betrachtet haben. Kinder, die an einem Erwachsenen beobachten konnten, dass Anstrengung zum Erfolg führt, und die gleichzeitig ehrliche Erwartungen hegten, waren besonders beharrlich beim Lösen einer kniffligen Aufgabe. Diese Studie umfasste noch zwei weitere Teilexperimente, die für unsere aktuelle Diskussion wichtig sind. Das eine Teilexperiment betraf »Pep Talk«, das andere die Formulierung von gemeinsamen Werten. Dabei müssen wir im Kopf behalten, dass die Aufgabe, die den Kindern gestellt wurde, gar nicht lösbar war. Die Forschenden beobachteten also lediglich, wie lange die Kinder es versuchten, bevor sie aufgaben. Bei dem »Pep Talk«-Experiment wurde den Kindern vorher gesagt: »Ich glaube, du wirst das ganz toll machen. Ich glaube an dich, du kannst das!« Bei der Formulierung von Werten wurde ein längeres Skript benutzt, das ebenfalls Ermutigung beinhaltete, aber in einer Weise, die auf die Bedeutung harter Arbeit abhob:

*Manche Dinge sind wirklich schwer, oder? Also, wir wollen heute mit ein paar Spielzeugen spielen, und manchmal sind neue Spielzeuge ganz schön knifflig. Und weißt du, was man am besten macht, wenn etwas knifflig ist? Man versucht es ganz doll und gibt nicht auf. Findest du das auch? Also, was meinst du, macht man am besten, wenn etwas knifflig ist? (Antwort des Kindes abwarten.) Ja, genau, es ist wirklich wichtig, dass wir es richtig doll versuchen und nicht aufgeben.*[20]

Gemessen wurde bei diesem Experiment die Zeit, die die Kinder durchhielten, bevor sie aufgaben. Die maximale Zeit betrug etwas mehr als vier Minuten, was für jemanden, der an einer scheinbar einfachen, in Wirklichkeit aber unlösbaren Aufgabe arbeitet, eine lange Zeit ist. Verglichen mit den Szenarios, in denen die Kinder ehrliche Erwartungen hegten oder lediglich beobachteten, wie viel Mühe sich ein Erwachsener mit der Aufgabe gab, hielten mehr Kinder bis zum Ende durch, wenn sie vorher den »Pep Talk« (38 Prozent) oder die Formulierung gemeinsamer Werte (50 Prozent) gehört hatten. Nach vier Minuten stieß das Experiment sozusagen an die Decke, man musste die Kinder dazu auffordern, die Sache abzubrechen. Die Autorinnen formulieren es ganz einfach: Was man den Kindern sagte, spielte eine Rolle. Der Effekt steigerte sich, wenn das Kind nicht nur sah, dass ein Erwachsener sich anstrengte und Erfolg hatte, sondern wenn man mit ihnen außerdem über den Wert harter Arbeit sprach.[21] Diese Kombination brachte die maximale Leistung hervor.

Ermutigung und Pep Talks kann man überall beobachten, von Sportmannschaften über militärische Einheiten bis hin zum Arbeitsplatz. Und das aus gutem Grund: Sie funktionieren. In Bezug auf Erwachsene sind vor allem zwei Forschende zu nennen, die in den letzten drei Jahrzehnten die Macht motivierender Sprache nachgewiesen haben: Jacqueline und Milton Mayfield sind Professoren an der Texas A&M International University und konzentrieren sich in ihrer Forschung auf drei Aspekte motivierender Sprache, die eine breite Vielfalt von Vorteilen haben. Zunächst geht es dabei um Anleitung, mit anderen Worten: die klare Formulierung dessen, was die jeweilige Person tun soll, einschließlich spezifischer Ziele. Der zweite Aspekt betrifft empathische Sprache, wie wir sie schon bei Kleinkindern gesehen haben. Mithilfe empathischer Sprache werden Bindungen aufgebaut, und die Empfänger spüren Wertschätzung. Der dritte Aspekt betrifft Sinnstiftung. Dabei geht es darum, zu erklären, warum die Aufgabe wichtig und eng mit den Werten des Anleiters oder der Firma verbunden ist. Dieser Aspekt ähnelt der Formulierung gemeinsamer Werte, von der wir gerade gesprochen haben.[22, 23]

In Studien, die die Mayfields und andere durchgeführt haben, zeigen sich bei Erwachsenen Verbindungen zwischen motivierender Sprache und wichtigen Aspekten des Arbeitslebens. Motivierende Sprache steht vor allem in positiver Verbindung zu Innovation, kreativer Ideenentwicklung im Team, Selbstwirksamkeit von Angestellten, Leistungsfähigkeit von Arbeitern und Arbeitszufriedenheit. Sie schützt auch vor innerer Kündigung und übermäßiger Abwesenheit vom Arbeitsplatz.[24] Der größte Nutzen ergibt sich, wenn man alle drei Aspekte von einem Mentor hört, doch schon einer kann hilfreich sein. In einer Studie, die von der weltweit agierenden Non-Profit-Organisation Catalyst im Jahr 2021 durchgeführt wurde, befragte man fast 900 amerikanische Angestellte in verschiedenen Branchen. Personen, die eine Führungskraft mit starker Empathie hatten, waren oft innovativer und engagierter als solche mit einem Vorgesetzten, der wenig Empathie zeigte.[25]

Wie auch immer sie es im Einzelfall machen, das Wichtigste, was ein Mentor uns geben kann, ist die Ermutigung zum Durchhalten. Denn gerade die Beharrlichkeit bei herausfordernden und nicht notwendigerweise angenehmen Aufgaben kann uns helfen, unsere langfristigen Ziele zu erreichen.[26] Die am wenigsten angenehme Aufgabe, die man einem Kleinkind stellen kann, ist wahrscheinlich das Zähneputzen. Und tatsächlich gibt es eine Studie, die zeigt, dass Kinder dann länger putzen, wenn sie gelobt werden.[27] Auch bei ihnen gilt: Ein verbales Lob ist gut, ein

Daumen-hoch oder High-Five funktioniert genauso gut, wenn nicht besser.[28]

Am Ende ist es für Mentoren sicher wichtig, durchgehende Ermutigung zu geben, doch es ist ganz entscheidend, dass sie Sie nur mit Worten oder Gesten ermutigen, nicht indem sie Ihnen Arbeit abnehmen. Das gilt vor allem für Mentorinnen, die sehen, dass ein Mentee eine Aufgabe sehr langsam bearbeitet. Wir neigen dann dazu, einzuspringen und zu helfen, weil wir wissen, dass es auch schneller geht, doch ein solches Verhalten ist kontraproduktiv, weil es das Durchhaltevermögen und die Motivation des Mentees schwächt. In einer Studie aus dem Jahr 2021 wurden Vier- und Fünfjährige auf ihre Beharrlichkeit bei einer neuen Aufgabe hin getestet, und zwar zunächst, wenn man sie damit allein ließ, dann mit etwas Anleitung und schließlich mit einem Erwachsenen, der ihnen eine frühere Aufgabe abgenommen hatte. Die Kinder sollten eine Holzkiste mit einem Spielzeug darin öffnen – allerdings war die Kiste grausam zugeklebt worden. Bevor es losging, bauten sechzig Kinder zusammen mit einem Erwachsenen ein Geschicklichkeitsspiel. Bei der Hälfte der Kinder sagte der Erwachsene nach zehn Sekunden: »Hm … das ist echt schwer, soll ich es für dich machen?«, und löste die Aufgabe selbst. Bei den übrigen dreißig Kindern half der Erwachsene mit Anleitung und Lob. Eine letzte Gruppe von dreißig Kindern fing sofort mit der Holzkiste an. Am Ende waren die Kinder, die von dem Erwachsenen mit Anleitung und Lob unterstützt worden waren, am beharrlichsten bei der unlösbaren Aufgabe, die Holzkiste zu öffnen – gefolgt von denen, die gleich mit der Aufgabe angefangen hatten. Beide Gruppen hielten doppelt so lange durch wie die Kinder, bei denen der Erwachsene die Arbeit übernommen hatte.[29] Auch bei Erwachsenen kann ein Verhalten, bei dem jemand die Aufgabe übernimmt, gravierende Folgen haben. Abgesehen davon, dass sie sich möglicherweise unfähig fühlen und dass ihre Motivation sinkt, behindert ein solches Verhalten den Erfolg von Teamarbeit.[30]

Es ist echt unglaublich, wie sehr Kleinkinder sich gegenseitig ermutigen, zusätzlich zu all der Ermutigung, die sie von ihren wunderbaren Erzieherinnen und Erziehern bekommen, die an den meisten Tagen mit ihnen zusammen sind. Es vergehen kaum einmal zehn Minuten, ohne dass eine ganze Kitagruppe die Arme hochreißt und »Hurra!« schreit, weil irgendjemand aus der Gruppe oder eine Figur aus einem Buch etwas gut gemacht hat. Für fast alles gibt es wohlverdienten Applaus und Jubel, selbst wenn man den Schuh auf den richtigen Fuß gezogen hat. Wenn man Kleinkindern dazu Gelegenheit gäbe, würden sie eine ganze Stunde lang durch einen Raum mit vielen Menschen marschieren und ständig High-fives geben. Sie wissen auch, dass man sich manchmal selbst Mut machen muss. Es ist also vollkommen in Ordnung, sich vor dem Spiegel ein High-Five zu geben oder auch mal laut »Hurra!« zu rufen, wenn niemand zuhört. Hilfreich ist es allemal.

## Um Hilfe bitten

Wie wir schon im Kapitel 2 zum Thema Freundlichkeit gesehen haben, fühlt es sich unglaublich gut an, wenn wir anderen helfen. Kleinkinder verbringen einen Großteil ihres Tages damit, nach Einsatzmöglichkeiten für ihre Hilfsbereitschaft zu suchen. Einzigartig ist an ihnen auch, dass es ihnen leichtfällt, um Hilfe zu bitten – im Gegensatz zu Erwachsenen. Unter den Erwachsenen versteht das alles niemand so gut wie Menschen, die das Glück haben, ständig mit kleinen Kindern umzugehen. In einem TED-Talk aus dem Jahr 2020 fasst die ehemalige Erzieherin YeYoon Kim es sehr schön zusammen, wenn sie beschreibt, wie sie sich fühlte, als sie dem fünfjährigen Sam half. »Es ist ein Privileg, um Hilfe gebeten zu werden – es ist ein Geschenk, wenn wir etwas für einen anderen Menschen tun dürfen, vor allem, wenn es sich um eine sehr persönliche Sache handelt.« Dann berichtet sie von ihren eigenen Schwierigkeiten und davon, wie schwer es ihr fiel, andere um Hilfe zu bitten. »Und wenn Sie darüber nachdenken: Ist es nicht schlimm, dass wir als Kinder so gut darin sind, um Hilfe zu bitten, und dass man dann von uns erwartet, uns als Erwachsene nur noch auf uns selbst zu verlassen? Und dann perfektionieren wir das so sehr, dass wir daran erinnert werden müssen: Es ist okay, um Hilfe zu bitten!«[31]

Sie können den besten Mentor auf der Welt haben – wenn Sie ihn nicht nutzen, indem Sie um Hilfe bitten, wenn Sie sie brauchen, haben Sie keinen Vorteil davon. Es fällt Erwachsenen schwer, um Hilfe zu bitten. Sie fürchten, der andere könnte Nein sagen oder sie wären eine Last. Doch das sind alles Übertreibungen in unserem Kopf. Eine Studie von Teams der Stanford University und der University of Chicago aus dem Jahr 2022 bestand aus einer Reihe von sechs Experimenten, an denen mehr als 2000 Erwachsene teilnahmen. Sowohl online als auch bei persönlichen Begegnungen wurden verschiedene Szenarien entwickelt. Die Teilnehmenden sollten sich vorstellen, um Hilfe zu bitten, sie sollten sich an Situationen erinnern, in denen sie um Hilfe gebeten hatten, oder es tatsächlich tun. Eine Aufgabe sah so aus, dass die Teilnehmenden eine andere Person bitten sollten, sie in einem Garten zu fotografieren. Bei einer anderen Aufgabe sollten sie sich vorstellen, wie es wäre, jemanden zu fragen, ob sie sein Telefon benutzen könnten. Bei der Auswertung zeigte sich, dass die Anschauungen der Erwachsenen vollkommen schief waren. Quer durch alle Experimente unterschätzten die Teilnehmenden die Hilfsbereitschaft anderer Menschen und nahmen auch nicht an, dass sich die andere Person gut fühlen würde, wenn sie ihnen half. Außerdem überschätzten sie das Gefühl beim Geber der Hilfe, dass sie ihm oder ihr eine Last seien. Wir begreifen oft nicht, dass sich sowohl Geber als auch Empfänger bei dieser Art von Interaktion gut fühlen und dass auch Erwachsene davon profitieren könnten, wenn sie regelmäßig um Hilfe bitten würden.[32]

Wie wir in früheren Kapiteln schon gesehen haben und noch genauer sehen werden, wenn wir in Kapitel 10 über Risikofreude sprechen, kennen Kleinkinder viele mentale Barrieren nicht, die Erwachsene im Kopf haben. Ihnen ist nichts peinlich, weder öffentlich erkennbares Scheitern bei dem Versuch, neue Ziele zu erreichen, noch wenn sie den ganzen Tag mit verschmiertem Essen im Gesicht herumlaufen. Verglichen mit solchen Szenarien ist es wirklich ein Kinderspiel, um Hilfe zu bitten! Und entgegen all der falschen Annahmen, die viele Menschen in Bezug auf Kleinkinder haben, sind sie »nicht unberechenbar, impulsiv oder unvorhersehbar, wenn sie Ziele verfolgen«, so das Ergebnis der nächsten Studie, die wir uns gleich ansehen. Kleinkinder können so hart an einer Aufgabe arbeiten wie jeder andere, aber sie agieren auch rational und wissen, wenn es effizienter und nützlicher ist, um Hilfe zu bitten.

Um das entsprechende Verhalten von Kleinkindern zu demonstrieren, führten Forschende der University of Washington eine Studie mit fast hundert Kindern im Alter von einem Jahr durch.

Zu Beginn wurden drei Gruppen gebildet, die alle einen Erwachsenen beobachteten, wie er an einem Seil zog, das an einer Kiste mit einem Spielzeug darin angebracht war. Bei der ersten Gruppe erweckte der Erwachsene den Eindruck, die Aufgabe sei sehr leicht; bei der zweiten Gruppe wirkte die Aufgabe herausfordernd, aber machbar; und bei der dritten Gruppe gelang es dem Erwachsenen nicht – die Aufgabe wirkte unlösbar. Danach wurde die Beharrlichkeit der Kinder getestet, wobei die Kiste allerdings an den Tisch geklebt war, sodass man sie nicht wegziehen konnte. Zunächst einmal strengten sich die Kinder der zweiten Gruppe (mühsam, aber machbar) mehr an als die anderen Gruppen. Doch hier ging es ja darum, sich Hilfe zu suchen. Am ehesten baten diejenigen Kinder um Hilfe, die gesehen hatten, dass das Ziehen dem Erwachsenen leichtfiel. Sie hatten sein Können beobachtet und verließen sich darauf.

Nach der ersten Runde wurde eine Kiste verwendet, die nicht angeklebt war, sodass die Kinder die Aufgabe selber lösen konnten. Daraufhin wurde in den Gruppen eins und zwei (leicht bzw. mühsam, aber machbar) weniger um Hilfe gebeten, und auch in der Gruppe, die gesehen hatte, dass der Erwachsene die Kiste nicht ziehen konnte, wurde wenig um Hilfe gebeten, weil sie ja annehmen mussten, dass es niemand schaffen konnte. Die Autoren schlossen daraus, dass Kleinkinder Hilfe suchen, wenn »(1) sie tatsächlich Hilfe brauchen, und (2) wenn die Kompetenz des Sozialpartners bei dieser Aufgabe ihre eigene Kompetenz übersteigt«.[33] Das wäre dann die ideale Beziehung zwischen Mentor und Mentee, von der wir alle lernen können.

## Finde deinen Batman

Inzwischen haben wir eine gute Vorstellung davon, wie der ideale Mentor aussieht. Gute Mentorinnen sind Leute, die uns zu herausfordernden, aber machbaren Aufgaben hinlenken, die von ihren eigenen Kämpfen und Erfolgen sprechen, uns immer wieder ermutigen und auf unsere Bitten um Hilfe eingehen. Es kann schwierig sein, eine Person zu finden, die alle diese Eigenschaften mitbringt, und selbst wenn Sie das Glück haben, einen solchen Mentor zu finden, ist er oder sie vielleicht nicht ständig verfügbar. In solchen Momenten oder zu Zeiten, wenn Sie gar keinen Mentor haben, müssen Sie sich notgedrungen an einen Superhelden wenden.

Die bei Weitem schwierigste Aufgabe, die Ärzte in einer Kinderambulanz lösen müssen, ist das Überbringen einer Krebsdiagnose. Meistens ist es uns schon beim ersten Gespräch klar: Das Kind ist seit mehr als einem Monat müde, hat abgenommen, hinzu kommen Schmerzen in Knochen oder Gelenken, und jetzt hat es auf einmal einen Ausschlag, der aus vielen winzigen roten Punkten besteht. Man nennt diese Punkte Petechien, sie sind ein

Zeichen von Blutungen. Normalerweise warten wir geduldig auf die Laborwerte nach der Blutuntersuchung und hoffen, dass es sich um eine gutartige Störung der Blutgerinnung handelt. Aber oft ist es dann eben doch Leukämie, die häufigste Krebserkrankung bei Kindern. Alle Kinder mit dieser Diagnose stehen tapfer jahrelange Behandlungen durch. Zum Glück schaffen es die meisten und besiegen den Krebs, doch die vielen Krankenhausaufenthalte, Blutabnahmen und Chemotherapien sind ungemein belastend für die Kinder und ihre Familien.

Wir sind sehr dankbar, dass es eine tolle Wohltätigkeitsorganisation gibt, die diesen Kindern in den schwersten Zeiten Hoffnung und Freude schenkt. Die Organisation heißt »Make-A-Wish« und sorgt dafür, dass Kindern mit einer lebensbedrohlichen Krankheit einer ihrer Wünsche erfüllt wird. Make-A-Wish wurde 1980 in Phoenix, Arizona, gegründet. Damals ging es um einen einzigen kleinen Jungen. Heute hilft diese Organisation Hunderttausenden Kindern in mehr als fünfzig Ländern.[34] In einer Studie des Nationwide Children's Hospital in Columbus, Ohio, konnten Forschende nachweisen, dass Kinder, denen ein solcher Wunsch erfüllt wurde, seltener in die Notaufnahme gebracht werden mussten und dass auch die Zahl der ungeplanten Krankenhausaufenthalte sank.[35]

Der vielleicht berühmteste Patient, der Leukämie überlebte und von Make-A-Wish betreut wurde, ist Miles Scott. Miles lebt in Kalifornien und bekam die Leukämie-Diagnose schon mit achtzehn Monaten. Er stand drei Jahre Chemotherapie durch und besiegte seine Krebserkrankung. Zur Feier des Behandlungsendes und als eine Sache, auf die er sich freuen konnte, erlebte Miles im Alter von fünf Jahren, dass ihm sein Wunsch erfüllt wurde. Er wollte so gern Batmans Kumpel sein – Batkid. Und so wurde er an einem spektakulären Herbsttag des Jahres 2013 im Beisein von mehr als 10 000 Menschen in Batkid verwandelt und bekämpfte zusammen mit Batman das Verbrechen. San Francisco wurde an diesem Tag zu »Gotham City by the

Bay«. Nachdem Batkid und Batman einen Hilferuf des Bürgermeisters erhalten hatten, fuhren sie im Batmobil los, retteten eine Frau vor einer Bombe, stoppten einen Bankraub und retteten das Maskottchen der San Francisco Giants. Am Ende des Tages bekam Miles die Schlüssel der Stadt ausgehändigt, und der 15. November 2013 wurde zum Batkid Day erklärt.[36] 2015 kam eine Dokumentation über diesen Tag heraus: *Batkid Begins*.[37]

Superhelden wie Miles Scott und Batman stehen für Figuren, denen wir nacheifern, und handeln so, wie unser ideales Selbst sich verhalten würde. Deshalb haben sie auch eine so tiefgreifende Wirkung auf die Motivation sowohl von Kindern als auch von Erwachsenen.

Wenn wir so denken wie sie und uns von allem entfernen, woran wir gerade arbeiten, nutzen wir eine Strategie zur Selbstkontrolle, die sich Selbstdistanzierung nennt.

Diese Methode zeigte sich am besten in einem Aufsatz, der 2017 unter dem Titel *The ›Batman Effect‹: Improving Perseverance in Young Children* veröffentlicht wurde. Eine der Co-Autorinnen dieser Studie war Angela Duckworth, die auch das bekannte Buch *Grit – die neue Formel zum Erfolg: mit Begeisterung und Ausdauer ans Ziel* geschrieben hat.[38] Im Rahmen der Studie wurden vier- und sechsjährige Kinder daraufhin getestet, wie lange sie eine langweilige Aufgabe ausführen konnten. Diese Aufgabe, von der man ihnen sagte, sie sei sehr wichtig und es wäre hilfreich, wenn sie so lange wie möglich hart daran arbeiteten, bestand darin, am Computer auf die Leertaste zu drücken, wenn ein Stück Käse zu sehen war, und nichts zu tun, wenn eine Katze erschien. Außerdem hatten die Kinder die Möglichkeit, die Pausentaste zu drücken und dann ein lustigeres Spiel auf einem iPad zu spielen.

Vor dem eigentlichen Test wurden die Kinder in drei Gruppen aufgeteilt. Die erste Gruppe wurde gebeten, über sich selbst nachzudenken und sich zu fragen: »Arbeite ich hart?« Die zweite Gruppe sollte aus der Perspektive einer dritten Person an sich denken und sich fragen: »Arbeitet xy hart?« Und in der dritten Gruppe konnten die Kinder sich aussuchen, ob sie Batman, Bob der Baumeister, Rapunzel oder Dora (die die goldene Stadt erkundet) sein wollten. Natürlich bekamen sie dann auch die entsprechenden Requisiten, im Fall von Batman den Umhang. Und während sie an der Aufgabe arbeiteten, klebte ein Sticker sowohl am Computer als auch an dem iPad, der entweder den Namen des Kindes zeigte oder ein Bild der Figur, für die sich das Kind entschieden hatte, je nachdem, zu welcher Gruppe es gehörte. Bei der Auswertung zeigte sich, dass der »Batman-Effekt« wirkte. Unabhängig vom Alter arbeiteten diejenigen Kinder länger an der langweiligen Aufgabe, die sich in einen Superhelden verwandelt hatten.[39]

Und der Batman-Effekt beschränkt sich nicht auf Batman und auch nicht auf das Thema Beharrlichkeit. Forschende der Universität Tel Aviv testeten, ob Kleinkinder im Alter von drei bis fünf Jahren einen Belohnungsaufschub länger durchhielten, wenn sie sich vorher in Superman verwandelt hatten. Bei dem Experiment zeigte sich, dass schon das Anlegen des roten Umhangs das Verhalten der Kinder veränderte. Sie mussten zwar sitzen bleiben, streckten aber die Hände aus wie zum Fliegen und berührten den Umhang immer wieder. Allein dieser rote Umhang, selbst ohne dass man den Kindern die Fähigkeiten von Superman genauer erklärte, erhöhte ihre Fähigkeit zum Belohnungsaufschub signifikant.[40]

Und die Verhaltensänderung, nachdem wir jemanden beobachtet haben, den wir bewundern – auch ohne direkten Kontakt – beschränkt sich nicht auf Kleinkinder. Auch Erwachsene können davon profitieren. Es gibt nachweislich nicht nur einen »Batman-Effekt«, sondern auch einen »Obama-Effekt«.

Im Jahr 2008 rekrutierten Forschende der San Diego State University, der Northwestern University und der Vanderbilt University fast 500 Schwarze und *weiße* Amerikaner. Sie überprüften das Bildungsniveau der Teilnehmenden, um einen Einfluss auf die Ergebnisse auszuschließen und führten dann über einen Zeitraum von drei Monaten vier Testgespräche durch. Die drei Monate umfassten die Zeit, bevor Barack Obama zum Präsidentschaftskandidaten der Demokraten wurde, bis zu seiner Wahl. Und die Forschungsgruppe konnte feststellen, dass immer dann, wenn Präsident Obama besondere Leistungen vollbrachte – z. B. nach seiner Rede auf dem Wahlparteitag und nach seiner Wahl – die Leistungen der Schwarzen Amerikaner in den Testgesprächen sich verbesserten, während die der *weißen* unverändert blieben. Die Teilnehmenden waren nach dem Zufallsprinzip ausgewählt worden und hatten absolut keinen Kontakt mit dem Präsidenten. Trotzdem hatte er eine starke Wirkung auf sie.[41]

Der Superheld-Effekt lässt sich auch direkt nachweisen. Sie können selbst schrittweise davon profitieren. Leider gibt es keine Studien, bei denen Erwachsene Superman-Umhänge trugen, doch ich habe keinen Zweifel daran, dass das jedem helfen würde. Es gibt allerdings eine fantastische Studie mit Erwachsenen aus dem Jahr 2018, bei der Bilder und Poster von Superhelden verwendet wurden.

Forschende des Hope College und der Virginia Commonwealth University führten zwei Experimente durch, das eine online, das andere direkt, um herauszufinden, ob Erwachsene ihr Verhalten verändern, wenn sie mit Superhelden konfrontiert werden. In dem Online-Experiment wurden 246 Erwachsene nach dem Zufallsprinzip einer Superheldengruppe oder einer neutralen Kontrollgruppe zugeordnet. Beide Gruppen sollten vier Alltagsgegenstände betrachten: zwei Tische, ein Schlafzimmer und eine Garage. Für die Superheldengruppe waren die Bilder allerdings so modifiziert, dass sie Superman- oder Spiderman-Logos enthielten. Die Teilnehmenden wurden dann befragt, wie wahrscheinlich es sei, dass sie anderen Menschen helfen würden. Es ging um Situationen wie Schneeschaufeln für einen älteren Nachbarn, die Suche nach einem verlorenen Hund oder Spenden für einen guten Zweck. Interessanterweise zeigten die Teilnehmenden, denen man die bearbeiteten Superheld-Bilder gezeigt hatte, eine stärkere Neigung, anderen zu helfen.

Absicht ist das eine, aber kommt es tatsächlich zu einer Änderung des Verhaltens? Diese Frage wurde im zweiten Experiment beantwortet, in dem 123 Erwachsene auf ihre Bereitschaft hin getestet wurden, eine langweilige Aufgabe auszuführen. Die Teilnehmenden wurden in zwei Gruppen aufgeteilt und in die Testräume gebracht, die vollkommen identisch waren, bis auf das Poster, das an der Wand hing. Bei der einen Gruppe handelte es sich um das Foto eines Fahrrads, bei der anderen Gruppe um ein Foto von Superman. Die Teilnehmenden füllten dann Fragebogen aus, und danach sagte man ihnen, der Test sei damit beendet, sie könnten aber bei einer anderen Pilotstudie helfen, bei der es um die Beurteilung geometrischer Formen gehe. Das war nicht besonders aufregend, aber mehr als 90 Prozent der Teilnehmenden aus der Superheldengruppe erklärten sich dazu bereit – in der Fahrradgruppe waren es nur 75 Prozent.[42]

Superhelden sind wichtig für uns alle, denn wenn wir so handeln wie sie, können wir unser eigenes Leben verbessern, indem wir netter sind, auf eine größere Belohnung warten oder eine langweilige Aufgabe erledigen, die irgendwann zu etwas Höherem führt. Letztlich sind wir alle dazu in der Lage, diese Kräfte zu entwickeln und zu behalten.

Bei der Studie der Universität Tel Aviv nahm ein kleines Mädchen während des Experiments den Umhang ab. Die Mitglieder des Forschungsteams wollten wissen, warum, und als sie sie später fragten, erklärte sie: »Ich brauchte ihn nicht mehr. Ich habe Superman auf Wiedersehen gesagt und seine Kräfte behalten.«[43]

# Von Kleinkindern lernen
## 7. Regel:
## *Ziehen Sie los und suchen Sie sich einen Mentor bzw. eine Mentorin oder einen Mentee.*

- Das kann am Anfang herausfordernd sein, lohnt sich aber, weil dann so viele gute Dinge passieren können.
- Es wirkt inspirierend, jemanden bei harter Arbeit zu beobachten oder davon zu hören.
- Ermutigen Sie andere und lassen Sie sich ermutigen, wann immer Sie können. Ein lautes »Hurra!« oder ein High-Five, auch für Sie selbst, wirkt motivierend.
- Haben Sie keine Angst, um Hilfe zu bitten. Dies ist oft die effizienteste Art, etwas zu schaffen. Und wahrscheinlich fühlt sich die Person, die Ihnen hilft, dabei gut. Also haben alle etwas davon.
- Verwandeln Sie sich in Ihren Lieblingshelden oder in jemanden, den Sie bewundern. Am besten funktioniert es natürlich, wenn Sie den Umhang anlegen, doch ein Bild am Arbeitsplatz ist auch schon gut. Es kann Ihnen helfen, sich von sich selbst zu distanzieren und beharrlicher zu werden.

# 8
# Selbstgespräche

*Machen Sie sich Mut und*
*führen Sie sich zum Erfolg!*

Kleinkinder bekommen längst nicht die Anerkennung, die sie verdienen, weil sie so wunderbare Menschen sind. Doch manchmal begreift jemand einen Teil ihrer wahren Natur und inspiriert uns alle. Vielleicht das berühmteste Beispiel sind die zweijährigen Jungen Maxwell und Finnegan, die aufeinander zurannten, um sich in die dickste Umarmung zu schließen, die je auf einem Gehweg in New York gesehen wurde. Das Video wurde mehr als 100 Millionen Mal angeklickt und brachte ihnen Gastauftritte bei CNN und in der Ellen DeGeneres Show ein.[1] Es handelte sich nur um ein wunderbares Beispiel für das normale Verhalten von Kleinkindern, das wir alle sehen und bestaunen konnten, doch was wir allzu leicht übersehen, sind die inspirierenden Dinge, die Kleinkinder tun, wenn sie allein sind.

Anfang 2022 war Aubrin Sage an der Reihe. Sie war damals vier Jahre alt und lebte in Yakima im US-Bundesstaat Washington, wo sie regelmäßig Snowboard fuhr. Aubrins Vater wollte ihr Denken besser verstehen, wenn sie auf der Piste war. Deshalb steckte er ihr ein Mikro an, um alles aufzuzeichnen, was sie sagte. Außerdem folgte er ihr und filmte sie. In einem hinreißenden Video, das internationale Aufmerksamkeit erlangte, sieht man Aubrin in einem grünen Dinosaurier-Outfit, wie sie den Hang hinunterfährt. Und als wäre das noch nicht niedlich genug, singt sie dabei: »Let's go down this big ol' hill.« Wenig später fordert sie sich selbst dazu auf, »den geheimen Weg« einzuschlagen, also einen seitlich gelegenen Trail hinunterzufahren. Als sie die Stelle gefunden hat, wo man zwischen ein paar Bäumen darauf abbiegt, weiß sie, dass sie abbremsen muss und gibt sich das entsprechende Kommando. Der Schnee spritzt auf, sie wird langsamer. An der nächsten schwierigen Stelle, wo die Abfahrt steiler und enger wird, sagt sie zu sich selbst: »Ich falle nicht hin, oder vielleicht doch, aber das ist okay, wir fallen alle mal hin.« Zwischendurch gibt es allerlei »Weewoo!«-Rufe und unverständliches Geplapper.[2]

Aubrin führt hier Selbstgespräche, wie es alle Kleinkinder häufig tun. Sie wissen intuitiv, dass das ein nützliches Verhalten ist, und die Forschung zeigt, dass es beim Lösen von Problemen hilft.[3] Ein wichtiger Punkt, denn auch Erwachsene können davon profitieren, und zwar in Bezug auf das Lernen,[4] die Regulierung von Emotionen[5] und sogar auf die Zahl von Treffern beim Basketball.[6] In diesem Kapitel wollen wir zunächst betrachten, wie wir mit uns selbst reden, wenn wir jung sind, und wie sich dieses Verhalten im Zeitverlauf ändert. Dann gehen wir auf die spezifische, vorteilhafte Nutzung des Selbstgesprächs bei Kleinkindern ein und versuchen, die Befunde auf Erwachsene zu übertragen. Sobald wir unsere Scheu ablegen können, die aus der Sorge entsteht, andere könnten uns bei unseren Selbstgesprächen zuhören, stellt dieses Verhalten nämlich eine unglaublich einfache und zugleich kraftvolle Möglichkeit dar, uns selbst zu motivieren. Und selbst wenn wir alles für uns behalten und nur innerlich mit uns selbst sprechen, ist es immer noch hilfreich, sofern es bewusst eingesetzt wird.

## Von außen nach innen

Wir denken darüber nicht sehr oft aktiv nach, doch wir alle führen auf irgendeine Weise Selbstgespräche. Manchmal tun wir das, um uns selbst zu helfen, indem wir beispielsweise unserer

Motivation einen Anschub geben, in anderen Fällen fühlen wir uns dabei eher schlechter, zum Beispiel, wenn wir wütend auf uns selbst sind, weil wir etwas nicht schaffen. Bei Erwachsenen findet ein Großteil dieser Selbstgespräche still im Kopf statt, nur gelegentlich werden sie hörbar. Kleinkinder dagegen sind jederzeit bereit, alles laut auszusprechen. Sie kündigen gern an, was sie tun, leiten sich dabei an und sprechen oft ganz natürlich in der dritten Person von sich selbst. Wenn ich zum Abholen in die Kita komme und den Flur entlanggehe, höre ich oft Sätze wie »Julie kann das!«, während die kleine Julie ihre Hand in einen Handschuh quetscht, oder »Das war falsch, Colton«, wenn Colton an sich hinuntersieht und feststellt, dass er die Stiefel falsch herum angezogen hat. Wir werden später noch sehen, dass diese kleine Veränderung der Art, wie wir von uns selbst sprechen, einen enormen Nutzen haben kann.

Die Tatsache, dass wir Kleinkinder häufig bei Selbstgesprächen hören, während das bei Erwachsenen nur selten der Fall ist, deutet auf eine natürliche Entwicklung hin. Kleinkinder fangen im Alter von etwa einem Jahr an zu sprechen, und was als soziale Kommunikation beginnt, wird bald durch Selbstgespräche ergänzt. Es handelt sich um ein privates Sprechen, ein Sprechen also, das an das eigene Ich gerichtet ist – laut und für andere ebenso verständlich wie unverständlich. Je älter das Kind wird, desto mehr verstärkt sich dieses private Sprechen – im Alter zwischen vier und sechs Jahren erreicht es seinen Höhepunkt. Wir haben es hier also mit einer allmählichen Entwicklung zu tun.[7] Nach dem Kleinkindalter lässt die Neigung zum privaten Sprechen nach, verwandelt sich aber in andere Formen des Selbstgesprächs. Zuerst wird geflüstert und gemurmelt, bis schließlich das innerliche Selbstgespräch zur dominanten Form wird, die wir auch im Erwachsenenalter kennen.[8]

Unser Gehirn sucht ständig nach Möglichkeiten, effizienter zu arbeiten, und dieser Übergang vom lauten privaten Sprechen zum stillen inneren Sprechen gehört dazu. Wenn wir laut sprechen, muss unser Gehirn dem Gesagten eine Struktur geben, die der üblichen Syntax entspricht. Beim innerlichen Sprechen ist das nicht der Fall, sodass unser Gehirn weniger Material verarbeiten muss.[9] Doch wenn nötig, können wir das kondensierte Material sozusagen auspacken und richtige Gespräche mit uns selbst führen.

In einer Metastudie aus dem Jahr 2022 zeigen Forschende der Universitäten in Osnabrück und Wien anhand zweier Beispiele, wie dieses »Auspacken« unser Denken unterstützt. Das erste Beispiel betrifft das Thema »Problemlösung«, bei der wir Dinge »probehalber« zu uns selbst sagen. Es handelt sich um hypothetische Szenarien in innerlicher Sprache, die es uns erlauben, eine bestimmte Situation besser zu verstehen. Bei einem schwierigen Problem schlagen wir so vielleicht eine Lösung vor, die noch nicht der Weisheit letzter Schluss ist, uns aber hilft, in eine neue Richtung zu denken. Das zweite Beispiel wird »bewusstes Durchkauen« genannt. In dem Beispiel, das in dem hier erwähnten Aufsatz genannt wird, ist jemand zu einem Abendessen eingeladen worden. Das löst einen inneren Dialog aus, der mit der Frage beginnt, ob die Person die Einladung gern annehmen möchte, wie die Party wohl verlaufen wird, wer außerdem noch da sein wird und worüber man sprechen wird. Durch ein solches Gespräch mit uns selbst können wir herausfinden, wie wir uns in einer hypothetischen Situation fühlen würden, und »die Schritte eines Entscheidungsprozesses explizit machen«.[10]

Im Verlauf des Übergangs vom lauten privaten Sprechen zum stillen innerlichen Selbstgespräch nimmt unser Gehirn dieselben Signale auf wie vorher und verarbeitet sie auch auf ähnliche Weise. Untersuchungen der Gehirnwellen von Erwachsenen zeigen ähnliche Muster, egal, ob wir etwas hören oder als innerliches Selbstgespräch hervorbringen.[11] Bei Untersuchungen mit bildgebenden Verfahren zeigt sich auch ein deutlicher Unterschied, je nachdem, ob wir aktiv (also bewusst) oder passiv mit uns selbst sprechen. Der Unterschied betrifft die aktivierten Gehirnzonen.[12]

Ob wir nur einzelne Wörter zu uns selbst sagen oder ganze Gespräche führen – die Macht des Selbstgesprächs ist real und nachweisbar. Genau darum soll es im Rest dieses Kapitels gehen, wenn wir die wichtigsten Vorteile besprechen und Sie hoffentlich am Ende davon überzeugt sind, dass wir alle viel öfter mit uns selbst reden sollten. Von allen Dingen, die wir bisher in diesem Buch besprochen haben, dürfte das Selbstgespräch am leichtesten zu implementieren sein. Was Kleinkinder angeht, konzentrieren wir uns auf das private Sprechen, da sie die Fähigkeit zum innerlichen Selbstgespräch noch nicht besitzen. In Bezug auf Erwachsene wird von beiden Formen die Rede sein. Dabei gilt es zu beachten, dass es auch unbewusste Selbstgespräche gibt, die passieren, wenn wir über Dinge nachdenken. Doch in diesem Kapitel geht es ausschließlich um bewusste Selbstgespräche, in welcher Form auch immer.

## Sprich mit dir selbst, um Probleme besser zu lösen

Manchmal kann es eine ordentliche Herausforderung sein, an einem Wochenende mit Arya Schritt zu halten. Da wird herumgelaufen, gespielt, Fragen müssen beantwortet werden. Meistens bauen wir an einem solchen Tag etwas »Alleinzeit« ein – da kann sie für sich spielen, und ich kann mich ein paar Minuten ausruhen. Im Moment ist ihre Lieblingsbeschäftigung in dieser Zeit das Legen von Puzzles. Und obwohl sie sich in einem anderen Zimmer befindet, kann ich sie laut mit sich selbst reden hören. »Dreh das mal um«, »nicht so«, »das passt!«. Solche Bemerkungen höre ich ständig, während sie das Bild einer Koalabärenmutter zusammenbaut, die mit ihrem Baby kuschelt.

Wie ein Kleinkind, das ein Puzzle legt, so genießen auch wir unsere Arbeit umso mehr, je öfter wir Herausforderungen bestehen. Ohne Herausforderungen wird jeder Job langweilig. Trotzdem kann es schwierig sein, motiviert zu bleiben, um unsere Ziele zu erreichen. Doch es gibt wissenschaftlich nachgewiesene Möglichkeiten, unsere Motivation zu steigern. Wie wir im vorigen Kapitel gesehen haben, hilft es uns beim Durchhalten, wenn wir einen allmählichen Fortschritt bemerken.[13] Und eine der einfachsten Techniken, wie wir neu auftretende Probleme bearbeiten und uns dabei verbessern können, ist das Selbstgespräch.

Kleinkinder, die so sehr darauf angelegt sind, Neues zu lernen und zu meistern, haben die Kunst des Selbstgesprächs zur Perfektion entwickelt. Angesichts der vielen Stunden, die sie mit Selbstgesprächen verbringen, lohnt es sich, darauf zu achten, was für sie tatsächlich funktioniert.

Eine Studie der University of Queensland aus dem Jahr 2021 untersuchte detaillierter all die verschiedenen Arten von privatem Sprechen, die Kleinkinder einsetzen, wenn sie eine Aufgabe zu lösen haben. In dieser Studie sollten 71 Drei- bis Fünfjährige mit Legosteinen ein Haus oder einen Garten nachbauen. Die Mitglieder des Forschungsteams nahmen alles auf, was die Probanden zu sich selbst sagten, und stellten dabei fest, dass die Kleinkinder zu verschiedenen Gelegenheiten auch verschiedene Arten des Selbstgesprächs verwendeten. Zunächst planten sie laut, was sie tun würden, und motivierten sich selbst mit Bemerkungen wie »Okay, das kann ich«. Dann sprachen sie über ihre eigenen Leistungen, während sie an der Aufgabe arbeiteten, zum Beispiel: »Das habe ich nicht richtig gemacht.« Und am Schluss reflektierten sie das Ganze mit einem »Hurra, geschafft!« oder »Ich kann das nicht.« Und wie bei uns allen, wurde dazwischen vor sich hin geplappert, beispielsweise ein leises »Tschutschutschu«, während die Kinder das Haus oder den Garten bauten.

Bei der Analyse der gesprochenen Worte stellten die Forschenden zunächst fest, dass alle Kinder in irgendeiner Weise private Sprache verwendet hatten. Und sie sprachen viel! Bei Weitem am häufigsten kam dabei Feedback für die erreichten Leistungen vor. Im Schnitt sprachen die Kinder mehr als zwei

Mal pro Minute mit sich selbst über das, was sie geschafft hatten. Im Vergleich zwischen diesen Bemerkungen und der korrekten Bauweise stellten die Forschenden außerdem fest, dass es besser lief, wenn die Kinder einen Plan verbalisierten. Das umfasste »Analyse der Aufgabe, Ziele und Planung oder Bemerkungen zu Motivation«. Außerdem konnte man sehen, dass Kinder, die mehr für die eigentliche Aufgabe irrelevante Bemerkungen machten, beim Bauen schlechter abschnitten – was die Bedeutung relevanten privaten Sprechens weiter stützt.[14]

Wenn wir mit uns selbst über die Aufgaben sprechen, die wir vor uns haben, kann uns das helfen, die nächsten Schritte zu planen und auszuführen. Solange unser Selbstgespräch relevant für die Aufgabe ist, fokussiert es unsere Aufmerksamkeit und kann unsere Fortschritte sanft beschleunigen. Und wenn es darum geht, Leistung, Fortschritt und Motivation noch mehr zu fördern, spielen Freundlichkeit (Kapitel 2), Spiel (Kapitel 5) und Selbstgespräche wunderbar zusammen. Im Jahr 2016 führte der Entwicklungs- und Lernpsychologe Jeremy Sawyer von der City University of New York ein Experiment mit 38 Kindern im Alter von drei bis fünf Jahren durch, bei dem eine Spielzeugangel mit Magnet verwendet wurde. Mit dieser Angel konnten die Kinder Metallfische aus einem »Teich« angeln, der durch einen Hula-Hoop-Reifen abgegrenzt wurde. Einige Fische waren leicht zu fangen, andere etwas schwieriger, und bei einem Fisch ging es gar nicht – er rutschte jedes Mal von der Angel, wenn man versuchte, ihn herauszuziehen. Die Kinder wurden in zwei Gruppen aufgeteilt – eine spielerische und eine nicht-spielerische Gruppe. In der spielerischen Gruppe wurde den Kindern eine Puppenfamilie vorgestellt. Man erzählte ihnen, die Familie sei hungrig und sie müssten so viele Fische wie möglich fangen, damit alle zusammen essen konnten. In der nicht-spielerischen Gruppe wurde die Aufgabe als Arbeit eingeordnet, wobei die Kinder durch Sticker motiviert wurden. Sämtliche Äußerungen in privater Sprache wurden aufgezeichnet.

Bei der Auswertung wurde die Motivation als Kombination aus Leistung und Beharrlichkeit untersucht, und es zeigte sich, dass die Kinder in der spielerischen Gruppe besser abschnitten. Beim Fangen der Fische, die leicht oder etwas schwerer zu angeln waren, wurde in beiden Gruppen privates Sprechen eingesetzt, doch wenn es um den Fisch ging, der unmöglich zu fangen war, nutzten die Kinder in der spielerischen Gruppe das private Sprechen doppelt so oft. Sie waren sehr motiviert, den Fisch zu fangen, und nutzten aus diesem Grund mehr privates Sprechen. Und obwohl die ganze Aktion als Spiel dargestellt wurde, war auch die natürliche Freundlichkeit der Kinder ein Faktor. Man hört es, wenn sie zu sich selbst sagen: »Ich fange diese Fische, damit die Familie nicht hungrig sein muss.«[15]

Wenden wir uns nun den Erwachsenen zu und betrachten, wie uns Selbstgespräche helfen können, zu lernen und Probleme zu lösen. Zunächst müssen wir verstehen, dass Selbstgespräche ein normales Verhalten sind und dass wir gelegentlich laut mit uns selbst sprechen, ohne es überhaupt zu bemerken. Das gilt vor allem dann, wenn wir, wie es Kleinkindern ständig passiert, eine neue oder herausfordernde Aufgabe vor uns haben. In einer Studie der St. Francis Xavier University und der University of Waterloo bekamen 35 Studierende Computeraufgaben verschiedener Schwierigkeitsgrade vorgelegt. Sie wurden aufgenommen, während sie diese Aufgaben durcharbeiteten, und bei der Auswertung zeigte sich, dass jede und jeder Einzelne von ihnen während des Experiments private Sprache eingesetzt hatte. Wenn man die Teilnehmenden jedoch fragte, ob sie laut gesprochen hatten, verneinten dies 40 Prozent von ihnen. Übrigens konnte auch festgestellt werden, dass es mehr Selbstgespräche gab, wenn die Aufgaben schwierig waren. Das stützt die Vorstellung, dass Selbstgespräche besonders hilfreich sein können, wenn es ums Lernen oder schwierigere Aufgaben geht.[16]

Die nächste Studie, die wir uns ansehen wollen, untersuchte die Idee, dass Selbstgespräche bei schwierigen Aufgaben besonders nützlich sein können, noch detaillierter. Sie wurde in Spanien durchgeführt, und zwar mit 126 Erwachsenen, die an einem Alphabetisierungsprogramm teilnahmen. Alle Teilnehmenden wurden gebeten, einen Satz Karten durchzusortieren, was angesichts ihrer Lesefähigkeiten durchaus eine Herausforderung darstellte. Sie wussten, dass sie aufgenommen wurden, allerdings erzählte man ihnen eine ablenkende Geschichte über den Sinn der Kamera und verschwieg ihnen, dass es darum ging, ihre Selbstgespräche aufzuzeichnen. Außerdem waren andere Erwachsene zugegen, sie waren also nicht allein im Raum. Interessanterweise sprachen diese Erwachsenen in derselben Weise wie Kleinkinder mit sich selbst. Es ging dabei um Punkte, die für die Aufgabe relevant waren, beispielsweise: »Die kommt dahin«, oder motivierende Bemerkungen wie »Ich mache das gut«. Natürlich gab es auch irrelevante Bemerkungen wie »Heute bin ich mit dem Bus gefahren«. Und die Forschenden konnten auch subtilere Momente einfangen, in denen die Teilnehmenden zwar mit sich selbst sprachen, aber nicht so offenkundig – es handelte sich also um teilweise innerliches privates Sprechen. Bei der Auswertung stellten die Mitglieder der Forschungsgruppe fest, dass Personen, die vor einer Aktion innerliches, selbst-regulierendes oder ganz allgemein privates Sprechen einsetzten, besser mit der Aufgabe zurechtkamen und sie auch schneller lösen konnten.[17]

Und selbst wenn es keine besonders schwierige Aufgabe ist, an der Sie arbeiten: Privates Sprechen kann immer hilfreich sein. Manchmal wird es richtig stressig, wenn wir etwas verlegt haben, vor allem, wenn dieses Etwas unser Schlüsselbund ist und wir es eilig haben. Da habe ich gute Neuigkeiten für Sie: Selbstgespräche können beim visuellen Suchen helfen. In einer Reihe von Experimenten, die der Kognitionswissenschaftler und Psychologieprofessor Gary Lupyan an der University of Wisconsin-Madison durchführte, wurden 12 bis 26 Erwachsene aufgefordert, bestimmte Gegenstände zu suchen, die man ihnen im Bild gezeigt hatte. Um die Sache etwas schwieriger zu machen, gab es auch einige ablenkende Bilder, die dem eigentlich gesuchten Gegenstand ähnelten. In einigen Fällen bekamen die Teilnehmenden geschriebene Anleitungen darüber, was sie finden sollten, in anderen Fällen lautete die Anweisung, sie sollten den Namen des Gegenstandes bei der Suche vor sich hinsagen. Die Personen, die den Namen vor sich hinsagten, fanden die gesuchten Objekte schneller. Die Forschenden schrieben dazu: »Tatsächlich kann das Hören des Wortes ›Stuhl‹, verglichen mit bloßem Denken an einen Stuhl, das visuelle System zeitweise zu einem besseren ›Stuhl-Detektor‹ machen.«[18]

Ob wir laut mit uns selbst sprechen (privates Sprechen) oder stummes inneres Sprechen nutzen: beide Arten von bewusstem Selbstgespräch können uns helfen, zu lernen und selbst die schwierigsten Aufgaben zu meistern. Kleinkinder scheuen sich nicht davor, mit sich selbst zu sprechen, und daran sollten Sie sich ein Beispiel nehmen.

## Große Gefühle managen

Kleinkinder sind gleichbedeutend mit »großen Gefühlen«. Sie sind in jeder Hinsicht extrem. Leider zeigt sich das anderen Menschen gegenüber oft in Form von Wutanfällen. Ich will auch gar nicht abstreiten, dass diese kurzen Phasen von Zorn und Frustration sehr intensiv sind. Doch im Wesentlichen ist das Leben dieser Kinder von positiven großen Gefühlen bestimmt. Niemand sonst kann so glücklich sein wie ein Kleinkind, das einen Schmetterling beobachtet, kann so tiefe Zuneigung zu einem Haustier zeigen und so große Begeisterung fürs Lernen aufbringen. Im Laufe ihrer Entwicklung lernen Kleinkinder, ihr Verhalten in positiver Richtung zu mäßigen, wobei Selbstgespräche durchaus helfen können. Allerdings muss man auch sagen: Es ist gut, dass Kleinkinder ihren Zorn irgendwann weniger stark zum Ausdruck bringen, aber es ist auch traurig, dass die positiven großen Gefühle in ihrer Intensität ebenfalls nachlassen. Erwachsenen fällt es viel schwerer, allen möglichen anderen Menschen um den Hals zu fallen oder ihnen ein leidenschaftliches High-Five anzubieten – alles Dinge, die uns ganz natürlich vorkamen, als wir zwei Jahre alt waren. Doch wir alle können von einer Mäßigung unseres Verhaltens profitieren, und die Forschungsdaten und Techniken, die wir hier im Zusammenhang mit Selbstgesprächen betrachten, sind dazu unglaublich wirkungsvoll.

Im letzten Abschnitt haben wir spezifische Aspekte des privaten Sprechens von Kleinkindern besprochen, die beim Lösen von Aufgaben und beim Lernen helfen können: Aufgabenplanung, Zielsetzung, motivierendes Reden. Wir haben auch gesehen, dass es einen Unterschied zwischen relevantem und irrelevantem Reden gibt. Es wird formell als reif klassifiziert, wenn es relevant ist, und als unreif, wenn es für die jeweilige Aufgabe irrelevant ist. Reifes privates Sprechen fokussiert sich spezifisch auf die Aufgabe, das Ziel oder die Gefühle in Bezug auf die Aufgabe. Unreifes Sprechen ist einfach Geräusch, das Wiederholen von Wörtern oder Sätzen vollkommen abseits vom Thema.

In diesem Rahmen führten Forschungsteams von vier amerikanischen Universitäten eine Studie mit 160 Dreijährigen durch, die sie sechs Jahre lang bis zum Alter von neun Jahren begleiteten. Im Alter von drei Jahren ging es zunächst darum, privates Sprechen der Kleinkinder zu messen, während die Kinder ein Puzzle legten. Im Alter von vier Jahren ging es um die Impulskontrolle, die durch eine Reihe von drei Aufgaben gemessen wurde, darunter eine zum Thema Belohnungsaufschub. Bei dieser Aktivität saß das Kind mit dem Gesicht zur Wand, während das Mitglied des Forschungsteams ein Geschenk einpackte und dann das Zimmer verließ. Es wurde getestet, wie lange das Kind warten konnte, bis es das Geschenk anfasste. Im Alter von neun Jahren wurden dieselben Kinder auf ihre Regulation von Emotionen hin getestet. Dazu gab es einen Fragebogen, den die Mütter ausfüllten, und ein manipuliertes Spiel, bei dem die Kinder zehn Dollar hätten gewinnen können – was aber unmöglich gemacht wurde.

Wie von den Mitgliedern der Forschungsgruppe vorhergesagt, verfügten diejenigen Kinder, die im Alter von drei Jahren mehr reifes privates Sprechen zeigten, im Alter von vier Jahren über eine bessere Impulskontrolle und konnten im Alter von neun Jahren ihre Emotionen besser regulieren. Interessant sind auch die Ergebnisse einer Befragung der Mütter zum Thema Zornreaktionen, als die Kinder drei Jahre alt waren. Bei der Auswertung konnte festgestellt werden, dass Kinder mit stärkeren Zornreaktionen im späteren Leben besser auf privates Sprechen reagierten, um ihre Emotionen zu regulieren. Das deutet darauf hin, dass – ähnlich wie bei einer früheren Studie, die wir schon gesehen haben, privates Sprechen in schwierigen Situationen die stärkste Wirkung hat. Hier war die Wirkung bei extremen Emotionen besonders ausgeprägt.[19]

Emotionale Regulation durch Selbstgespräche ist auch bei Erwachsenen gut untersucht. Der bekannteste Wissenschaftler auf diesem Gebiet ist Ethan Kross, Professor und Leiter des Emotion & Self Control Lab an der University of Michigan. Er hat auch das faszinierende Buch *Chatter: The Voice in Our Head, Why It Matters, and How to Harness It* geschrieben.[20] Kross und sein Team konnten zeigen, welche Veränderungen sich in unserem Gehirn vollziehen, wenn wir Selbstgespräche führen, und wie wir diese Information zu unserem Vorteil nutzen können. Diese Techniken sind besonders nützlich, wenn wir in der zweiten oder dritten Person über uns selbst sprechen, uns also von uns selbst distanzieren.

Dieselbe Strategie haben wir schon im vorigen Kapitel besprochen, als es um die Identifikation mit Superhelden ging. Doch bevor wir auf ein paar praktische Möglichkeiten schauen, wie uns Selbstgespräche bei der Arbeit helfen können, wollen wir das Thema zunächst mit zwei wichtigen Studien unterfüttern, bei denen bildgebende Verfahren genutzt wurden, die zeigen, wie unser Gehirn Selbstgespräche auf unterschiedliche Weise verarbeitet.

In der ersten Studie benutzten Kross und sein Team fMRT und Ereigniskorrelierte Potenziale (ERPs), also letztlich Gehirnwellen, um zu sehen, wie ein Selbstgespräch, bei dem wir in der dritten Person von uns reden, unsere Gehirnaktivität bei negativen Emotionen verändert. Die Teilnehmenden waren 29 Studierende, die in zwei Gruppen (erste Person und dritte Person) aufgeteilt wurden. Zunächst zeigte man ihnen abstoßende Bilder, die dazu dienen sollten, emotionale Reaktionen auszulösen – beispielsweise ein wild aussehender Hund, der die Zähne fletscht, um Furcht auszulösen.[21] Dann sollten sich die Probanden eine unterschiedlich formulierte Frage stellen, je nachdem, zu welcher Gruppe sie gehörten: »Was fühle ich gerade?« bzw. »Was fühlt xy gerade?« Bei der Auswertung der Gehirnwellen zeigte sich eine schwächere emotionale Reaktivität, wenn die Frage in der dritten Person gestellt wurde. Die Forschenden führten dann ein Folgeexperiment durch, bei dem die Probanden gebeten wurden, sich an negative Ereignisse zu erinnern, die ihnen passiert waren. Bei der Auswertung einer Frageprozedur, die der im ersten Experiment ähnelte, zeigten sich ähnliche Ergebnisse wie zuvor. Die Mitglieder der Forschungsgruppe schlossen daraus, dass »Selbstgespräche in der dritten Person eine relativ mühelose Form der Selbstkontrolle darstellen«.[22] Mit anderen Worten: Wenn wir in der dritten Person mit uns selbst sprechen, können wir eventuell auftretende große Gefühle abschwächen und besser kontrollieren.

Die zweite Studie untersuchte, wie wir Kritik äußern und verarbeiten. Dabei bat man 55 erwachsene Teilnehmenden, sich in die Rolle eines Mentors zu versetzen, der auf einen Vortrag des Mentees Feedback geben sollte. Sie sollten dazu entweder ihren Namen und das Pronomen »du« verwenden, wenn sie über ihre Emotionen und ihre Einschätzung reflektierten, oder in der ersten Person, also »Ich« darüber sprechen. Anschließend wurde ihnen ein EEG angelegt, um die Aktivität des Gehirns zu messen, und beim Ansehen des Vortrags sollten sie an verschiedenen Stellen einen Button drücken, der Daumen hoch oder Daumen runter signalisierte. Am Ende fand noch ein verbales Feedback für den Mentee statt, das aufgezeichnet wurde. Die Videos wurden später von unabhängigen Personen bewertet, wobei es darum ging, wie positiv, warm und hilfreich das Feedback wirkte. Ähnlich wie in der ersten hier beschriebenen Studie kam es zu einer geringeren Aktivität in Gehirnregionen, die für die selbstreferenzielle Verarbeitung zuständig waren, wenn die Teilnehmer in der zweiten Person von sich sprachen. Und was noch wichtiger war: Diese Technik der Selbstdistanzierung führte zu Feedbacks, die positiver, wärmer und hilfreicher wirkten.[23]

Diese Studien sind wichtig, weil das Denken an negative Erfahrungen in unserem Kopf sehr viel Raum einnehmen kann. Fragen wie »Warum hat meine Kollegin das gesagt?« oder »Warum bin ich nicht befördert worden?« spielen in unserem Denken eine große Rolle. Wir können die Last solcher Gedanken verringern, indem wir einfach daran denken und mit uns in der zweiten oder dritten Person darüber sprechen. Auch in Feedbacksituationen, wie sie im Job häufig entstehen, kann ein solches Reframing uns helfen, egal, ob wir Feedback geben oder empfangen.

Nachdem wir nun gesehen haben, dass ein solcher Perspektivwechsel die Aktivität unserer Gehirnwellen verändern kann, sollten wir uns einer größeren Studie zuwenden, um weitere Beispiele für diese starke Wirkung zu sehen, auch wenn die Teilnehmenden dabei nicht an Elektroden hingen oder ins MRT geschoben wurden. Es gibt dazu nämlich eine Studie von Kross und seinem Team aus dem Jahr 2014, bei der untersucht wurde, wie wir sozialen Stress besser managen – einschließlich der Sorge über künftige Ereignisse. An diesem Projekt, das sieben Einzelstudien umfasste, nahmen annähernd 600 Erwachsene teil. Auch hier wurde beobachtet, ob es einen Unterschied zwischen der Benutzung der ersten Person einerseits und der zweiten und dritten Person andererseits gab. Die Studien sind deshalb so faszinierend, weil sie potenziell stressige Situationen umfassten, denen wir im Alltag begegnen. In einer dieser Einzelstudien ging es um den ersten Eindruck beim Kennenlernen eines Menschen, in einer anderen ging es um das Sprechen vor Publikum. Hier einige Essays von Teilnehmenden, die im Anschluss an die Aufgabe geschrieben wurden und zeigen, wie verschieden sie sich fühlten, als man sie bat, einen Vortrag zu halten.

**Beispiel-Essay erste Person**
*Ich kann in drei Minuten keinen Vortrag ausarbeiten. Ich brauche Tage, um meine Stärken, Schwächen etc. zu bedenken. Ich muss meinen Vortrag aufschreiben und perfektionieren, deshalb wird das hier nicht funktionieren.*

**Beispiel-Essay nicht-erste Person**
*Zunächst fragte ich mich, warum ich so nervös bin? Es ist ja nicht so, als wäre dies das erste Interview oder der erste Vortrag in meinem Leben. Und selbst wenn es nicht perfekt läuft, ist das kein Weltuntergang. Ich suche mir vor allem vergewissernde, tröstende Gedanken, um mich zu motivieren und mir Mut zu machen.*

In all diesen Studien stellten die Autorinnen fest, dass einfache »kleine Verschiebungen« der Sprache die Fähigkeit einer Person beeinflussten, ihre Gedanken und Gefühle wie auch ihr Verhalten in sozialen Situationen zu regulieren. Wichtig ist, dass diese Studien auch darauf achteten, ob die Probanden soziale Ängste hatten, und feststellten, dass der Nutzen bei Personen mit und ohne soziale Ängste gleichermaßen stark war.[24]

Selbstgespräche in der zweiten oder dritten Person sind eine einfache Weise, Angst auslösende Situationen zu bewältigen. Das geht laut oder still, solange es bewusst und ohne Pronomen der ersten Person geschieht. Es gibt auch noch andere Strategien, die helfen, Angst zu überwinden – darüber sprechen wir am Ende des Kapitels.

## Wie Selbstgespräche Ernährung, Schlaf und Bewegung verbessern können

Bisher haben wir in diesem Kapitel darüber gesprochen, dass und auf welche Weise Selbstgespräche hilfreich in alltäglichen Arbeitssituationen sein können, indem sie die Fähigkeit zur Problemlösung fördern und Ängste abmildern, z. B. wenn es darum geht, vor großem Publikum eine Präsentation zu halten. Doch die Vorteile des Selbstgesprächs sind damit noch lange nicht zu Ende. Da es so einfach in den Alltag zu integrieren ist, wurde es auch in Bezug auf eine breite Vielfalt von Szenarien untersucht, immer mit positiven Ergebnissen. Am Anfang dieses Buches haben wir über die Grundlagen besserer Gesundheit und eines verbesserten Wohlbefindens gesprochen: gute Ernährung, Bewegung und Schlaf. Denken wir also für einen Moment zurück zu Kapitel 1 und sprechen darüber, wie Selbstgespräche in allen drei Bereichen positiv wirken können.

In Kapitel 1 haben wir über die bemerkenswerte Fähigkeit kleiner Kinder gesprochen, mit dem Essen aufzuhören, wenn sie satt sind, und kalorienreichen Nahrungsmitteln zu widerstehen, solange man den Zugang zu diesen Nahrungsmitteln nicht beschränkt. Doch weil wir uns als Erwachsene so weit von dieser Praxis entfernt haben, brauchen wir unter Umständen einen kleinen Anschub, damit wir zurückfinden auf den Weg der Kleinkinder zur gesunden Ernährung. Die Fähigkeit, durch Selbstgespräche zu gesünderen Entscheidungen zu kommen, wurde in einer Studie getestet, die Kross und sein Team in Zusammenarbeit mit dem Psychologischen Institut der University of Minnesota durchführten. Sie stellten sich die Frage, welche Nahrungsmittel Erwachsene wählen würden, wenn man sie vor die Entscheidung zwischen einer gesunden und einer ungesunden Option stellte. Vor dem eigentlichen Test wurde abgefragt, ob die Teilnehmenden aktuell eine Diät machten. Im Zusammenhang mit ihrer Entscheidung sollten sie ein Selbstgespräch führen, wobei die eine Gruppe sich die Frage stellte, »Was möchte ich?«, und die andere Gruppe »Was möchte xy?« Außerdem bekam die eine Hälfte der Teilnehmenden einen gesundheitsbezogenen Film zu sehen, die andere Hälfte als Kontrollgruppe ein Video über die Verschönerung einer Wohnung. Mehr als 200 Erwachsene nahmen an der Studie teil. Interessant war zunächst, dass diejenigen, die gerade Diät hielten, am meisten von der Kombination aus distanziertem Selbstgespräch und Gesundheitsvideo profitierten. Diejenigen, die keine Diät hielten, trafen eine gesündere Entscheidung, wenn sie vorher ein distanziertes Selbstgespräch geführt hatten, unabhängig von der Frage, ob sie das Gesundheitsvideo gesehen hatten oder nicht.[25]

Sprechen wir also über Bewegung. Es gibt unglaublich viel Forschungsliteratur mit dem Ergebnis, dass Selbstgespräche zu besseren sportlichen Leistungen führen können, und zwar sowohl beim Einzel- als auch beim Mannschaftssport.

Forschende aus Griechenland haben eine faszinierende Studie veröffentlicht, an der sechzig junge Männer teilnahmen, die auf einen Basketballkorb warfen. Sie wurden in drei Gruppen aufgeteilt und bekamen die Aufgabe, von bestimmten Punkten auf dem Platz in drei Minuten so viele Bälle wie möglich in den Korb zu bekommen. Eine Gruppe tat dies ohne weitere Instruktionen, die zweite sollte vor jedem Wurf das Wort »Relax« wiederholen, bei der dritten Gruppe war es das [englische] Wort »fast« – also »schnell«. Die Relax-Gruppe kam zu besseren Ergebnissen als die Kontrollgruppe, die »Fast«-Gruppe nicht. Selbst solche Einzelwörter können bei einem Selbstgespräch im richtigen Kontext also helfen. Und das Schöne ist: Sie können mit verschiedenen Wörtern experimentieren und ausprobieren, was für Sie funktioniert.

Ähnliche Effekte zeigten sich in vielen Studien zu verschiedenen Sportarten, darunter Tennis[26] und Rugby.[27] Gerade deshalb lohnt es sich, die Daten einer Metastudie zu betrachten, die mehrere Einzelstudien gemeinsam in den Blick nimmt. Eine solche Metastudie wurde von der Universität Thessaloniki in Griechenland durchgeführt. Dazu wurden 32 Einzelstudien kombiniert, die allesamt Selbstgespräche im Sport untersucht hatten. Bei dieser großen Zahl von Studien konnten die Autoren die Daten weiter herunterbrechen und nach Fertigkeiten aufteilen in solche, die eher die Feinmotorik betreffen (z. B. Darts oder Golf-Putting) oder eher auf Kraft, Ausdauer und Grobmotorik setzen (Radfahren, Langstreckenlauf). Außerdem konnten sie verschiedene Formen des Selbstgesprächs analysieren, nämlich motivierende und instruierende Formen. Motivierende Selbstgespräche zielen darauf ab, eine positive Stimmung zu erzeugen und das Selbstvertrauen aufzubauen. Das passiert mit Bemerkungen wie »Auf geht's!« oder »Ich kann es schaffen!« Instruierende Selbstgespräche richten die Aufmerksamkeit auf spezifische Aufgaben oder Strategien. Dazu sind Bemerkungen wie »Schau auf das Ziel!« oder »Ellbogen hoch!« nützlich.

Unter den Teilnehmenden der Einzelstudien waren Anfänger und erfahrene Sportlerinnen gleichermaßen, die Ergebnisse sind also auf jedes Level anwendbar. Es zeigte sich, dass Selbstgespräche im Allgemeinen einen positiven Effekt auf jede Art von Sportausübung haben. Feinmotorisch bestimmte Sportarten profitierten mehr davon als grobmotorische, relativ neue Fertigkeiten mehr als gut trainierte. Bei feinmotorischen Fertigkeiten zählte sogar die Art des Selbstgesprächs: instruierende Selbstgespräche waren effektiver als motivierende.[28]

Im Sport und in Bezug auf Bewegung im Allgemeinen sind Selbstgespräche die einfachste Methode, die Sie anwenden können. Das gilt vor allem für neue Fertigkeiten, wenn Sie also jemals eine neue Sportart ausprobieren wollen, können Selbstgespräche sehr hilfreich sein. Sie werden damit nicht automatisch zum Profi,[29] aber der Kreislauf von Verbesserung und Motivation bleibt in Gang. Sie werden den Sport mehr genießen und Ihre körperliche Gesundheit durch Bewegung verbessern.

Sprechen wir also noch über den Schlaf und einige spezifische, mit Selbstgesprächen verbundene Strategien, wenn kreisende Gedanken Sie vom Schlafen abhalten. Sie haben das vielleicht schon mal selbst bemerkt: Manchmal fällt das Einschlafen schwer, weil Sie sich Sorgen machen, zum Beispiel über ein künftiges Ereignis, oder weil Sie immer wieder über Probleme oder Ereignisse grübeln (eine Art Wiederkäuen), die bereits geschehen sind, ohne dass Sie sie kontrollieren konnten. Beide Faktoren jeweils für sich genommen sorgen für Schlafstörungen, wie eine Studie mit fast 500 erwachsenen Teilnehmenden zeigte.[30]

Sorgen und Grübeln können sehr belastend sein und zu Problemen führen, die weit über Schlafstörungen hinausgehen. Ethan Kross hat in seinem Buch *Chatter* ein paar praktische Vorschläge gemacht, die nützlich sein können, wenn Sie diese Probleme haben. Letztlich können diese Vorschläge auf jedes Szenario übertragen werden, helfen aber besonders gut bei Schlafproblemen, die durch Sorgen und Grübeln hervorgerufen werden. Zunächst einmal können Sie sich vorstellen, einem Freund oder einer Freundin einen Rat zu geben. Nehmen Sie an, die Freundin hätte dasselbe Problem wie Sie, und denken Sie darüber nach, welchen Rat Sie dieser Person geben würden. Dann können Sie auch versuchen, die Erfahrung als besondere Herausforderung zu werten. Vielleicht könnten Sie sich auch sagen, wie Sie früher in einer ähnlichen Situation zum Erfolg gekommen sind. Und der dritte Vorschlag, über den wir bereits hier und da gesprochen haben, betrifft distanzierte Selbstgespräche. Ein Gespräch, bei dem Sie in der zweiten oder dritten Person von sich selbst reden und Ihren eigenen Namen aussprechen, hemmt die Aktivität jener Gehirnregionen, die mit Grübeln in Verbindung stehen.[31]

Kleinkinder sind unglaublich klug und auf das Funktionieren ihrer eigenen Gedanken eingestellt. Sie wissen, dass sie bessere

Leistungen bringen, wenn sie Selbstgespräche führen, und genau deshalb tun sie es ständig. Dabei ist ihnen vollkommen egal, ob andere Leute sie hören können – tatsächlich gibt es sogar Daten, die den Schluss nahelegen, dass bestimmte Arten des privaten Sprechens eher häufiger vorkommen, wenn andere dabei sind.[32]

In einer Studie wurden Kinder im Alter von drei bis fünf Jahren über ihren Einsatz des privaten Sprechens befragt. Sie bewerteten es als hilfreich und erklärten, es mache die Aufgabe leichter und helfe ihnen, schneller damit fertig zu werden.[33] Sie setzen das Selbstgespräch also strategisch ein, wenn sie mit schwierigen Problemen zu tun haben oder etwas Neues lernen, und sie fahren es zurück, wenn sie es nicht so viel brauchen, zum Beispiel beim Spielen.[34]

Im Unterschied zu Erwachsenen machen sie sich auch nicht selbst fertig oder engagieren sich in negativen Selbstgesprächen. Wenn Erwachsene mit einer schwierigen Aufgabe zu tun haben und keine Lösung finden, fokussieren sich ihre Selbstgespräche allzu oft auf ihre eigene Inkompetenz oder die Schwierigkeit der Aufgabe als solche. Kleinkinder gehen da anders vor. Sie bringen negative Gefühle auf neutrale, unspezifische Art zum Ausdruck, ohne jemandem Vorwürfe zu machen: »Oh nein! Was für ein Mist!« Und dann machen sie weiter.[35]

Wie auch immer: Selbstgespräche sind auch bei Erwachsenen unglaublich wirkungsvoll. Sie sind gut fürs Gedächtnis, für das Selbstvertrauen, die Motivation, die Fähigkeit zur Problemlösung und zur Abmilderung negativer Gefühle.[36, 37] Wenn wir für unsere Selbstgespräche die Perspektive der zweiten oder dritten Person einnehmen, hilft uns das beim Reframing und macht es leichter, Situationen objektiv anzuschauen, statt sie mit all den emotionalen Vorbehalten zu überfrachten, die wir ständig mit uns herumschleppen.[38] Und über Problemlösung und Regulierung von Emotionen hinaus können uns Selbstgespräche dabei helfen, uns auf grundlegende, mit unserem persönlichen Wohlbefinden verbundene Ziele auszurichten, wie eine gesündere Ernährung. In unserer Kindheit fiel uns das alles einfach so zu. Jetzt kommt es uns vielleicht ein bisschen peinlich vor. Doch wenn wir uns dazu bewegen können, häufiger Selbstgespräche zu führen, wirkt sich das in fast jedem Bereich unseres Lebens positiv aus.

### Von Kleinkindern lernen
#### 8. Regel:
*Es ist vollkommen normal,*
*wenn Sie Selbstgespräche führen.*

- Wahrscheinlich tun Sie es ohnehin manchmal, ohne es zu bemerken. Tun Sie es bewusster!
- Bei richtig komplizierten Problemen fokussieren Sie sich darauf, Ihre Selbstgespräche mit Blick auf Ihre Ziele zu führen und auf das, was Sie als Nächstes tun müssen, um diese Ziele zu erreichen. Es schadet nie, sich zwischendurch selbst Mut zu machen.
- Versuchen Sie, sich auf relevante Selbstgespräche in Bezug auf die Aufgabe zu fokussieren, statt das irrelevante »Tschutschutschu« in Ihrem Kopf laut werden zu lassen.
- Wenn Sie negative große Gefühle empfinden, verwenden Sie die Perspektive der zweiten oder dritten Person, um diese Gefühle und die Situation objektiv zu betrachten und wieder unter Ihre Kontrolle zu bringen. Positive große Gefühle sind immer okay.
- Nutzen Sie Selbstgespräche, um sich einen kleinen Schubser in Richtung grundlegender Ziele und allgemeines Wohlbefinden zu geben. Dabei geht es um gesünderes Essen, besseren Schlaf und mehr Bewegung.

# 9

# Fragen und Nein sagen

*»Nein, ich mag nicht ...«*

Im vorigen Kapitel haben wir gesehen, was wir von den Selbstgesprächen der Kleinkinder lernen können. Es zeigt sich, dass ähnlich wertvolle Lerneffekte entstehen, wenn wir darauf achten, was Kleinkinder zu anderen Menschen sagen. Es stimmt, dass sie manchmal niedliche Sachen sagen. Aber sie sagen eben auch wichtige Dinge. Ihre Selbstgewissheit erlaubt ihnen, ganz genau das zu sagen, was sie denken und fühlen, ohne all die Filter, die wir als Erwachsene dazwischenschieben. Das hilft ihnen auf vielfältige Weise, vor allem aber beim Lernen und in Sachen Autonomie. Würden wir nicht alle die Dinge um uns herum besser verstehen und mehr Kontrolle über unser Leben gewinnen? Kleinkinder wissen das und können uns mit ihrem Beispiel helfen.

Ein Gespräch mit einem Kleinkind unterscheidet sich sehr von dem mit einem Erwachsenen und macht im Allgemeinen wesentlich mehr Spaß. Neben all den Scherzen und Albernheiten wird man fast immer zu irgendeiner Aktivität aufgefordert. Kleinkinder neigen nicht dazu, herumzusitzen und lange Gespräche zu führen. Wie schon früher erwähnt, beschäftigen sie sich gern und möchten am liebsten immer körperlich aktiv sein oder spielen. Und was auch immer Sie tun oder wo Sie sind, Sie werden mit Sicherheit ständig mit Fragen bombardiert. In ihrem unablässigen Drang, Neues zu lernen, genießen Kleinkinder es geradezu, eine Flut von Fragen auf jemanden loszulassen, der so viel mehr über die Welt weiß und ihnen alles erklären kann. Und das sind nicht immer einfache Fragen. Sobald die erste beantwortet ist, dringen sie immer tiefer mit ihrem »Warum«, bis wir anfangen, die Dinge selbst in Frage zu stellen.

Wenn man den Spieß umdreht und die Kinder fragt, wie Dinge funktionieren, kann es zu einer der zwei Möglichkeiten kommen: Entweder haben sie eine echte Erklärung zu bieten, in der ein Einhorn oder ein anderes Tier vorkommt. Oder sie geben bereitwillig zu, dass sie es nicht wissen. Sie verstehen ganz klar, wenn sie etwas nicht wissen, und schämen sich nicht dafür. Deshalb respektieren sie auch Erwachsene, die zugeben, wenn sie eine bestimmte Information nicht liefern können. Die Forschung zeigt, dass Vierjährige ganz klar unterscheiden können zwischen einer Person, die viel weiß, aber zugibt, dass sie etwas Bestimmtes nicht weiß, und anderen, die unzuverlässig sind, weil sie die Unwahrheit sagen. Kinder respektieren ein »Ich weiß es nicht« und werden die Person, die so etwas sagt, auch künftig mit ihren Fragen löchern.[1]

So ein Gespräch, das aus Fragen und Antworten besteht, kann fröhlich dahinfließen, bis man das Kind bittet, etwas zu tun, was es nicht will. Wow! Das ist ein garantierter Gesprächskiller. Kleinkinder stehen mit Recht in dem Ruf, ein starkes, kraftvolles »Nein!« in den Raum stellen zu können. Da bittet man sie um etwas ganz Harmloses – ein Bad zu nehmen oder sich eine Hose anzuziehen, beispielsweise – und dann schauen sie einem geradewegs in die Augen und schnauzen »Nein!«, so fest, wie man es sich nur vorstellen kann. Das kann für die Erwachsenen im Leben dieser Kinder, die unbedingt dafür sorgen müssen, dass die Kinder etwas Bestimmtes tun, ein echtes Problem sein. Doch es ist auch bewundernswert. Die meisten von uns haben diese Fähigkeit irgendwann verloren, und der Preis sind Überlastung und Stress.

In diesem Kapitel werden wir uns diese beiden wichtigen Fähigkeiten im Gespräch ansehen, die alle Kleinkinder besitzen: Fragen stellen und Nein sagen.

In beiden Fällen werden wir erst darüber sprechen, warum Kleinkinder sie anwenden und welchen Gewinn sie davon haben. Danach werden wir uns ansehen, warum wir als Erwachsene im Gespräch so selten darauf zurückgreifen, und klären, was wir dabei verlieren. Und schließlich werden wir sehen, wie unser Wohlbefinden von einfachen Dingen, z. B. Smalltalk und dem Wechsel von »ich kann nicht …« zu »ich werde nicht …« profitieren kann.

## Ein kleiner Sokrates

Sobald Kinder sprechen und Worte bzw. Sätze bilden können, stellen sie endlos Fragen. Es ist faszinierend und macht Spaß, Empfänger all dieser Fragen zu sein, denn dabei gewinnen wir Einsicht in ihren kleinen, aber kraftvollen Kopf. Sie bringen uns zum Denken, wie es normalerweise nur hochspezialisierte Profis oder Psychotherapeutinnen können, und beweisen damit eine Weisheit, die weit über ihre jungen Jahre hinausgeht.

Ende des 19. Jahrhunderts hat der Psychologieprofessor James Sully von der University of London ein Buch mit dem Titel *Studies of Childhood* veröffentlicht. Darin zitiert er ausführlich aus dem Tagebuch seines Vaters, der seine Beobachtungen über das Aufwachsen des Sohnes aufgezeichnet hat. Und wie nicht anders zu erwarten, enthalten diese Aufzeichnungen jede Menge Fragen. Im Alter von vier Jahren fragte der kleine Junge zum Beispiel: »Wo war ich, bevor ich geboren wurde?« Mit fünf Jahren: »Wie kann das sein, Papa, dass wir kein Loch ins Wasser machen, wenn wir die Hand hineinstecken?« Der Junge versuchte ständig, der Wahrheit auf die Spur zu kommen, und befragte dazu seinen Vater. Mit Logik und einer Reihe von Folgefragen forderte er seinen Vater heraus und brachte ihn dazu, weiter zu denken. Wie Sully es formuliert: Der kleine Junge fragte »sehr in der Art von Sokrates«.[2]

Um das Frageverhalten von Kleinkindern besser zu verstehen, haben sich Forschende in jüngerer Zeit auf das Child Language Data Exchange System (CHILDES) fokussiert. Es existiert seit 1984 und enthält Abschriften von Unterhaltungen mit Kindern bereits aus den 1960er Jahren. Inzwischen gibt es Daten in 26 Sprachen. Derzeit wird das Archiv an der Carnegie Mellon University geführt; es ist öffentlich zugänglich.[3] Aus diesem Datenbestand hat ein Forschungsteam vier Kinder im Alter von ein bis fünf Jahren ausgewählt und die Tonaufnahmen analysiert, die über mehrere Jahre hinweg bei den Kindern zu Hause angefertigt wurden und ein unglaublich reichhaltiges Material bieten. Die Analyse umfasste mehr als 200 Gesprächsstunden, und während dieser Zeit stellten die Kleinkinder erstaunliche 24 741 Fragen, also 107 Fragen pro Kind und Stunde im Gespräch mit einem Erwachsenen.

Die Forschenden gingen dann tiefer und untersuchten die Art der Fragen. Im Gegensatz zu einem weiteren Missverständnis über Kleinkinder, das behauptet, sie würden nach Aufmerksamkeit gieren, standen nur 6 Prozent der Fragen in diesem Zusammenhang. Bei der überwältigenden Mehrheit, 80 Prozent, ging es entweder um die Suche nach Informationen oder um Klarstellungen. Die Kinder fragten auch nach anderen Dingen, nach Spielen oder um Erlaubnis, irgendetwas zu tun, doch ihr Streben war ganz klar aufs Lernen ausgerichtet. Interessanterweise waren 4 Prozent der Fragen so verblüffend, dass sie von dem Forschungsteam nicht eingeordnet werden konnten. Und nur 1 Prozent richtete sich an ein anderes Kind oder ein Tier, was darauf hindeutet, dass die Kinder wissen, von ihrem Hund oder Geschwisterkind werden sie kaum erfahren, wie die Sonne funktioniert. Doch gelegentlich ist es durchaus wichtig, dem Haustier Fragen zu stellen. Anders als Erwachsene, die oft nur plaudern (wogegen gar nichts zu sagen ist, zu diesem Punkt kommen wir noch), nutzen Kleinkinder die Mehrheit ihrer Fragen, um Informationen zu sammeln und zu lernen.

Um absolut sicher zu gehen, dass die Kinder nicht nur die Aufmerksamkeit des Erwachsenen suchten oder einfach Spaß am Gespräch hatten, gingen die Forschenden noch einen Schritt weiter und analysierten, was die Kinder mit der erhaltenen Information anfingen. Einfach gesagt: Die Kinder bekamen entweder die Information, nach der sie gefragt hatten, oder sie bekamen sie nicht. Im negativen Fall war die Wahrscheinlichkeit hoch, dass sie die Frage wiederholten. Und so mühsam dieses ständige Wiederholen von Fragen für den Empfänger auch sein kann, die Studie zeigte, dass die Kinder die Frage ad acta legten, sobald sie die gewünschte Information bekommen hatten.[4]

Fragen dienen für Kleinkinder hauptsächlich der Sammlung von Informationen, doch sie sind auch wichtig für die soziale und sprachliche Entwicklung. Wir sehen das bei Kindern im autistischen Spektrum, denen es schwerfällt, auf andere zuzugehen, und die in sozialen Situationen in der Regel keine Fragen stellen. Die Forschung zeigt, dass sich die sprachlichen Fähigkeiten dieser Kinder verbessern, wenn man sie dazu bringen kann, mehr Fragen zu stellen.[5]

Angesichts der Zahl von 107 Fragen pro Stunde dürfte klar sein, dass Kleinkinder die Fragerei lieben. Wie wir in diesem Buch immer wieder gesehen haben, sind sie hochmotiviert, zu lernen, und wenn man dafür viele Fragen stellen muss, dann tun sie das. Wieder einmal zeigt sich hier ihre Beharrlichkeit. Sie machen immer weiter und wiederholen ihre Frage, bis sie die Antwort bekommen, die sie brauchen. Fragen zu stellen ist eine wichtige Fertigkeit, und Erwachsene zögern oft, sie anzuwenden. Dabei sind Fragen sowohl für die Beschaffung von Informationen wichtig als auch für den Aufbau von Beziehungen. In den nächsten Abschnitten werden wir sehen, wie sich Wissen und Beziehungen verbessern lassen, wenn wir mehr Fragen stellen.

## Wir sind fragescheu

Nach Jahrzehnten gelebter Erfahrung ergibt es durchaus Sinn, dass wir als Erwachsene weniger als hundert Fragen pro Stunde stellen, auch wenn wir noch viel zu lernen haben. Das Problem ist aber nicht, dass wir diese Anzahl von Fragen nicht leicht generieren könnten, es ist unser Zögern, sie tatsächlich zu stellen. Wir wissen um den Nutzen von Fragen, vor allem, wenn wir Wissen erwerben wollen, das wir brauchen, oder wenn wir Hilfe benötigen. Doch die meisten von uns zögern trotzdem, im Gegensatz zu Kleinkindern. Das gilt vor allem am Arbeitsplatz, wo wir trotz objektivem Erfolg Zweifel an unseren Fähigkeiten haben könnten – ein Phänomen, das sich »Hochstapler-Syndrom« (engl.: Impostor Syndrome) nennt. Es ist quer durch alle Altersgruppen und Settings weit verbreitet, auch an Schulen, Universitäten, bei Hochschulabsolventen und -angehörigen, selbst bei Ärztinnen. Angehörige ethnischer Minderheiten leiden häufiger darunter, und es wird mit schlechteren beruflichen Leistungen und Burnout in Verbindung gebracht.[6]

Weil wir unsere eigenen Fähigkeiten anzweifeln oder uns Sorgen darüber machen, wie unsere Kolleginnen und Kollegen uns wahrnehmen könnten, wenn wir bestimmte Fragen stellen, tun wir es seltener. Im Jahr 2020 befragten zwei Forschende aus Großbritannien und Frankreich 281 Absolventen einer hochrangigen Business School zu ihrem Frageverhalten am Arbeitsplatz. Mehr als 80 Prozent erklärten, dass Fragen eine gute Möglichkeit sind, Input von Untergebenen zu bekommen und eine gewisse Bescheidenheit zu demonstrieren, doch nur 29 Prozent gaben an, dass sie bei jeder Gelegenheit Fragen stellen.[7]

Die Sorgen über die Außenwahrnehmung, die zu diesem Zögern führen, sind aber übertrieben. Die Forschenden der eben erwähnten Studie rekrutierten in der Folge Hunderte von amerikanischen Erwachsenen für eine Reihe von vier weiteren Experimenten. Die Testpersonen bekamen online Szenarien zu lesen, in denen ein fiktionaler CEO oder VP eine E-Mail mit Fragen schickte. In den Texten wurde die Beschreibung der Führungsperson modifiziert; die Person bekam höhere oder niedrigere Qualifikationen zugeschrieben, in manchen Fällen gab sie offen zu, dass sie die Frage selbst nicht beantworten konnte, und auch die Reputation der Person wurde verändert – handelt es sich um jemanden, der Fehler zugibt, oder nicht?

Quer durch alle Einzelstudien stellte das Forschungsteam fest, dass nur in dem Szenario, in dem die Führungsperson eine schwache Qualifikation hatte, durch die Fragen der Eindruck entstand, sie sei weniger kompetent. In allen anderen Szenarien war das nicht der Fall. Im Übrigen wurden diese Abzüge bei der Kompetenz durch Zugewinne bei der Bescheidenheit ausgeglichen. Wer Fragen stellt, wer Bescheidenheit und Nachdenklichkeit demonstriert, gut zuhören kann, bereit ist, Fehler zuzugeben, und Fürsorge an den Tag legt, zeigt Demut. Damit wurden nicht nur Zweifel an der Kompetenz ausgeglichen, sondern es gab auch einen positiven Effekt in Bezug auf Vertrauen und Hilfsbereitschaft, selbst über die bloße Beantwortung der Fragen hinaus.[8]

Ein anderes Thema, das zum Mangel an Fragen beiträgt, ist die Tatsache, dass die meisten von uns bestimmte Fragen für zu sensibel halten. Das kann durchaus der Fall sein; so sollte man Frauen außerhalb eines medizinischen Settings nie nach einer möglichen Schwangerschaft fragen.[9] Doch wir überschätzen generell die negative Wahrnehmung, die durch zu intime Fragen aufkommen könnte. In einer faszinierenden Studie aus dem Jahr 2021 wurden die Teilnehmenden dazu aufgefordert, Fremden und Bekannten Fragen zu sensiblen Themen zu stellen. Das Forschungsteam wollte zunächst herausfinden, ob die Teilnehmenden das überhaupt tun würden, und untersuchte dann, wie beide Seiten diese Fragen empfanden. Mehr als hundert Erwachsene wurden für dieses Experiment gewonnen. Sie brachten entweder einen Freund bzw. eine Freundin mit ins Labor, oder sie wurden mit einem zufällig ausgewählten Fremden zusammengespannt. Vor Beginn der Gespräche wurden einige Fragen gestellt, darunter auch, welche Reaktion der befragten Person sie erwarteten. Dann bekamen sie eine Liste mit fünf Fragen zu sensiblen Themen, beispielsweise: »Haben Sie schon einmal versucht, die E-Mails oder Textnachrichten einer anderen Person zu lesen?« Hinzu kamen fünf Fragen zu nicht sensiblen Themen, z. B. »Trinken Sie Kaffee?« Das wichtigste Ergebnis dieser Studie lautete: Egal, ob die Fragenden mit einer befreundeten oder fremden Person zusammen waren, sie überschätzten in jedem Fall die schädlichen Auswirkungen der sensiblen Fragen. Bei den befreundeten Personen war das Ergebnis etwas besser, lag aber immer noch weit daneben. Die Autoren der Studie kommen zu dem Schluss: »Den meisten Menschen macht es nichts aus, sensible Fragen zu beantworten, jedenfalls längst nicht so häufig, wie die Fragenden erwarten.«[10]

Fassen wir zusammen: Erwachsene zögern viel mehr als Kleinkinder, Fragen zu stellen, und zwar aus einer ganzen Reihe von Gründen. Obwohl wir wissen, wie wichtig Fragen sind, stellen wir sie längst nicht so oft, wie wir sollten, selbst wenn wir den potenziellen Nutzen erkennen, auch über den schlichten Wissenserwerb hinaus. Wir machen uns viel zu viele Sorgen darüber, was andere Menschen von uns denken und wie sie sich dabei fühlen könnten. Richtig gestellte Fragen können Vertrauen stärken und sind, wie wir noch sehen werden, ein Schlüssel zum Aufbau von Beziehungen.

## Fragen können das Lernen beschleunigen

Wir alle kennen das schmerzhaft unbehagliche Schweigen am Ende einer Präsentation. Die Person, die den Vortrag gehalten hat, bittet um Fragen, aber es kommen einfach keine. Das ist hart, wenn man so viel Material vorbereitet hat. Liegt es daran, dass das Material sehr gut erklärt wurde, oder war der Vortrag langweilig? Diese Situation würde in Gegenwart von Kleinkindern niemals aufkommen. Ob sie etwas über Natur lernen, zusammen ein Buch lesen oder einfach den Tagesplan besprechen – ständig gehen die Hände in die Höhe, sie wollen eine Frage nach der anderen stellen.

Angesichts des hohen Anteils an Informationsfragen können wir davon ausgehen, dass Kleinkinder vor allem mit dem Ziel fragen, zu lernen. Was Erwachsene angeht, ist ebenfalls klar, dass Fragen zu größerem Verständnis für ein Thema führen, doch wir sollten das Thema Fragen mit dem Lesen (Kapitel 4) und dem Selbstgespräch (Kapitel 8) in Verbindung bringen, um herauszufinden, in welcher Weise mehr Fragen uns beim Lernen helfen könnten.

Wir wissen bereits, dass Erwachsene im Gegensatz zu Kleinkindern im Schnitt weniger Fragen stellen, weil sie sich größtenteils unbegründete Sorgen darüber machen, welchen Eindruck sie damit erwecken und wie andere sich dabei fühlen könnten. Beginnen wir also mit etwas Einfacherem, was wir alle können: Fragen Sie sich selbst! Wir bereits erwähnt, bringt Lesen eine Vielzahl von Vorteilen. Doch so großartig es auch wäre, wenn wir uns alles Gelesene merken könnten – so ist unser Geist leider nicht strukturiert.

Dagegen können Fragen helfen, die wir uns selbst stellen. In einer Studie der Washington University in St. Louis wurden an fast fünfzig Studierenden verschiedene Lernstrategien getestet. Die Übung bestand daraus, vier Textabschnitte zu lesen und dann einen Testbogen mit 24 Fragen auszufüllen. Vor dem Test wurden die Teilnehmenden in drei Gruppen aufgeteilt. Die erste Gruppe bekam die Anweisung, jeden Abschnitt zweimal zu lesen, die zweite sollte drei allgemeine Verständnisfragen zu jedem Abschnitt formulieren und beantworten, und die dritte Gruppe wurde aufgefordert, jeweils drei Detailfragen zu jedem Abschnitt zu stellen und zu beantworten. Das Ergebnis: Die

Überblicksfragen hatten den größten Effekt, während das zweifache Lesen und das Stellen von Detailfragen keinen Unterschied zeigten. Es gibt noch eine andere Strategie, um sich Details besser zu merken,[11] doch für den Moment ist nur wichtig, dass allgemeine Fragen und Antworten zum Inhalt eines Textes eine einfache Möglichkeit darstellen, der eigenen Erinnerung auf die Sprünge zu helfen, wenn es um die Grundlagen und Hauptgedanken des jeweiligen Textes geht. Genau diese Gedanken wollen wir ja meistens herausziehen, wenn wir ein Buch oder einen Artikel lesen.

Darüber hinaus ist es aber manchmal wichtig, auch die Details zu kennen, beispielsweise im beruflichen Kontext oder im Studium. In diesem Fall können Sie einen Schritt weiter gehen und Karteikarten mit Ihren Fragen beschriften, um die Informationen besser im Gedächtnis zu behalten. In einer Studie aus dem Jahr 2022 untersuchten Forschende 300 Erwachsene in einer Reihe von Experimenten, um festzustellen, was die Teilnehmenden aus dem Lesen von zwei Textabschnitten gelernt hatten. Es handelte sich um durchaus anspruchsvolle Textpassagen über expressionistische Kunst und die römische Antike. Auf einer objektiven Skala wurden diese Texte als »sehr schwierig« beurteilt, etwa auf dem Niveau eines Hochschulabsolventen. Die Teilnehmenden wurden in zwei Gruppen aufgeteilt. Nach dem Lesen der beiden Textpassagen wurde die eine Gruppe aufgefordert eigene Karteikarten herzustellen und dann mit ihnen zu üben, während die andere Gruppe vorgefertigte Karteikarten bekam. Nach 48 Stunden wurde der Inhalt der Textpassagen abgefragt. In allen Teilstudien brachten diejenigen, die eigene Karteikarten geschrieben hatten, bessere Ergebnisse bei Detailfragen und konnten das neu erworbene Wissen auch breiter anwenden und transferieren.[12]

Also: Wenn es sich vielleicht zu unangenehm oder schwierig anfühlt, am Arbeitsplatz oder in sozialen Situationen mehr Fragen zu stellen, lässt sich die Zahl der Fragen auch ganz einfach

erhöhen, indem man sich selbst fragt. Eigene Fragen oder Karteikarten können Ihnen helfen, Gelesenes und Gelerntes besser
im Gedächtnis zu behalten. Im nächsten Abschnitt werden wir
darüber sprechen, wie mehr Fragen in sozialen Situationen (also
das typische Verhalten von Kleinkindern) uns dabei helfen können, Beziehungen aufzubauen und zu stärken.

## Ein zweites Date

Kleinkinder besitzen die einzigartige Fähigkeit, schnell Beziehungen aufzubauen, viel schneller als irgendjemand sonst. Mit
ihrem Lächeln, Lachen, Spielen und ihrem echten Wunsch,
freundlich und hilfsbereit zu sein, fällt es ihnen leicht, Freundschaften zu schließen. Und auch wenn ihre vielen Fragen nicht
spezifisch darauf abzielen, Beziehungen aufzubauen, so sind Fragen doch allgemein eine starke Möglichkeit, persönliche Bindungen zu stärken. Bei Erwachsenen gilt das über bloße Freundschaften hinaus auch für Liebesbeziehungen.

Wir denken nicht besonders viel darüber nach, doch wir stellen in sozialen Situationen relativ viele Fragen, wenn auch eher
in Erfüllung bestimmter sozialer Normen. Wenn wir Smalltalk
machen und schlicht danach fragen, wie es dem oder der anderen geht, stellen wir eine soziale Verbindung her und kommunizieren auf höfliche Weise.[13] Doch wir könnten viel mehr leisten,
und im folgenden Abschnitt soll es um verschiedene Möglichkeiten gehen, mithilfe von Fragen unsere Beziehungen zu stärken.

Da wir gerade vom Smalltalk reden, beginnen wir doch einfach mit dem Geplauder im Büro. Im Jahr 2019, also vor der CO
VID-19-Pandemie, als noch wesentlich weniger mobil gearbeitet wurde, stellte eine Untersuchung von Bürokräften fest, dass
drei Viertel der Befragten Gespräche am Kaffeeautomaten als
Mittel nutzten, den Arbeitstag zu unterbrechen. Die mit Abstand

am häufigsten besprochenen Themen waren das Wetter und Pläne fürs Wochenende, gefolgt von Sport.[14]

Derartige Gespräche wurden von einem Forschungsteam der Rutgers University detaillierter untersucht. An der Studie nahmen hundert Angestellte aus den USA teil, die außer Haus arbeiteten und einen traditionellen Achtstundenarbeitstag hatten. An fünfzehn aufeinanderfolgenden Arbeitstagen bekamen die Teilnehmenden Fragebogen, mit deren Hilfe der Smalltalk an dem jeweiligen Tag gemessen werden sollte, dazu das Arbeitsengagement und die emotionale Grundstimmung. Auch der Schlaf wurde abgefragt, da er sich auf das emotionale Wohlbefinden auswirken kann.

Wie zu erwarten, wirkte Smalltalk ablenkend, aber viel interessanter war der Befund, dass er positive Emotionen am Arbeitsplatz förderte. Und wenn wir hier auf unseren früheren Befund zurückblicken, dass wir im Allgemeinen zu wenige Fragen stellen: Die Autoren wiesen darauf hin, dass »die ritualisierte Form des Smalltalks Unsicherheiten beheben kann, weil erfolgreicher Smalltalk Individuen inhaltlich auf tiefergehende Gespräche vorbereiten kann«.[15] Smalltalk lässt sich leichter beginnen und ist eine Grundlage für soziale Verbindungen, in denen wir ohne Vorbehalte Fragen stellen können.

Smalltalk ist also hilfreich, und jeder braucht mal etwas Rückenwind im Job, doch Fragen können noch viel mehr bewirken. Beenden wir also diesen Abschnitt mit einem Blick auf persönlichere Beziehungen: Wie können Fragen bei Dates helfen? In einer häufig zitierten Studie aus dem Jahr 2017 versuchten Forschende der Harvard University herauszufinden, ob Fragen uns attraktiver machen. Um dies zu testen, organisierten sie eine Speeddating-Session mit 110 Erwachsenen. Jede Person durchlief dabei fünfzehn bis neunzehn Dates, die jeweils nur vier Minuten dauerten. Nach jedem Date wurden sie gebeten, einen kurzen Fragebogen auszufüllen, wobei die Hauptfrage lautete: Würden Sie sich mit dieser Person gern noch einmal treffen? In der

Auswertung wurden mehr als 4200 Gespräche untersucht und auf die Art der Fragen reduziert, die gestellt worden waren. Die Autorinnen fanden heraus, dass diejenigen Personen, die häufiger nachfragten, nachdem sie eine Antwort bekommen hatten, erfolgreicher waren. Dabei ging es gar nicht um irgendwelche schwierigen Fragen, die Leute reagierten einfach nur auf das, was ihr Gesprächspartner gesagt hatte. In dem Artikel zu der Studie läuft das Beispiel so: Person A sagt: »Ich plane eine Reise nach Kanada.« Die Nachfrage von Person B lautet: »Oh, cool, warst du da schon mal?« Diese wahrgenommene Reaktion setzt einen Mechanismus in Gang, bei dem Nachfragen zu höherer Attraktivität führen.[16]

Personen, die gern einen guten Eindruck hinterlassen möchten, reden natürlich über sich selbst. Dabei lassen sie, wie die Autoren der Studie schreiben, »weitgehend außer Acht, dass Fragen soziale Vorteile bringt«.[17] Es führt dazu, dass der Partner bzw. die Partnerin Sie für nahbarer hält und deshalb schlicht für netter.

Nachdem wir nun darüber gesprochen haben, warum es Vorteile bringt, mehr Fragen zu stellen, sollten wir noch eine andere Sache betrachten, die Kleinkinder mehrmals pro Stunde tun: Sie sagen Nein. Der Rest dieses Kapitels ist der Frage gewidmet, warum sie das tun und warum Erwachsene hier ähnlich wie bei den Fragen Mühe haben, während Kleinkinder glänzen. In den meisten Situationen können Erwachsene nicht einfach »Nein!« schreien, wie es Kleinkinder tun, doch es gibt andere spezifische Strategien, die Ihnen helfen können, Ihren überfüllten Terminkalender und Ihren Geist gleichermaßen aufzuräumen, sodass Sie sich auf Dinge fokussieren können, die Sie gern tun möchten und die wirklich wichtig sind.

## Sie sagen gar nicht immer Nein

Wie schon erwähnt, ist das Kleinkindalter von einer rapiden Entwicklung der Sprache geprägt. Im Alter von einem Jahr geht es mit wenigen Wörtern los, mit zwei Jahren können sie fünfzig Wörter sagen und Zwei-Wort-Fragen stellen. Dann folgt eine Phase exponentiellen Wachstums, und im Alter von fünf Jahren haben die meisten Kinder einen Wortschatz von mehr als 2000 Wörtern.[18] Doch einige der wichtigsten Wörter sind schon kurz vor dem zweiten Geburtstag da, denn dann lernen sie »Ja« und »Nein« zu sagen und entdecken die Macht, die in diesen Wörtern steckt.

Wenn wir dem glauben, was wir im Internet sehen, und wenn wir unsere eigenen Erfahrungen mit dem machtvollen »Nein!« eines Kleinkinds dazunehmen, könnten wir auf die Idee kommen, sie hätten die Tendenz, ständig Nein zu sagen. Doch überraschenderweise trifft das nicht zu.[19] Sie benutzen das Wort sogar ziemlich selektiv. In einer Reihe von Experimenten mit kleinen Kindern konnte die Entwicklungspsychologin Mako Okanda von der Otemon Gakuin University in Japan nachweisen, dass Kleinkinder eher zum »Ja« neigen, wenn man ihnen Ja-Nein-Fragen über vertraute und fremde Objekte stellt. Zeigt man ihnen beispielsweise einen Schuhlöffel (fremdes Objekt) und fragt sie, ob man dieses Ding auf dem Kopf trägt, dann neigen Kleinkinder eher zu einem »Ja«. Das ändert sich mit der Zeit; im Alter von vier bis fünf Jahren verliert sich diese Tendenz, und mit sechs Jahren neigen sie eher zum »Nein«. Interessanterweise ist die Zeit zwischen Frage und Antwort auch umso kürzer, je jünger die Kinder sind. Sie antworten also sehr schnell.[20]

Wenn Kleinkinder also nicht von Natur aus zum »Nein« tendieren, woher kommt die Tendenz dann? Nun, stellen Sie sich einfach einmal vor, Sie seien ein Baby und würden von einem Erwachsenen durch die Gegend geschleppt und mit dem Löffel gefüttert werden. Einem Erwachsenen, der Ihnen jede Minute des Tages vorschreibt, was Sie zu tun hätten. Und dann auf einmal: Freiheit! Im Kleinkindalter lernen wir gehen, rennen, Treppen steigen und springen! Vom unverständlichen Gegurgel führt uns der Fortschritt zu Fragen und Forderungen. Wir können alles selbst erforschen, in Schränken und hinter der Couch und sogar in der Steckdose. Wir sind der Boss, wir wollen alles selbst entscheiden. Und »Nein« zu sagen ist die höchste Form von Autonomie.

## Neiiiin!

Kleinkinder sagen ständig »Nein«, mit Nachdruck aber dann, wenn sie Kontrolle ausüben wollen. Und das ist oft. Im Zusammensein mit ihren Bezugspersonen kommt es zu zahlreichen Konflikten. Das ist auch gar nichts Schlechtes, denn so lernen sie, sich selbst und dem, was andere von ihnen erwarten, Grenzen zu setzen. Und sie lernen, solche Konflikte zu lösen.

Um dies im Detail zu untersuchen, führten Forschende der Lehigh University und der University of California in Davis ein Experiment mit 65 Mutter-Kind-Paaren durch. Die Interaktionen der Paare wurden im Labor aufgezeichnet, als die Kinder zwei Jahre alt waren, und noch einmal zu Hause im Alter von drei Jahren. In beiden Settings kam es zu allen möglichen Konflikten und Meinungsverschiedenheiten, darunter auch solche, die Regeln oder das Respektieren der Privatsphäre betrafen, und Diskussionen über Fakten. Im Schnitt fanden die Forschenden heraus, dass die Kleinkinder 20 bis 25 Konflikte pro Stunde erlebten. Und in vielen Fällen kam es dabei zu einem betonten »Nein!« des Kindes. Hier ein Beispiel aus dieser Studie (aus Platzgründen etwas bearbeitet):

**Mutter:** Möchtest du mit dem Puzzle spielen?
**Kind:** Nein, mit dem Spielzeug.

**Mutter:** Also, Schätzchen, die gehören aber ihr. Wir können damit nicht spielen, das weißt du doch.

**Kind:** Ich weiß. Aber trotzdem.

**Mutter:** Ich weiß, dass du das gern möchtest, aber es geht nicht.

**Kind:** Ich will meine anderen Schuhe.

**Mutter:** Du brauchst jetzt keine anderen Schuhe. Wenn wir spazieren gehen, kannst du deine Pu-Sandalen anziehen.

**Kind:** Neiiiin!

**Mutter:** Nein, du brauchst jetzt keine anderen Schuhe. Wenn wir spazieren gehen, kannst du deine Pu-Sandalen anziehen.

**Kind:** Aaaahh! Will mein schönes Kleid.

**Mutter:** Dein schönes Kleid?

**Kind:** Ja.

**Mutter:** Das kannst du an einem anderen Tag anziehen.

**Kind:** Neiiiin!

**Mutter:** Also, vielleicht kannst du es am Sonntag zum Kindergottesdienst anziehen. Da kannst du dein rosa Kleid und die Pu-Sandalen anziehen, okay?

**Kind:** Neiiiin!

In diesem kurzen Gespräch, das sich irgendwie vom Puzzle über die Schuhe zur Kleidung bewegte, hat die Kleine vier Mal »Nein« gesagt.[21] Sie wollte unbedingt an diesem Tag die anderen Schuhe und das schöne Kleid anziehen, und warum denn auch nicht? Wie schon erwähnt, verbringen Kleinkinder gar nicht so viel Zeit in Konfliktsituationen. Sie würden viel lieber herumlaufen, spielen und Späße machen. Doch sie haben eben auch keine Hemmungen, »Nein« zu sagen.

Die Autonomie, die mit dem Neinsagen einhergeht, kann kaum überschätzt werden, denn viele von uns haben im Laufe ihres eigenen Lebens diese Macht verloren. Wir scheuen davor zurück, während Kleinkinder mehrmals pro Stunde darauf zurückgreifen. Und weil wir diese Fähigkeit verloren haben, besitzen wir auch keine Kontrolle mehr über unsere Zeit, unseren Terminkalender und fühlen uns irgendwann überfordert und ausgebrannt. René Spitz, ein berühmter österreichisch-amerikanischer Psychiater, der durch seine Arbeiten über die Bedeutung von Bindung im Säuglingsalter bekannt wurde,[22] hat einmal geschrieben, der Moment, in dem ein Kleinkind zum ersten Mal »Nein« zu seiner Bezugsperson sagen kann, sei »ohne Zweifel die spektakulärste intellektuelle und semantische Errungenschaft der gesamten frühen Kindheit«.[23] Es könnte also eine ebenso wichtige Errungenschaft sein, diese Fähigkeit im Erwachsenenalter wiederzuerlangen. In den nächsten Abschnitten werden wir uns der Frage widmen, warum wir diese Fähigkeit verloren haben und mit welchen Strategien wir sie uns zurückerobern können.

## Die Zwickmühle, erwachsen zu sein

Leider fällt es Erwachsenen aus zwei Gründen nicht so leicht, »Nein« zu sagen. Zunächst kennen wir ebenso wie die Kleinkinder die Tendenz zum Jasagen, doch statt auf Fragen zu fremden Objekten »Ja« zu sagen, bezieht sich unser »Ja« auf Tätigkeiten, um die uns andere Menschen bitten. Zum Zweiten unterschätzen wir notorisch die Zeit, die es uns kosten wird, eine solche Tätigkeit auszuführen. Beides zusammen arbeitet gegen uns, wenn wir »Nein« sagen wollen. Doch wenn wir diese beiden Faktoren und die Gründe für unser »Ja« verstehen, kann uns das vielleicht helfen, öfter mal »Nein« zu sagen.

Seit wir selbst Kleinkinder waren, die die Welt erkunden und überall Unordnung hinterlassen, hat das Wort »Nein« etwas Negatives signalisiert – ein Stoppzeichen. Gleichzeitig wurde und wird »Ja« in einer positiven und oft ermutigenden Weise verwendet, kein Wunder also, dass wir »Ja« mit einem positiven und »Nein« mit einem negativen emotionalen Wert verbinden. Bei fMRT-Untersuchungen von Erwachsenen konnten Neurowissenschaftler bestätigen, dass diese Worte ein positives bzw. negatives Signal an jenen Teil unseres Gehirns senden, der einen affektiven Wert zuordnet.[24]

Menschen sind soziale Wesen, wir neigen von Natur aus dazu, anderen zu helfen. In Bezug aufs Teamwork (Kapitel 6) haben wir schon gesehen, wie stark dieser Antrieb ist. Und da er uns von der Evolution mitgegeben ist, bleibt er auch im Erwachsenenalter erhalten. In Kapitel 7 haben wir gesehen, dass die Wahrscheinlichkeit, Hilfe von einer fremden Person zu erhalten, größer ist, als wir erwarten.[25] Und zusätzlich zu unserer natürlichen Neigung zur Zusammenarbeit und Hilfe wollen wir auch nicht negativ beurteilt werden, weil wir etwas ablehnen. Das heißt, wir glauben, wenn wir Nein sagen, werden wir negativer beurteilt, als dies tatsächlich der Fall ist.[26] Wenn man uns um etwas bittet, empfinden wir einen sozialen Druck zum Jasagen. Und dieser Antrieb, Ja zu sagen, beschränkt sich leider nicht nur auf Bitten um Hilfe, sondern auf alle möglichen anderen Aufgaben, selbst wenn wir sie wirklich nicht übernehmen wollen.

Das vielleicht beste Beispiel stammt aus einer Studie über Vandalismus an Büchern in kanadischen Bibliotheken. Diese Studie wurde von der University of Waterloo durchgeführt. Die Forschungsgruppe rekrutierte 25 Studierende. Die Testpersonen bekamen jeweils ein Hardcover-Buch mit Bibliothekssignatur auf dem Rücken (um die Sache glaubwürdiger zu machen) und einen Stift. Ihre Aufgabe bestand darin, andere Studierende anzusprechen und zu sagen: »Hallo, ich will jemandem einen Streich spielen, aber der kennt meine Handschrift. Würdest du wohl mal eben das Wort ›pickle‹ auf diese Seite des Bibliotheksbuches schreiben?« Die Forschenden beobachteten nun, wie viele Studierende angesprochen werden mussten, bevor drei von ihnen »Ja« sagten. Die Testpersonen, die die Bitte äußerten, hatten vermutet, dass es zehn bis elf sein würden, doch in Wirklichkeit waren es nur vier bis fünf. Die meisten Leute waren bereit, sich als

Vandalen zu betätigen. Die Antworten, die auf die Bitte kamen, sind recht bezeichnend, unabhängig davon, ob die Leute sich bereit erklärten oder nicht. Einige dieser Bemerkungen lauteten: »Ich soll dieses schöne Buch kaputt machen?« – »Bist du sicher? Na ja, okay …« – »Ich schreibe nicht in Bibliotheksbücher, tut mir leid.« Dieses letzte Statement ist wichtig, wir kommen noch darauf zurück, welche Bedeutung dieses »Ich … nicht« hat. Auf jeden Fall ist es gar nicht so einfach, eine Aufgabe abzulehnen, selbst wenn wir sie wirklich nicht übernehmen wollen oder sie sogar falsch finden. Die Autoren der Studie schreiben dazu, es könne unangenehm sein, eine solche Bitte zu erhalten und der soziale Druck, Ja zu sagen, sei »bemerkenswert stark«.[27]

Das zweite große Problem, das uns zum Jasagen führt, ist unsere Unfähigkeit zur Zeitplanung. Auf diesen Gedanken sind bereits 1977 die beiden israelischen Psychologen Daniel Kahneman und Amos Tversky gekommen. Sie konnten nachweisen, dass wir nicht dazu in der Lage sind, korrekt abzuschätzen, wie lange es dauern wird, eine Aufgabe zu erledigen, und dies trotz früherer Erfahrungen, die uns schon gezeigt haben, dass eine ähnliche Aufgabe mehr Zeit in Anspruch nahm als erwartet.[28] Wir können das in vielen Bereichen beobachten, im akademischen Bereich[29] genauso wie in der Medizin[30] und sogar bei den Weihnachtseinkäufen[31]. Sie könnten das sicher mit Beispielen aus Ihrem eigenen Leben ergänzen, denn nun ja, wir tun es alle. Viele Leute unterschätzen durchgehend die Zeit, die es braucht, um irgendwohin zu fahren, oder die Zeit, um für ihren Job einen Report zu erstellen. Ich selbst unterschätze auch nach einem Jahr immer noch regelmäßig die Zeit, die es dauert, ein Kleinkind morgens für den Tag fertig zu machen. Mal müssen wir eine eingehende Diskussion über Klebeohrringe führen, die zu einem bestimmten Kleid passen, an einem anderen Tag müssen wir entscheiden, ob die Zähne von außen nach innen oder umgekehrt geputzt werden. Und mindestens einmal pro Woche müssen die Vor- und Nachteile besprochen werden, die es hat, wenn man an einem sonnigen Tag mit aufgespanntem Regenschirm zur Kita geht.

Bei größeren Projekten sind unsere Schätzwerte in Bezug auf Zeit und Kosten noch schlechter. Eines der berühmtesten Beispiele ist der Bau des Opernhauses in Sydney. Die ursprüngliche Planung belief sich auf eine Bauzeit von vier Jahren und Kosten von sieben Millionen Dollar. Tatsächlich dauerte der Bau vierzehn Jahre und kostete mehr als 100 Millionen Dollar.[32] So schwer es uns also fallen mag, diese Unfähigkeit zur korrekten Planung komplett auszuschließen, gibt es durchaus einige Dinge, die wir tun können, um unsere Verpflichtungen besser zu verstehen und öfter einmal »Nein« zu neuen Aufträgen zu sagen. Wir werden das in den folgenden Abschnitten noch genauer betrachten.

Es gibt viele Gründe, »Ja« zu sagen, doch der von der Evolution angelegte soziale Druck und die Unfähigkeit zur Planung gehören zu den wichtigsten. Wenn wir sie verstehen, können wir die Strategien, um die es im Folgenden gehen wird, leichter anwenden. Doch bevor wir uns damit beschäftigen, sollten wir zwei entscheidende Punkte anerkennen: Zum einen fällt Neinsagen in der Theorie viel leichter als in der Praxis, und es gibt strukturelle und systemische Probleme im Arbeitsleben, die es für Frauen und Minderheiten noch schwerer machen.[33] Der zweite Punkt: Viele Leute, die nicht nur mit dem Kopf arbeiten, haben deutlich weniger Entscheidungsgewalt darüber, »Ja« oder »Nein« zu sagen. Wenn Menschen im Beruf mit Aufgaben überfordert sind, stehen dahinter oft Probleme des Arbeitsplatzes und nicht der einzelnen Person.[34]

Insgesamt können wir feststellen, dass unser natürliches erwachsenes »Ja« allzu oft das innere Kleinkind-Nein überstimmt. Im nächsten Abschnitt werden wir spezifische Strategien besprechen, die uns helfen können, wieder leichter »Nein« zu sagen, so wie es Kleinkinder tun.

## Allzu ehrgeizige Pläne

Nachdem wir jetzt wissen, warum wir so bereitwillig »Ja« sagen, sprechen wir doch einmal über Möglichkeiten, zu unserem Kleinkind-Ich zurückzukehren und öfter »Nein« zu sagen. Wir müssen dabei ja nicht gleich ins Extrem verfallen wie sie und mehrere Konflikte pro Stunde anzetteln oder jedes Mal die Stimme erheben, wenn wir »Nein« sagen. Doch ein überfüllter Terminkalender und ewig unerledigte To-Do-Listen sind auch keine Lösung. Ein höflicher Mittelweg wäre ideal. In diesem Abschnitt werden wir spezifische Strategien zum Neinsagen anschauen, die Sie ausprobieren können.

Beginnen wir mit der Unfähigkeit, Dinge korrekt zu planen, und einigen Möglichkeiten, dieses Problem zu umgehen. In einem Artikel für *Big Think* diskutiert Kevin Dickinson ein Szenario, das wir alle kennen. Es ist Montagmorgen, und er hat den Plan, einen richtig tollen Tag hinzulegen. Früh aufstehen, Sport machen, alle E-Mails beantworten und einen Artikel schreiben. Nach der Arbeit will er das Abendessen machen, seinen Kindern bei den Hausaufgaben helfen und ein wenig lesen. Doch entgegen all seinen guten Absichten verschläft er, lässt den Sport sausen, verschiebt einige berufliche Angelegenheiten auf Dienstag und bestellt zum Abendessen eine Pizza.[35] Das kommt uns allen sehr bekannt vor, einfach weil es jedem passiert. Es gibt aber einige nützliche Strategien, die wir anwenden können, um dem dauerhaften Scheitern unserer Pläne etwas entgegenzusetzen.

Zunächst könnten Sie mit einer Technik experimentieren, die sich »entpacken« oder »Segmentierung von Aufgaben« nennt.[36, 37] Diese Technik eignet sich besonders für größere, komplexe Aufgaben. Sie beruht darauf, die Aufgabe aufzuteilen und jedem Teil einen bestimmten Zeitaufwand zuzuschreiben. Forschende der University of Illinois konnten nachweisen, dass bei dieser Methode die Schätzungen über die nötige Zeit für die gesamte Aufgabe weniger verzerrt waren. Getestet wurde das an der Formatierung eines Dokuments nach spezifischer Anleitung. In dem Experiment brauchten die Teilnehmenden etwa doppelt so lange (129 Prozent) dafür, wie sie vorher geschätzt hatten. Nachdem die Aufgabe jedoch in ihre Einzelschritte aufgeteilt worden war, dauerte es nur noch 34 Prozent länger. Die gleiche Forschungsgruppe führte noch weitere Experimente durch und stellte fest, dass das »Entpacken« umso besser hilft, je komplexer die Aufgabe ist.[38]

Eine weitere Strategie zur Abmilderung der Unfähigkeit zu planen nennt sich »Implementation Intention«. Sie lässt sich am besten anhand einer Studie erklären, die von der Radboud-Universität in Nijmegen (Niederlande) durchgeführt wurde. In dieser Studie, an der mehr als hundert Erwachsene beteiligt waren, wurden die Teilnehmenden gebeten, einen Bericht über ihre Freizeit zu schreiben und innerhalb einer Woche abzugeben. Alle wurden zu Beginn gebeten, abzuschätzen, an welchem Tag sie diesen Bericht beginnen bzw. beenden würden. Dann wurde die Hälfte der Teilnehmenden aufgefordert, eine spezifische Zeit und einen Ort festzulegen, wann und wo sie den Bericht schreiben würden. Diesen Plan sollten sie aufschreiben und danach visualisieren, während sie dachten: »Ich habe die Absicht, den Bericht in Situation x zu schreiben.« Die Teilnehmenden, die das getan hatten, erwiesen sich als nicht übermäßig optimistisch, was das Erfüllen der Aufgabe anging. Aber: Ein größerer Prozentsatz von ihnen wurde tatsächlich in der geplanten Zeit fertig.[39]

Schließlich noch ein Tipp, der mit den beiden bisherigen eng verwandt ist und generell beim Planen helfen kann: Verwenden Sie einen Papierkalender und geben Sie das Planen mithilfe Ihres Handys auf. In einer Studie aus dem Jahr 2022 stellte eine Forschungsgruppe fest, dass Erwachsene, die einen Papierkalender mit einem Überblick über zwei Wochen benutzten, bessere Pläne machten und diese Pläne mit einer höheren Wahrscheinlichkeit umsetzten als jene, die den Kalender ihres Smartphones verwendeten. Übrigens verbesserte sich die Qualität der Pläne auch schon bei Teilnehmenden, die nur die Darstellungsweise ihres Smartphone-Kalenders auf einen größeren Überblick einstellten. Doch am besten schnitten bei diesem Experiment diejenigen ab, die einen Kalender auf Papier benutzten.[40]

Verwandt mit dem Problem der Planungsunfähigkeit ist oft die Tatsache, dass wir zu schnell Ja sagen. Bei den meisten größeren Aufgaben, aber auch bei vielen kleinen lohnt es sich, mindestens 24 Stunden zu warten, bevor man eine Antwort gibt.[41] So können Sie die Anfrage verarbeiten, überlegen, wie viel Zeit die Sache in Anspruch nehmen wird, und entscheiden, ob Sie Ihre Priorität darauf legen wollen. Zumindest in Bezug auf E-Mails – und auf diesem Weg kommen ja viele Anfragen – zeigte eine Studie im beruflichen Umfeld, die in Spanien durchgeführt wurde, dass wir die Dringlichkeit überschätzen. Die meisten Anfragen, die außerhalb unserer Arbeitszeit gesendet werden, müssen längst nicht so schnell beantwortet werden, wie wir oft glauben.[42]

## Tut mir leid, ich mache das nicht

Nachdem wir nun detailliert über Zeitplanung gesprochen haben, wollen wir einen Blick auf eine noch einfachere Strategie werden, die, wenn sie zu Ihren Zielen passt, einen dramatischen Effekt haben kann, sowohl auf das, was Sie ablehnen, als auch auf die Mühelosigkeit, mit der das passiert. Im Kapitel über Selbstgespräche haben wir einfache Strategien besprochen, die uns helfen, uns durch Reframing zu motivieren. Schon indem wir von uns selbst in der zweiten oder dritten Person reden, lösen wir eine bedeutende Veränderung aus. Zum Glück gibt es eine ähnliche Strategie, um besser Nein sagen zu können. Und dafür müssen Sie in Ihrer Antwort auf Anfragen nur ein einziges Wort auswechseln.

Im Jahr 2012 veröffentlichten Forschende der University of Houston und des Boston College eine Studie, die mit einer Gruppe von Erwachsenen zwei verschiedene Methoden zum Nein-sagen überprüfte. Dazu wurden vier verschiedene Experimente durchgeführt – auf zwei davon wollen wir uns hier fokussieren. An dem ersten Experiment nahmen 120 Erwachsene teil. Ihnen wurde gesagt, die Studie untersuche eine neue Strategie zur Förderung einer gesunden Ernährung.

Zunächst wurden die Teilnehmenden zum Thema »gesundes Essen« befragt und sollten angeben, ob dies eines ihrer Ziele sei. Dann wurden sie in zwei Gruppen aufgeteilt. Die eine Gruppe sollte eine Strategie einüben, bei der sie zu sich selbst »Ich tue xy nicht« sagen sollten. Die andere Gruppe sollte sagen: »Ich kann xy nicht tun.« Zum Abschluss der Studie lösten die Teilnehmen-den noch eine Aufgabe, die mit dem Thema nichts zu tun hatte, und beim Hinausgehen sagte man ihnen, als Dankeschön für ihre Teilnahme könnten sie einen Snack auswählen. In einer Schüssel befanden sich Schokoriegel, in der anderen Müsliriegel. Die Mitglieder des Forschungsteams notierten sich die Auswahl der einzelnen Teilnehmenden diskret auf deren Fragebogen. Am Ende konnten sie feststellen, dass unter denjenigen, die gesun-des Essen überhaupt als wichtiges Thema angegeben hatten, die »Ich tue nicht«-Strategie wirkungsvoller war als die »Ich kann nicht«-Strategie. Sie waren häufiger in der Lage, auf den Schoko-riegel zu verzichten.

Im nächsten Experiment wollten die Forschenden herausfin-den, was außerhalb der Laborsituation passieren würde. Sie or-ganisierten also zunächst ein Seminar zum Thema Gesundheit und Wellness, an dem dreißig Frauen im Alter zwischen 32 und 53 Jahren teilnahmen. Sie wurden in drei gleich große Gruppen aufgeteilt, und jede Gruppe bekam andere Instruktionen, was zu tun sei, wenn sie in Versuchung geraten würden, z. B. von jeman-dem, der ihnen einen Schokoriegel anbot. Eine Gruppe sollte die »Ich kann nicht«-Strategie anwenden, die zweite Gruppe die »Ich tue nicht«-Strategie, und die dritte Gruppe bekam die Anwei-sung, sich einfach zu weigern. Die nächsten zehn Tage erhielt jede Teilnehmerin täglich eine Check-in-Mail, bei der abgefragt wurde, ob die jeweilige Strategie an diesem Tag funktioniert hatte. Am Ende der Studie hatten acht von zehn Teilnehmerinnen der »Ich tue nicht«-Gruppe berichtet, dass die Strategie jeden Tag funktioniert hatte. Bei der »Ich kann nicht«-Gruppe war es nur ein Tag, bei der Weigerungsgruppe waren es drei. Hier handelt es sich zwar um eine kleine, auf einen kurzen Zeitraum angelegte Studie, doch die Strategie als solche ist offenbar wert, dass man sie ausprobiert. Die Autorinnen weisen jedenfalls darauf hin, dass »Ich tue xy nicht« uns psychologisch stärker ermächtigt, weil sie stärker auf unsere Identität bezogen ist als auf eine vorübergehende Situation. Genau deshalb ist die Chance größer, dass sie funktioniert.[43]

Ein gutes Beispiel dafür, wie eine kleine sprachliche Veränderung stärker auf unsere Identität hindeutet als auf eine einzelne Entscheidung, ist der Veganismus. In einem Artikel für die Zeitschrift *Medium* erklärt die Autorin Amanda Connor das in Bezug auf das Essen von Fleisch. Es geht nicht darum, so Connor, dass sie Fleisch nicht essen kann – natürlich kann sie das. Es geht vielmehr darum, dass sie aufgrund ihrer inneren Überzeugungen entschieden hat, bestimmte Lebensmittel aus ihrer Ernährung auszuschließen, und dass sie deshalb kein Fleisch isst.[44] Die kleine sprachliche Veränderung funktioniert, weil sie sich auf unsere Prinzipien bezieht und nicht auf eine zeitlich befristete Situation.

Wenn ein Kleinkind Nein sagt, geschieht viel mehr, als dass es eine Präferenz formuliert: Es sagt damit aus, dass es eine unabhängige Person ist, die eigene Entscheidungen treffen kann. Und auch wenn diese Entscheidungen nicht immer zu ihrem Besten sind und sie Zeit brauchen, um Fehler zu machen und zu lernen, ist es wichtig, dass sie die Kontrolle über ihre eigene Zeit übernehmen. Wir Erwachsenen tun das nicht immer mit dieser kindlichen Selbstverständlichkeit, doch wir können von unseren jungen Freundinnen und Freunden lernen und mit dieser Strategie dringend benötigte Zeit für die Menschen und Projekte frei-schaufeln, die uns wirklich wichtig sind.

## Von Kleinkindern lernen
### 9. Regel:
### *Zögern Sie nicht, Fragen zu stellen.*

- Niemand wird deshalb schlecht von Ihnen denken, oft ist sogar das Gegenteil der Fall.
- Smalltalk kann eine schöne Pause möglich machen und Ihnen einen mentalen Anschub für Ihre Arbeit geben. »Wie geht es Ihnen heute?«
- Nachfragen machen Sie attraktiver und erhöhen Ihre Chancen auf ein zweites Date.
- Wenn Sie auf höfliche Weise »Nein« sagen, bringen Sie damit Ihre Autonomie zum Ausdruck.
- Wenn eine Anfrage hereinkommt, zerlegen Sie die betreffende Aufgabe in Teilschritte und versuchen Sie, diese in Ihrem Kalender unterzubringen, bevor Sie »Ja« sagen. Verwenden Sie dafür einen Kalender aus Papier.
- Die Formulierung »Ich tue das nicht« kann Ihnen helfen, unangenehmen sozialen Druck zu vermeiden und den Fokus auf Ihren eigenen Zielen zu halten.

# 10
# Risiko und Selbstvertrauen

*Nur wenn ich aus diesem Baumhaus springe,*
*werde ich erfahren, ob ich das kann.*
*Und außerdem kann ich wahrscheinlich*
*sowieso fliegen.*

Das Leben eines Erwachsenen ist voller Einschränkungen. Einige davon werden uns von anderen auferlegt, doch oft sind die kognitiven und körperlichen Einschränkungen, die wir an uns selbst wahrnehmen, noch viel machtvoller. Sie können uns von so einfachen Dingen abhalten, wie eine Frage zu stellen (darüber haben wir im vorigen Kapitel schon gesprochen). Die können aber auch viel schädlicher sein, beispielsweise, wenn wir uns nicht für einen Job bewerben, weil wir denken, wir seien dafür nicht qualifiziert. Es kann auch sein, dass wir zu der Ansicht gelangen, eine neue sportliche Aktivität sei nicht das Richtige für uns, weil wir »nicht in Form« sind. Kleinkinder leben nicht in so einer Welt. In ihrer Welt ist wirklich alles möglich.

Ich habe einmal mit einer Dreijährigen namens Olive gesprochen, die ins Krankenhaus kam, um ein älteres Geschwisterkind zu besuchen, das krank war. Olive sagte mir, nach diesem Besuch wolle sie noch ihre Tante besuchen, die in einer Stadt etwa eine Fahrstunde entfernt lebte. Als ich genauer nachfragte, vor allem, wie sie dorthin kommen würde, überlegte sie einen Moment und sagte dann: »Mit dem Fahrrad.« Sie kam nicht einmal auf den Gedanken, dass ihr die körperliche Kraft fehlen könnte, eine so weite Strecke mit dem Rad zurückzulegen, dass sie den Weg nicht kannte, dass es gefährlich sein könnte und dass sie – noch viel wichtiger – vielleicht noch gar nicht Fahrrad fahren konnte. Sie hatte lediglich eine einfache Antwort auf meine Frage gefunden. Und ich bin sicher, wenn ihre Eltern ihr Okay gegeben hätten, hätte sie den nächsten logischen Schritt getan, nämlich sich ein Fahrrad zu suchen und draufzusteigen, um zu sehen, wie weit sie kommen würde.

Von Olive und jedem anderen Kleinkind können wir lernen, keine Angst vor Risiken und mehr Vertrauen in unsere Fähigkeiten zu haben. So lernen sie neue Fertigkeiten und werden immer besser darin. Und dasselbe könnten wir auch tun, wenn wir uns häufiger ähnlich verhalten würden wie sie. In diesem letzten Kapitel des Buchs wollen wir detailliert über diese beiden wunderbaren Eigenschaften von Kleinkindern sprechen und sehen, wie viel näher wir unserer größten Sehnsucht kommen könnten, wenn wir diese Eigenschaften stärker nutzen würden.

## Angstlust

Nachdem ich Tausende von Kleinkindern in der Kinder-Notaufnahme behandelt habe, komme ich zu zwei Schlussfolgerungen. Erstens: Kleinkinder lieben es, Risiken einzugehen. Und zweitens: Sie haben sehr viel Zutrauen zu ihren eigenen, beschränkten Fähigkeiten. Im Rahmen ihres aktiven Lebensstils springen sie routinemäßig von Sofas, rutschen Treppengeländer hinunter und können mühelos eine Stunde mit dem Versuch zubringen, eine kindersichere Medikamentenbox zu öffnen. Sie suchen das Abenteuer und gieren geradezu nach neuen Erfahrungen, bei denen durchaus Verletzungsgefahr besteht. Und Verletzungen halten sie nicht auf. Wenn wir einem älteren Kind oder Teenager einen Gipsverband angelegt haben, geben wir ihm noch in der Notaufnahme detaillierte Instruktionen, darunter ein Sportverbot und die Anweisung, dem verletzten Arm oder Bein Ruhe zu gönnen. Bei Kleinkindern können wir im Grunde genommen nur »Viel Glück!« sagen. Denn sie sind gar nicht in der Lage, Ruhe zu geben, und können es kaum erwarten, wieder herumzulaufen, sobald der Gips fest geworden ist. Oft werden sie ein paar Tage später wieder in die Notaufnahme gebracht, damit sie einen neuen Gips bekommen können, weil sie den alten zerbrochen oder sich daraus befreit haben.

Risiken sind wichtig für Kleinkinder, denn nur so lernen sie etwas. Seit ihren allerersten Schritten kämpfen sie sich durch Ängste und zahllose Stürze, um endlich größere Ziele zu erreichen. Genau darum geht es nämlich, wenn Kleinkinder Risiken eingehen. Risiken erlauben es ihnen, zu lernen, sich zu verbessern, Selbstvertrauen aufzubauen und Dinge irgendwann zu perfektionieren. Steht ihnen Erfolg oder Scheitern bevor? Sie wissen es nicht, aber das macht ihnen nichts aus, und zwar aus zwei Gründen. Zum einen wissen sie, wenn sie keine Risiken eingehen und Aufgaben nicht ausprobieren, werden sie es nie schaffen. Und zum anderen wissen sie, dass kleinere Misserfolge auf natürliche und notwendige Weise den Weg zum Erfolg begleiten. Wie wir anhand vieler Beispiele in diesem Buch gesehen haben: Kleinkinder sind beharrlich. Das gilt auch für das Eingehen von Risiken.

Die Risikofreude betrifft alle möglichen Situationen, doch am stärksten beobachten wir dieses Verhalten draußen und in möglichst unstrukturierter Umgebung. Vor mehr als einem Jahrzehnt ist dies ausführlich von Ellen Beate Hansen Sandseter, Professorin am Königin-Maud-College im norwegischen Trondheim untersucht worden. In einer Studie aus dem Jahr 2007 beobachtete sie 38 Kinder im Alter von drei bis fünf Jahren in zwei Kindergärten. Die Studie umfasste Beobachtungen in den Innenräumen wie auch draußen, ergänzt durch Gespräche mit den Kindern und ihren Erzieherinnen und Erziehern. Aufgrund der so erhobenen Daten stellte Hansen Sandseter fest, dass Kleinkinder ein »starkes Interesse« an riskantem Verhalten aufweisen. Und es war nicht so, als würden die Kinder die Risiken, die sie eingingen, nicht verstehen oder aus Unerfahrenheit handeln. Das Gegenteil war der Fall!

Die Kinder sprachen in den Interviews ganz klar darüber, dass sie sich bei ihren Aktivitäten wehtun könnten. Sie wussten auch, dass bestimmte Dinge verboten waren, und vor einigen Aktivitäten hatten sie sogar Angst. Doch sie machten trotzdem weiter. Eines der besten Beispiele war der Kletterturm, zu dem die Kinder Zugang hatten. In den Anleitungen der Herstellerfirma, die auch von den Erzieherinnen und Erziehern immer wieder bekräftigt wurden, hieß es, man könne bis zu einem deutlich markierten Punkt klettern und dann hinunterspringen. Doch die Kleinkinder gingen höhere Risiken ein, indem sie bis auf die höchste Spitze des Turms kletterten. Das war gegen die Regeln, und obwohl sie das wussten und Angst hatten, bis ganz nach oben zu klettern, taten sie es trotzdem. Eine Fünfjährige bemerkte dazu: »Ja, es macht ein bisschen Angst, aber es macht auch großen Spaß. Oft lande ich auf dem Po, dann tut es ein bisschen weh, aber es macht trotzdem großen Spaß!«[1]

Diese Vorstellung, dass Aktivitäten gleichzeitig Angst und Spaß machen können, führte Hansen Sandseter zu einer Folgeuntersuchung, bei der sie beobachtete, wie kleine Kinder riskante Aktivitäten erleben. Die Probanden waren 29 Kinder im Alter von vier und fünf Jahren aus zwei norwegischen Kindergärten. Sie wurden neun Tage lang bei ihren Aktivitäten unter freiem Himmel und beim Wandern gefilmt. Um zu verstehen, was die Kinder erlebten, analysierte Hansen Sandseter Körpersprache, Gesichtsausdrücke und Wörter, die die Kinder benutzten. Und sie stellten fest, dass vor allem zwei Emotionen dominierten: Nervenkitzel und Furcht. Nervenkitzel suchten die Vorschulkinder durch riskante Spiele, indem sie sich auf höherem Gelände bewegten (Balancieren auf Felsblöcken, Klettern) oder ihre Geschwindigkeit erhöhten (Schwingen an Seilen, einen Hügel hinunterrutschen). Furcht manifestierte sich durch besorgte Gesichtsausdrücke und die Frage: »Ist das gefährlich?« Gelegentlich nahm die Furcht überhand; dann wich das betreffende Kind zurück. Dieses Gefühl nennt Hansen Sandseter »scaryfunny«, was sich ungefähr mit »Angstlust« übersetzen lässt. Die Kinder brachten sich mit ihren riskanten Spielen an einen Punkt, wo »die Begeisterung mit der reinen Furcht zusammentraf«, ohne dass die Furcht komplett übernahm, denn dann hätten sie aufgehört.

Um Dinge zu meistern und Fortschritte zu machen, müssen Kinder dieses Gefühl von Nervenkitzel und Begeisterung in Kombination mit der richtigen Menge Furcht erleben. Denn auf diese Weise fordern sie sich selbst heraus und machen Fortschritte.[2] Hansen Sandseter beschreibt die Möglichkeit, Angst zu bekommen und möglicherweise Schaden zu erleiden, als den Preis, den es kostet, »etwas zu meistern, was man sich normalerweise nicht zutrauen würde«.[3]

Wie wir an verschiedenen Beispielen schon gesehen haben, verlieren wir einige dieser Eigenschaften, wenn wir älter werden. Wir sprechen noch darüber, doch für den Moment wollen wir kurz diskutieren, wie die Furcht der Erwachsenen sich in Einschränkungen für die Risiken von Kleinkindern manifestiert. In einem Artikel mit dem Titel *Ten Ways to Restrict Children's Freedom to Play: The Problem of Surplus Safety* argumentieren Hansen Sandseter und ihre Kolleginnen und Kollegen, dass eine Einschränkung des kindlichen Risikoverhaltens schädlich sein kann. Natürlich gibt es Gelegenheiten, wo eine solche Einschränkung einfach nötig ist – Zäune um einen Pool verhindern beispielsweise, dass Kinder ertrinken. Doch allzu oft sind Erwachsene übermäßig besorgt und beschützen Kleinkinder zu sehr vor riskantem Verhalten.

Einer der Hauptfehler, den Erwachsene begehen, liegt darin, dass sie »das Netz zu weit spannen und viele positive Aktivitäten, die ein gewisses Risiko bergen, mit einfangen, nur um ein paar isolierte Probleme zu eliminieren«. Die Autoren erklären im Weiteren, warum Risiken im Spiel Teil einer normalen Entwicklung sind und warum Verletzungen eine bekannte, aber akzeptable Folge davon sind. Auf Spielplätzen beispielsweise ist das Verletzungsrisiko sehr gering, wenn man bedenkt, wie intensiv Kinder diese Orte nutzen. Die Ängste und Sorgen der Erwachsenen können dann zu einem »Übermaß an Sicherheit« führen. Und das wiederum führt leider zu Einschränkungen für kleine Kinder, die klug sind, ständig aus ihren Erfahrungen lernen und durchaus einschätzen können, ob eine Aktivität zu riskant für sie ist.[4] In Norwegen beispielsweise spielen Kinder regelmäßig draußen in der Natur, ohne dass es dort feste Spielplätze oder Zäune gibt. Dort ist man weithin der Ansicht, dass Kinder ein Recht darauf haben, in einer natürlichen und damit riskanteren Umgebung zu spielen und sich selbst herauszufordern.[5]

Das heißt, obwohl selbstverständlich die Chance auf Verletzungen besteht, ist riskantes Spielen unter freiem Himmel für Kinder insgesamt gesehen gut. Ein systematischer Überblick, der 2015 von einer Forschungsgruppe aus Kanada, den USA und Norwegen veröffentlicht wurde, untersuchte 21 verschiedene Studien, um den wahren Nutzen dieses Verhaltens herauszuarbeiten. Das erste, besonders offensichtliche Ergebnis war, dass riskantes Outdoor-Spielen die körperliche Aktivität fördert und dafür sorgt, dass Kinder nicht zu viel sitzen. Denken wir zurück an Kapitel 1, wo wir die körperliche Aktivität von Kleinkindern besprochen haben. Wenn man ihnen mehr Freiheit gibt und damit ihre Aktivitäten riskanter macht, bewegen sie sich mehr. Und abgesehen von der gesteigerten körperlichen Aktivität stellten die Mitglieder der Forschungsgruppe auch fest, dass solche Spiele soziale Interaktion und Kreativität fördern – womit wir bei unserer Diskussion in Kapitel 5 (Spielen) wären.[6]

Um an dieser Stelle den Lerneffekt für uns alle herauszukitzeln und die Dinge zusammenzufassen: Es gibt drei entscheidende Punkte in Bezug auf das Risikoverhalten von Kleinkindern. Erstens, und das ist besonders wichtig: Wir alle müssen Risiken eingehen, um eine neue Fertigkeit zu lernen oder Perfektion in etwas zu erlangen, was wir entweder noch nicht können oder normalerweise nicht tun. Furcht und Misserfolge sind dabei ein normaler, konstruktiver Teil des Prozesses. Zweitens: Manchmal werden von anderen Regeln oder Richtlinien aufgestellt, die nicht in unserem Interesse sind. Es ist okay, solche Regeln manchmal nicht zu beachten, denn in den meisten Fällen kennen wir selbst unsere Grenzen besser als irgendjemand sonst. Und drittens: Gerade im Bereich der körperlichen Aktivität kann es außerordentlich hilfreich sein, Risiken einzugehen. So bewegen wir uns mehr, und wenn wir es gemeinsam mit anderen tun, bauen wir auch soziale Bindungen auf.

## Warum Kleinkinder nicht ins Casino dürfen

Kleinkinder haben zwar durchaus ein Gefühl dafür, wenn eine Aktivität zu riskant sein könnte. Doch »Sicherheit geht vor« ist ganz bestimmt kein Motto, das sie auf ihr Leben anwenden würden – im Gegensatz zu vielen Erwachsenen. Sie bewegen sich eher am anderen Ende der Skala, bevorzugen hohe Risiken und rechnen mit hohen Belohnungen. Es ist also ganz gut, dass es eine Altersbeschränkung in Casinos gibt, denn diese Eigenschaften, zusammen mit einem Übermaß an Selbstvertrauen (zu diesem Punkt kommen wir noch) wäre am Blackjack-Tisch eine Katastrophe.

Wie wir im nächsten Abschnitt sehen werden, ist es nicht besonders fair, Kleinkinder und Erwachsene in Sachen Risikoverhalten miteinander zu vergleichen. Denn Kleinkinder würden diesen Vergleich stets gewinnen. Viel fairer wäre ein Vergleich mit Affen, die einen eher flexiblen Zugang zu Risiken haben.[7, 8] In einer Studie aus dem Jahr 2022 verglichen Forschende der Normandie Université in Frankreich zweijährige Kinder mit fast genauso niedlichen Kapuzineräffchen. Im ersten Teil des Experiments wurden 24 französische Kinder gebeten, einzeln in einen Testraum zu kommen, und zwar kurz vor dem Mittagessen, sodass die Motivation, die durch Essen erzeugt werden konnte, besonders hoch war. In dem Raum befanden sich fünf umgedrehte Schüsseln: eine grüne und vier blaue. Die Kleinkinder sahen, dass unter der grünen Schüssel nur ein Schokoladenchip lag, während unter einer der blauen Schüsseln vier Chips lagen und unter den übrigen blauen Schüsseln keine. Die Kinder konnten sich nun für die sichere Option (grün) entscheiden, bei der es auf jeden Fall einen Schokoladenchip gab, oder das Risiko eingehen, sich eine der blauen Schüsseln auszusuchen. Jedes Kind konnte zweimal wählen. Später fand ein ähnliches Experiment mit sieben Äffchen statt, wobei die Schokoladenchips durch Weintrauben ersetzt wurden. Das Ergebnis: Die Kleinkinder zeigten eine »starke Präferenz für die riskante Option«, während die Äffchen ganz klar auf Sicherheit setzten. Tatsächlich entschieden sich 20 von 24 Kindern in beiden Fällen für die riskantere Option.

Um die sichere Option noch klarer zu machen, wurde die grüne Schüssel im zweiten Experiment durch eine durchsichtige Schüssel ersetzt. Doch selbst wenn der Schokoladenchip direkt vor ihnen lag und die Kinder hungrig waren, wählte eine überwältigende Mehrheit von ihnen die Lotterie-Methode, was nichts anderes bedeutete, als dass sie in vielen Fällen leer ausgingen. Die Äffchen jedoch wählten in diesem Fall immer die sichere Option.[9]

Kleinkinder haben wenig Ahnung von Statistik und Wahrscheinlichkeitsrechnung, sie entscheiden sich also anders als Erwachsene und Kapuzineräffchen. Die Autorinnen der Studie erklären, dass die Entscheidungen der Kinder auf einem Modell der Abwägung zwischen Ausnutzung und Erkundung beruhen. Ja, sie könnten einen Schokoladenchip gewinnen, doch sie neigen eher dazu, andere Optionen zu erkunden und etwas zu riskieren, weil dahinter die Chance auf einen höheren Gewinn steht. Sie kommen gut mit sehr unsicheren Situationen zurecht, weil sie wissen: Wenn sie bei der sicheren Option bleiben, können sie nicht herausfinden, was möglich wäre.[10]

## Sicherheit ist nicht immer die beste Option

Wenn wir älter werden und mehr wissen, gehen wir weniger Risiken ein. Dann scheint die sichere Option oft die beste zu sein. Unser Wunsch zu lernen und zu erforschen ist nie mehr so stark wie im Kleinkindalter, und so sinkt unsere Bereitschaft, Risiken einzugehen. Das lässt sich sogar an Schimpansen nachweisen: jüngere Schimpansen sind risikofreudiger als ältere.[11] Beim Menschen konnte dies in einer Studie mit 234 Teilnehmenden aus Albuquerque in New Mexico nachgewiesen werden. Das Einzigartige an dieser Studie war, dass Menschen der verschiedensten Altersgruppen daran teilnahmen, nämlich von 5 bis 64 Jahren.

Das Ziel der Studie bestand darin, festzustellen, wie sich unsere Risikotoleranz mit der Zeit verändert. Dazu wurden verschiedene altersgerechte Experimente durchgeführt, die zeigen sollten, welche Risiken die Personen einzugehen bereit waren. Ähnlich wie bei dem vorigen Experiment konnten die Teilnehmenden entweder ein garantiertes Ergebnis wählen oder zocken. Für die Kinder wurden Plastikchips verwendet, die sie danach in einem Laden in Spielzeuge umtauschen konnten. Für Teenager und Erwachsene wurde Geld verwendet. Besonders erstaunlich war bei dieser Studie, welche Unterschiede Kleinkinder und Erwachsene in ihrem Verhalten zeigten. Die Kinder reagierten irrational und entgegen der Vorhersagen. Normalerweise sind wir umso weniger bereit, ein Risiko für eine höhere Belohnung einzugehen, je sicherer die Belohnung bei einer nicht riskanten Option ist. Entsprechend verhielten sich die Erwachsenen. Die jüngsten Kinder jedoch taten genau das Gegenteil. Wenn die Gewissheit, Chips zu bekommen, erhöht wurde, entschieden sie sich sogar noch häufiger zum Zocken. In einem Beispiel wurde den Teilnehmenden ein Szenario vor Augen geführt, bei dem die Chance, die Belohnung zu erhalten, bei 80 Prozent lag. In diesem Szenario entschieden sich weniger als die Hälfte der Erwachsenen fürs Zocken, jedoch fast drei Viertel der Kleinkinder.[12]

Das Muster einer nachlassenden Bereitschaft zum Risiko mit zunehmendem Alter beschränkt sich aber nicht auf ökonomische Risiken, sondern erstreckt sich auch auf soziale Situationen. Eine Studie, die von einem Forschungsteam der University of Utah durchgeführt wurde, verglich jüngere und ältere Erwachsene in Bezug auf ihr Risikoverhalten in sozialen Situationen. Dabei ging es um Dinge wie »zugeben, dass sich dein Geschmack von dem eines Freundes unterscheidet« oder »in einer sozialen Situation eine unpopuläre Meinung vertreten«. Die Forschenden weisen darauf hin, dass derartige soziale Risiken wichtig sein können, wenn eine ehrliche Meinung für bestimmte Jobs wertvoll ist, beispielsweise in einer Beratungstätigkeit.[13]

Altersbedingte Veränderungen passieren auf natürliche Weise und aus verschiedenen Gründen. Zunächst kann es sein, dass ältere Erwachsene nicht mehr so viel Chancen zum Erforschen der Welt sehen wie Kleinkinder, deren Leben aus unzähligen solchen Chancen besteht. Das kann die Risikofreude senken.[14] Außerdem lässt sich mit Hilfe neuroanatomischer Forschung zeigen, dass im natürlichen Prozess des Alterns ein spezifischer Teil unseres Gehirns schrumpft, und zwar ein Teil, der mit unserem Risikoverhalten zu tun hat. Der Rückgang grauer Masse in dieser Region des Gehirns ist stärker mit einer sinkenden Risikotoleranz verbunden als das Altern an sich.[15] Und drittens kann unsere Lebenserfahrung einen enormen Einfluss ausüben. Im Laufe der Jahre erleben Menschen finanzielle Härten, Naturkatastrophen oder gesundheitliche Veränderungen, die sich drastisch auf ihre Risikotoleranz auswirken können.[16]

Und schließlich, unabhängig vom Alter im Allgemeinen, gibt

es noch weitere wichtige Faktoren, die unsere Bereitschaft und Fähigkeit beeinflussen können, Risiken einzugehen. Zunächst gibt es da Geschlechtsunterschiede. Dies ist vor allem im Bereich Finanzen gut dokumentiert – Frauen sind in diesem Bereich konservativer als Männer.[17] Auch der Hormonspiegel, vor allem in Bezug auf Testosteron und Cortisol, verändert unsere Lust aufs Risiko.[18] Es gibt außerdem einen kleinen genetischen Einfluss.[19] Und wie wir noch besprechen werden, wenn wir zum Thema Zutrauen kommen, können die Menschen um uns herum unser Verhalten stark beeinflussen, auch in Sachen Risiko. In einer Studie, die am California Institute of Technology durchgeführt wurde, nahmen 24 Erwachsene an einem Experiment teil, bei dem sie zocken sollten. Es gab eine sichere Option, bei der man zehn Dollar gewinnen konnte, und eine Zockeroption, bei der der Gewinn potenziell höher war. Vor dem eigentlichen Spiel bekamen die Teilnehmenden Informationen darüber, wie sich eine andere Person angeblich in dieser Situation verhalten hatte. Doch nachdem es sich bei der »Person« um einen Algorithmus handelte, konnte das Verhalten in Richtung höheres oder niedrigeres Risiko modifiziert werden. Im nachfolgenden Spiel konnten die Forschenden nachweisen, dass Risikofreude oder -vermeidung – wie so viele andere Formen beobachteten Verhaltens – ansteckend waren.[20]

Wir können den Alterungsprozess nicht aufhalten, und es wäre wohl auch keine gute Idee, mithilfe einer Hormontherapie unsere Lust aufs Risiko zu steigern. Doch dies alles sind wichtige Faktoren, die wir bedenken sollten, wenn wir Gelegenheit haben, uns zu überlegen, was möglich sein könnte. Ein Teil unserer Entscheidungsprozesse hängt immer damit zusammen, dass wir uns mit unvollkommenen Informationen abfinden.[21] Und dazu kommen die Menschen, mit denen wir uns umgeben und die unser Leben beeinflussen. Das gilt nicht nur für unser Risikoverhalten, sondern auch für unser Selbstvertrauen, wie wir am Ende des Kapitels noch sehen werden.

## Mutig sein

Eine der besten Gelegenheiten, um das Risikoverhalten von Kleinkindern zu beobachten, ist das Kinderturnen, weil sie dort ständig vor neuen Herausforderungen stehen. Eine dieser Herausforderungen ist bei uns eine große aufblasbare Rennbahn namens Air Track. Sie ähnelt einer Hüpfburg, doch anstatt auf der Stelle zu springen, soll man hier von einem Ende zum anderen rennen, hüpfen oder rollen. Und das alles, im besten Fall, ohne runterzufallen. Als ich das Ding zum ersten Mal in Benutzung erlebte, sprangen wie erwartet viele der kleinen Risikofreaks sofort los, um es auszuprobieren. Doch es gab auch ein paar Schüchterne, die erst mal ein paar Minuten zuschauten. Obwohl deutlich zu sehen war, dass ihre Freunde auf der Hüpfburg nur schlecht das Gleichgewicht halten konnten und immer wieder runterpurzelten, beobachteten die Zuschauerinnen das alles mit ehrfürchtigem Staunen. Und sie wurden nicht nur ermutigt, es ebenfalls zu versuchen, sondern folgten den risikofreudigeren »Vorturnern« bald auch bei anderen Aktivitäten. Natürlich übernahmen die Mutigeren die Rolle der Anführer.

Die Art, wie diese Kleinkinder ihre Freunde beobachteten, die ein größeres Risiko eingingen, ähnelt unserer Perspektive auf Risiken in Bezug auf Führungsrollen im Geschäftsleben. In diesem Rahmen gilt Risiko allgemein als etwas Positives, das wir brauchen, um voranzukommen. Führungskräfte werden oft für ihre Risikobereitschaft belohnt. Angesichts dieser allgemeinen Haltung muss man bedenken, dass das Scheitern nach einem Risiko nicht genauso betrachtet wird wie auf anderen Gebieten. Es gibt nicht nur eine enorm positive Haltung zum Zusammenhang von Risiko und Erfolg, aber die negative Beurteilung von Risiko und Scheitern ist erheblich schwächer.

Diese Ideen wurden detailliert von einer Forschungsgruppe der Kent State University untersucht. Die Gruppe führte zwei Studien durch, bei denen die Teilnehmenden über ihre Einstellung zum Risikoverhalten am Arbeitsplatz befragt wurden. An der ersten Studie nahmen 322 Personen zwischen 18 und 75 Jahren teil. Sie bekamen Texte über zwei Angestellte einer Firma zu lesen: der eine risikofreudig, der andere risikoscheu. Die Arbeitsaufgaben, um die es ging, bestanden darin, bei einem Meeting einen Vorschlag zu machen, eine Innovation für Arbeitsabläufe zu entwickeln oder eine neue Initiative anzuführen. Der risikofreudige Angestellte war in der Hälfte der Szenarien erfolgreich, bei der anderen Hälfte scheiterte er.

Die Teilnehmenden wurden nun gebeten, die Wahrscheinlichkeit von fünf Ergebnissen für diese beiden hypothetischen Angestellten anzugeben: vom Personalabbau betroffen sein, Beförderung, Anmeldung zu einem speziellen Management-Training, Gehaltserhöhung und Bonuszahlung. Zunächst war klar, dass der risikofreudige Angestellte immer dann besonders stark in Richtung eines positiven Ergebnisses bewertet wurde, wenn er Erfolg hatte, weniger stark, wenn er scheiterte. Interessanter war jedoch der Vergleich zwischen dem risikofreudigen und dem risikoscheuen Angestellten. Die Wahrscheinlichkeit einer Kündigung wurde für den risikofreudigen Angestellten tendenziell höher eingeschätzt, doch es gab keine Auswirkungen auf Unterschiede in der Bezahlung, und vor allem war die Wahrscheinlichkeit höher, befördert zu werden oder für eine Führungsposition infrage zu kommen.

In dem zweiten Experiment mit mehr als 500 Teilnehmenden wurde zunächst dieselbe Methode verwendet. Dann jedoch wurden die Teilnehmenden gebeten, bestimmte Eigenschaften zu bewerten. Es zeigte sich, dass risikofreudige Personen, unabhängig von ihrer Erfolgsquote, als attraktiver, aktiver, kompetenter und entscheidungsfreudiger bewertet wurden. Das galt auch für risikofreudige Personen, die scheiterten. Auch bei ihnen nahm man an, dass sie eher eingestellt und befördert würden. Wohlgemerkt: Hier geht es nur um Bewertungen, nicht um tatsächliche Ergebnisse am Arbeitsplatz. Doch wir bekommen einen guten Einblick in die Einstellung von Menschen zum Thema Risiko im beruflichen Zusammenhang. Die Autorinnen dazu: »Risikofreude wird selbst im Fall des Scheiterns so positiv bewertet, dass Arbeitskräfte vor Strafe geschützt sind.«[22]

Eng verbunden mit dem Blick auf Risiken, die wir eingehen, ist auch unsere eigene Einstellung zu unserem Job. Im Jahr 2023 veröffentlichten Forschende der schwedischen Universität Uppsala eine fantastische Studie zur Verbindung zwischen Jobzufriedenheit und Risikofreude. Sie nutzten dazu Daten, die über vier Jahre hinweg in 22 britischen Assessment-Centern gesammelt worden waren und mehr als 50 000 Personen im Alter von 37 bis 73 umfassten. Eine der Fragen, die dort gestellt worden waren, lautete: »Würden Sie sich als risikofreudig beschreiben?« Und die Personen sollten auch ihre Zufriedenheit mit ihrem derzeitigen Job angeben. Bei der Auswertung fanden die Forschenden heraus, dass sowohl bei Männern als auch bei Frauen Risikofreude deutlich mit Jobzufriedenheit korrelierte. Warum das so ist, lässt sich derzeit noch schwer feststellen, weil es noch sehr wenig Forschung zu dem Thema gibt, doch die Autoren vermuten eine Abhängigkeit von mehreren Faktoren. Zunächst wird Risikofreude von anderen am Arbeitsplatz positiv bewertet, was zu einer höheren Zufriedenheit führen könnte. Dann kann die höhere Aktivität, die risikofreudige Menschen entwickeln, zu einer stärkeren Beteiligung an der Arbeit führen. Zum dritten arbeiten risikofreudige Personen eher in Positionen mit höherer Autonomie, beispielsweise als Führungskräfte oder Selbstständige. Und schließlich sind sie vielleicht eher bereit, den Job zu wechseln, wenn ihre Zufriedenheit nachlässt.[23]

In Bezug auf Risikofreude nimmt der Arbeitsplatz eine besondere Stellung ein. Die Belohnung für das Eingehen von Risiken vervielfältigen sich, weil dabei sowohl die Firma profitiert (z.B. durch Innovationen) als auch das Ansehen der einzelnen Person steigt.[24] Und selbst wenn etwas schiefgeht, überwiegt immer noch der Nutzen. Am Ende wiegen die Vorteile die potenziellen

Nachteile auf. Aber wer mehr Risiken eingeht, braucht dafür mehr Zeit, Praxis und, was vielleicht am wichtigsten ist, Selbstvertrauen. Also sollten wir jetzt darüber sprechen, was wir in Sachen Selbstvertrauen von Kleinkindern lernen können.

## High-Five für mich selbst

Jeden Morgen, wenn ich meine kleine Tochter aus dem Bett hole, schaut sie erst mich lächelnd an, und dann wirft sie ihrem eigenen Spiegelbild ein strahlendes Lächeln zu. Wenn wir dann zum Spiegel gehen, ist sie schon ganz aufgeregt, weil sie gleich ihre Hand ausstrecken und sich selbst ein kräftiges High-Five geben kann. Das hat sie schon gemacht, bevor sie sprechen konnte, sodass wir jede Woche all die Handabdrücke vom Spiegel entfernen müssen. Das tägliche Morgenritual zeigt aber etwas, was alle Kleinkinder fühlen: dass sie tolle Leute sind und einfach alles können. Wenn sie mit vertrauten oder fremden Aufgaben konfrontiert sind, denken Kleinkinder nie: »Dafür fehlen mir die Fähigkeiten.« Im Gegenteil, ihr Vertrauen in ihr eigenes Können ist eigentlich immer übergroß. Und wie wir sehen werden, lassen sie sich auch nicht entmutigen. Diese bemerkenswerte Fähigkeit, die Erwachsenen in entscheidenden Momenten fehlt, hilft Kleinkindern, Risiken einzugehen und schneller zu lernen als die meisten Erwachsenen. Sie suchen jeden Tag nach Gelegenheiten, sich über ihre Komfortzone hinauszubewegen, weil sie wissen, sie werden es irgendwann hinkriegen.

Das Phänomen des übergroßen Selbstvertrauens von Klein- und Vorschulkindern ist in Dutzenden Studien über Jahrzehnte hin gut dokumentiert. In einem klassischen Experiment aus dem Jahr 1975 führten Forschende der University of Wisconsin-Madison ein einfaches Experiment durch: Sie baten Vorschulkinder, Drittklässler und Erwachsene, vorauszusagen, wie viele Bilder auf Karten sie sich merken könnten. Dann wurde diese Merkfähigkeit getestet, wobei man den Probanden vorher mitteilte, wie viele Bilder andere in ihrer Altersgruppe erinnert hatten. Die Erwachsenen schätzten sich bei diesem Experiment ziemlich korrekt ein und übertrieben nur um 6 Prozent. Die Drittklässler kamen auf 22 Prozent. Und die Vorschulkinder? Sie überschätzten ihre Fähigkeiten um 147 Prozent![25]

Seit den 1970er Jahren wurden viele weitere Studien durchgeführt, um herauszufinden, ob man mit mehr Erfahrung, Information oder Feedback dieses Selbstvertrauen von Kindern abbauen könne.

In einer jüngeren Studie, die ebenfalls an der University of Wisconsin-Madison durchgeführt und im Jahr 2020 veröffentlicht wurde, testete man sechzig Kinder im Alter zwischen vier und sechs Jahren mithilfe des Children's Gambling Task. Dabei handelt es sich um ein Spiel mit zwei Kartensätzen. Der eine Satz gilt als sicher, man kann damit rechnen, dass es sich mit der Zeit lohnt, Karten aus diesem Satz auszuwählen. Der andere Satz ist riskanter, bringt also höhere Gewinne, aber auch höhere Verluste. Wenn man ständig Karten aus diesem Satz auswählt, lohnt sich das nicht. Um den Kindern einen Anreiz zu geben, optimal zu spielen und auszuwählen, gab es Sticker als Preis. Im Verlauf des Spiels wurden die Kinder nach zehn Karten aufgefordert, kurz innezuhalten und vorauszusagen, wie viele Sticker sie mit den nächsten zehn Karten gewinnen würden: mehr, etwa genauso viele, weniger oder »weiß nicht«. Jedes Kind durfte sechzig Karten ziehen, und nach der Hälfte zeigte man ihnen einen Film, in dem der Spieler alle seine Sticker verlor, nachdem er eine Karte aus dem riskanten Satz gezogen hatte.

Die Ergebnisse des Experiments waren recht bemerkenswert. Trotz zahlreicher Versuche mit ständigem Feedback, Anreizen und dem Film, der einen Totalverlust zeigte, blieb ein Drittel der Vierjährigen übermäßig selbstbewusst. Der Schluss der Autoren: »Übermäßiges Selbstvertrauen in der frühen Kindheit ist dauerhaft und weit verbreitet.« Was ebenfalls wichtig ist: Selbst in diesem Experiment mit einer relativ kleinen Altersspanne zeigt sich bereits ein altersbedingter Abbau, ähnlich wie beim Risikoverhalten.[26]

Das Selbstvertrauen von Kleinkindern ist so stark, dass es sich sogar auf andere erstreckt. In einem ähnlichen Gedächtnisexperiment wie dem oben beschriebenen, in dem Kinder gebeten wurden, vorherzusagen, an wie viele Karten sie sich erinnern würden, baten Forschende der Kent State University Vorschulkinder, dies für andere Kinder vorherzusagen. In dieser Studie sollten sie nicht nur für sich selbst Vorhersagen machen, sondern auch für ein Video, in dem ein anderes Kind desselben Alters dasselbe Spiel spielt. Das Kind in dem Film lag bei drei oder vier von zehn Versuchen richtig. Trotzdem blieben die Kinder, die die Vorhersagen machten, übermäßig zuversichtlich für die andere Person und erwarteten, dass sie zwischen fünf bis sieben Treffer landen würde. Die Autoren weisen darauf hin, dass Selbstvertrauen aus einer Reihe von Gründen für kleine Kinder wichtig sei. Es könne helfen, das Selbstwertgefühl zu erhalten und neue Aufgaben auszuprobieren. Ein hohes Maß an Selbstvertrauen könne Ausdauer und damit Übung ermöglichen, um Ziele auf höherer Ebene zu erreichen.[27]

Schließlich ist es wichtig zu erwähnen, dass das Selbstvertrauen von Kleinkindern nicht nur auf Gedächtnisaufgaben und Spielleistungen beschränkt ist – es erstreckt sich auf alle Bereiche ihres Lebens. Kleinkinder glauben, dass sie stärker, schneller und geschickter sind und mehr wissen, als es tatsächlich der Fall ist.[28] Dieses Merkmal, das gelegentlich zu Verletzungen und zu weniger Belohnungen führen kann, sorgt insgesamt für eine Verbesserung ihrer körperlichen und kognitiven Fähigkeiten.

## Mut ist wichtig

Wie wir gesehen haben, gehen Kleinkinder durchweg mit einer bemerkenswerten Haltung ans Leben heran: unverwüstliches Selbstvertrauen. Das erinnert an frühere Themen, bei denen wir bereits gesehen haben, dass sie zu Extremen neigen. Obwohl wir viel von ihnen lernen und unser Leben verbessern könnten, wenn wir uns ihrem Extrem annähern würden, könnte es uns auch schaden, wenn wir ihnen in jedem Bereich folgen. Trotzdem sollten wir so ein übermäßiges Selbstvertrauen nicht vollständig vermeiden. Natürlich gibt es Szenarien, in denen übermäßiges Selbstvertrauen gefährlich sein kann, beispielsweise beim Autofahren, doch es gibt eben auch Situationen, in denen ein starkes Selbstbewusstsein im Stil von Kleinkindern helfen kann. In diesem Abschnitt werden wir einige solche Bereiche diskutieren; im nächsten Abschnitt geht es dann um Szenarien, in denen wir dazu neigen, zu wenig Selbstvertrauen zu haben und uns wirklich eher so verhalten sollten wie Kleinkinder.

Der wichtigste Bereich unseres Lebens, in dem starkes Selbstvertrauen eine entscheidende Rolle spielen kann, ist der Arbeitsplatz. Dies wurde von zahlreichen Autoren in Bezug auf Führungskräfte in der Wirtschaft untersucht. Eine der detailliertesten Studien dazu untersuchte einen riesigen Datensatz von mehr als 1700 Firmen in 220 Branchen. Gemessen wurde das Selbstvertrauen von CEOs anhand ihrer persönlichen finanziellen Portfolios, basierend auf dem Aktienpaket ihrer Firma, das sie hielten. Nachdem verschiedene wichtige Faktoren sowohl auf persönlicher als auch auf Firmenebene kontrolliert worden waren, stellte man einen starken positiven Effekt zwischen dem übermäßigen Selbstvertrauen des CEO und der Performance der Firma fest.[29]

In einer anderen Studie, die Daten über vierzehn Jahre hinweg betrachtete, zeigte sich, dass CEOs, die ein übermäßiges Selbstvertrauen besaßen und ihr Risiko, zu scheitern, unterschätzten, eher zu Innovationen bereit waren und Patente erlangten. Dieser Effekt war umso stärker, je wettbewerbsorientierter die Branche war.[30]

Übermäßiges Selbstvertrauen am Arbeitsplatz kann uns helfen, die Risiken einzugehen, die wir brauchen, um unsere größten Ziele zu erreichen. Es gibt zwar auch Nachteile, beispielsweise das Risiko, Irrtümer zu begehen, doch ein starkes Selbstvertrauen kann auch außerhalb der Arbeit hilfreich sein, zum Beispiel bei Dates.[31] In Kapitel 5 haben wir schon darüber gesprochen, dass eine gewisse Verspieltheit förderlich für alle Arten von Beziehungen ist. Darauf aufbauend ist auch eine Selbstdarstellung, die eine hohe Meinung von den eigenen Fähigkeiten zeigt, durchaus nützlich.

Grob gesprochen wissen wir, dass sowohl Männer als auch Frauen jeder Altersgruppe Partnerinnen bzw. Partner bevorzugen, die selbstbewusster sind als sie selbst.[32] Um dem noch genauer nachzugehen, wurde in einer Studie der University of Queensland in Australien beobachtet, wie die Reaktionen auf die Profile auf Online-Datingplattformen sind und wie die Testpersonen auf hypothetische Datingszenarien reagieren. Die Studie umfasste mehr als tausend Teilnehmende in fünf Einzelexperimenten, und zwar Erwachsene über 25 Jahren. Dabei wurde ein faszinierender Fragebogen benutzt, um Selbstüberschätzung zu messen, das sogenannte »Overclaiming Questionnaire«. Darin wird abgefragt, wie vertraut die Testpersonen mit bestimmten Gegenständen sind. Einer von fünf dieser Gegenstände existiert nicht, z. B. »Ultralipide«. Mit diesem Fragebogen kann also gemessen werden, wer seine eigenen Fähigkeiten wie stark überschätzt.

Die Ergebnisse dieser Experimente waren ausgesprochen interessant. Zunächst einmal verfassten übermäßig selbstbewusste Personen automatisch solche Profile, die als selbstbewusst wahrgenommen wurden, mit entsprechend höherer Attraktivität als Liebespartner. Der Grat zur Arroganz ist aber schmal, und

Arroganz gilt als negative, wenig attraktive Eigenschaft. Das nächste faszinierende Ergebnis zeigte, wie ein übermäßiges Selbstvertrauen sich bei potenziellen Rivalen auswirkt. Um dies zu illustrieren, legten die Forschenden den Teilnehmenden das folgende hypothetische Szenario vor: Stellen Sie sich vor, Sie gehen zu einem Singletreffen. Vor der Veranstaltung können Sie die Profile aller anwesenden Personen lesen, und Sie haben bereits eine Präferenz für eine bestimmte Person. Als Sie ankommen, freuen Sie sich, diese Person mit Begleitung an einem Tisch sitzen zu sehen. Doch leider ist die Person, die den beiden gegenübersitzt, ganz offensichtlich interessiert und flirtet. Diese Person ist Ihr Rivale. An einem anderen Tisch sitzen zwei weniger attraktive Singles, und zwar allein. An welchen Tisch setzen Sie sich? Interessanterweise neigten die meisten Befragten nicht dazu, sich mit Rivalen einzulassen, die sie als selbstbewusst einschätzten. Und mehr noch: Personen, die ihrerseits ein sehr ausgeprägtes Selbstbewusstsein zeigten, neigten eher dazu, sich auf einen Wettstreit einzulassen, wenn sie dazu Gelegenheit bekamen.[33]

Zusammenfassend lässt sich sagen: Die Selbstüberschätzung von Kleinkindern lässt sich zwar nicht breit anwenden, doch es gibt Gelegenheiten, in denen sie auch im Erwachsenenleben ganz praktisch sein kann. Das gilt am Arbeitsplatz, vor allem in Führungspositionen, weil sie uns erlaubt, Misserfolge herunterzuspielen und große Risiken einzugehen, die gebraucht werden, um die Performance des Unternehmens zu steigern. Und außerhalb des Arbeitslebens hilft sie vor allem bei der Partnersuche. Sie kann uns den nötigen Mut verleihen, in schwierigeren und potenziell peinlichen Situationen auf andere Menschen zuzugehen, und gleichzeitig hält sie mögliche Mitbewerber auf Abstand.

## Die Last der Expertise

Ein übermäßiges Selbstvertrauen, wie es Kleinkinder zeigen, kann zwar in bestimmten Szenarien, über die wir bereits gesprochen haben, helfen, doch im richtigen Leben nutzen wir unser Potenzial oft nicht, weil wir uns eher unterschätzen. Wie wir in diesem Buch immer wieder gesehen haben, handeln Kleinkinder oft gegen alle Logik, doch wir sollten bedenken, dass sich auch Erwachsene gelegentlich sinnwidrig verhalten.

Ein perfektes Beispiel dafür ist das Selbstvertrauen, mit dem sie an eine bestimmte Aufgabe herangehen. Bei einigen Aufgaben überschätzen wir uns, bei anderen unterschätzen wir uns. Und dann gibt es noch Aufgaben, bei denen unsere Selbsteinschätzung umso weiter absinkt, je mehr wir uns darin üben. Im Gegensatz zu Kleinkindern, die eigene Leistungen und Feedback aus der Vergangenheit verdrängen und in dem klaren Bewusstsein weitermarschieren, dass sie einfach nur toll sind, beziehen Erwachsene viele Faktoren mit ein – oft zu ihrem Nachteil. Wir haben im vorigen Kapitel bereits gesehen, dass das Hochstapler-Syndrom, bei dem wir unsere Fähigkeiten und Talente unterbewerten, ein echtes Problem sein kann. Selbst angesichts objektiver Beweise, die zeigen, wie gut wir sind, kann es sein, dass uns das Selbstvertrauen fehlt, die nächsten Schritte zu gehen. In diesem Abschnitt wollen wir über solche Probleme sprechen, um sie uns bewusst zu machen und die Selbstunterschätzung so gut wie möglich zu meiden – ein Zustand, den Kleinkinder gar nicht kennen.

Das wichtigste Problem, auf das wir dabei achten sollten, wurde 1999 von den Psychologen Justin Kruger und David Dunning zur Sprache gebracht, beide zu dieser Zeit an der Cornell University. In ihrer berühmt gewordenen Studie, die mehr als 8000 Mal zitiert worden ist, befragten sie Studierende in Bezug auf deren Fähigkeiten auf drei verschiedenen Gebieten: Humor, logisches Denken und englische Grammatik. Dann wurden die Teilnehmenden auf jedem dieser Gebiete getestet, um objektive Ergebnisse zu bekommen. Die Ergebnisse sind faszinierend. In den dazugehörigen Grafiken sieht man eine Linie für die angenommene Fähigkeit und eine für das tatsächliche Testergebnis. Zu Beginn sind diese Linien recht weit auseinander und zeigen, dass diejenigen Befragten, die objektiv die schlechtesten Ergebnisse brachten, ihre Fähigkeiten bei Weitem überschätzten (der sogenannte Dunning-Kruger-Effekt). Mit der Zeit jedoch passiert etwas Überraschendes: Die Fähigkeiten verbessern sich wie erwartet, aber das Selbstvertrauen sinkt. Die Linien treffen sich kurz, bewegen sich dann aber gleich wieder auseinander, bis sie den Anfangswerten entgegengesetzt sind. Mit anderen Worten: Hoch befähigte Personen unterschätzen ihre eigenen Fähigkeiten. Die Autoren nennen dieses Phänomen die »Last der Expertise«. Was passiert da? Hoch befähigte Personen nehmen fälschlich an, wenn sie so gut abschneiden, würden das auch andere tun, und deshalb unterschätzen sie ihre Fähigkeiten im Vergleich mit anderen.[34]

Doch unser mangelndes Selbstvertrauen erstreckt sich leider auch auf Gebiete, in denen wir gar nicht so viel können. Wir beobachten es an den seltsamsten Stellen in unserem Leben, abhängig davon, wie schwierig eine Aufgabe ist. Eigentlich sollten wir, genau wie Kleinkinder, ständig schwierige Aufgaben in Angriff nehmen und beharrlich dranbleiben. Doch das fällt uns nicht immer so leicht, weil die Selbstunterschätzung uns paradoxerweise an Stellen trifft, wo wir unser Selbstvertrauen am nötigsten brauchen würden. In einer weiteren klassischen Studie von Kruger aus dem Jahr 1999, die 2022 wiederholt wurde, zeigt sich ein Effekt, der als »below average-effect« bezeichnet wird.[35, 36] In beiden Studien wurden Erwachsenen einige einfache Aufgaben gestellt: eine Computermaus bewegen und Auto fahren. Dann folgten einige schwierige Aufgaben, z. B. Schach spielen und Programmieren. Anschließend stellte man den Testpersonen eine Reihe von Fragen, die sich darauf bezogen, wie schwierig die

Aufgaben waren und wie sie ihre eigenen Fähigkeiten einschätzten. Sowohl in der ursprünglichen als auch in der Wiederholungsstudie 23 Jahre später (und in mehreren weiteren Studien in der Zwischenzeit) waren die Ergebnisse die gleichen.[37, 38] Wenn wir uns mit anderen vergleichen, schätzen wir unsere Fähigkeiten in Bezug auf schwierige Aufgaben zu niedrig ein, in Bezug auf leichte Aufgaben zu hoch.

Und als wäre es nicht schon schlimm genug, dass wir uns selbst unterschätzen, wenn wir hoch befähigt sind bzw. wenn wir vor schwierigen Aufgaben stehen, sinkt unser Selbstvertrauen auch noch, nachdem wir bestimmte Lern- und Gedächtnisaufgaben gelöst haben. Forschungsergebnisse verschiedener Institute über mehrere Jahrzehnte hinweg zeigen immer wieder das Phänomen, dass die Selbsteinschätzung bei wachsender Praxis sinkt (under-confidence with practice, UWP).[39, 40] Am deutlichsten sieht man den Abfall von leichter Überschätzung vor dem ersten Versuch zu einer Unterschätzung danach. Die Forschung hat sich zwar vor allem auf Gedächtnisaufgaben gestützt, doch eine breite Vielfalt von Manipulationen zeigt, wie robust diese Ergebnisse sind. Es spielt nämlich keine Rolle, ob man den Teilnehmenden Feedback gibt oder nicht, ob sie Anreize bekommen oder nicht – der Abfall nach dem ersten Versuch findet in jedem Fall statt.

Bei Kindern ist das allerdings nicht der Fall. Als man dieselben Experimente mit Dritt- und Fünftklässlern durchführte, zeigten sie den UWP nicht in der gleichen Weise wie Erwachsene. Bei näherem Hinsehen fanden die Mitglieder der Forschungsgruppe heraus, dass die Kinder zwar ihre früheren Erfolge gut erinnerten, jedoch auch »frühere Irrtümer als Erfolge« abspeicherten.[41] Kinder sind optimistisch und nehmen die Vergangenheit verzerrt positiv wahr. Diese Wahrnehmung ist zwar falsch, doch sie ist wahrscheinlich besser als der Weg der Erwachsenen, Misserfolge überzubewerten und damit der Selbstunterschätzung Tür und Tor zu öffnen.

## Dress for Success

Wenn wir einer Gruppe Kleinkinder beim Spielen zusehen, können wir Rollenspiele beobachten, bei denen sich die Kinder oft auch verkleiden. Ein Mädchen trägt einen schwarzen Umhang und springt von einem Mauersims, ein kleiner Junge legt die Hände an den weit aufgerissenen Mund und brüllt wie ein Löwe, und ein drittes Kind trägt ein leuchtend pinkfarbenes Fußballtrikot und kickt einen Ball gegen die Mauer. Die Kinder sehen in diesem Moment ganz klar Batman, einen mächtigen Löwen und Lionel Messi. Sie *sind* diese Personen (oder Tiere) und beziehen daraus genau das Selbstvertrauen, das sie jemals brauchen werden.

Wie schon in Kapitel 7 (Mentoren) besprochen können wir uns tatsächlich in eine andere Person verwandeln, indem wir einfach so handeln wie diese Person, und uns auf diese Weise ihre Kräfte aneignen. Ähnlich wichtig sind die Menschen, mit denen wir uns umgeben und die uns motivieren und ermutigen. In diesem letzten Abschnitt wollen wir kurz ein paar Strategien besprechen, die uns helfen können, unser Selbstvertrauen aufzubauen.

Es kann gut sein, dass Sie das YouTube-Video der Sozialpsychologin Amy Cuddy schon einmal gesehen oder davon gehört haben, schließlich wurde es bereits mehr als 60 Millionen Mal angeklickt. Darin beschreibt sie ihre Forschung zu Power-Posen, die helfen sollen das Selbstvertrauen zu stärken.[42, 43] Einige Ergebnisse der ursprünglichen Studie wurden zwar kritisiert, doch eine Metastudie aus dem Jahr 2022, in der 73 Einzelstudien verglichen wurden, kann uns helfen, die wichtigsten Ergebnisse zu illustrieren.

Die erste derartige Studie stammt aus den 1980er Jahren und umfasste mehr als 7000 Teilnehmende. Die Autorinnen definierten eine erweiternde Haltung (Power-Pose), bei der die Person größer und breiter wirkte als in einer neutralen Haltung. Das Gegenteil dazu wäre eine zusammenziehende Haltung. Interessant daran ist, wie sich die Testpersonen fühlten, nachdem sie eine solche Pose eingenommen hatten, und wie sie sich verhielten. Denn faszinierenderweise ließ sich feststellen, dass es eine starke Verbindung zwischen der Haltung und dem Selbstgefühl bzw. Verhalten gibt. Doch neuere Studien kommen zu dem Ergebnis, dass dafür eher das Fehlen einer zusammenziehenden Haltung (runder Rücken, gesenkter Kopf, verschränkte Arme) verantwortlich war. Testpersonen, die auf eine solche Haltung verzichteten, fühlten sich kraftvoller und selbstbewusster und waren auch bereit, mehr Risiken einzugehen.[44]

Wenn Sie Kleinkinder beobachten, werden Sie feststellen, dass solche zusammenziehenden Haltungen bei ihnen natürlicherweise nicht vorkommen. In einem Video, das 2020 online gestellt wurde, sieht man die kleine, ein Jahr alte Chloe, die ins Wohnzimmer geht, um sich ihrem Vater Logan anzuschließen, der dort fernsieht. Logan sitzt mit verschränkten Armen auf der Couch. Chloe kommt herein, den Schnuller im Mund, geht zu ihrem pinkfarbenen Minnie-Mouse-Stuhl, setzt sich und verschränkt die Arme. Das sieht niedlich aus, weil sie offensichtlich ihren Dad nachahmt, doch es ist keine normale Haltung für sie.[45] Kleinkinder können solche zusammengezogenen Haltungen vermeiden, weil sie so aktiv sind und nie lange sitzen bleiben, wie es Erwachsene oft tun.[46]

Es scheint also eine einfache Technik zur Steigerung des Selbstvertrauens zu sein, solche zusammenziehenden Haltungen zu vermeiden. Und es gibt in der Tat einige Möglichkeiten, sie in der täglichen Routine abzubauen. Zunächst sollten Sie versuchen, sich selbst dabei zu ertappen, um sich dann zu korrigieren. Dazu könnten Sie Ihre Haltung auf Fotos kontrollieren, vor allem solchen, bei denen Sie die Kamera nicht bemerkt haben. Diese Fotos zeigen Ihre natürliche Haltung in verschiedenen Szenarien, und Sie könnten Aktivitäten identifizieren, bei denen Sie mehr auf Ihre Haltung achten sollten. Eine weitere einfache Möglichkeit besteht darin, vor allem bei Online-Meetings, wo Sie ohnehin die ganze Zeit gefilmt werden, immer wieder einmal sich selbst anzusehen und Ihre Sitzposition zu checken. Ich persönlich bitte bei Präsentationen einen Kollegen, dem ich vertraue, mir hinterher Feedback zu geben, nicht nur in Bezug auf den Inhalt und die Form meines Vortrags, sondern auch auf meine Haltung. Das ist inzwischen noch einfacher geworden, weil viele Präsentationen aufgenommen werden, sodass ich mich selbst beobachten kann. Und schließlich: Machen wir es einfach wie die Kleinkinder und stehen häufig auf, bewegen uns, sitzen einfach nicht so lange herum. Bei einer sitzenden Tätigkeit empfehlen Expertinnen ohnehin, mindestens einmal pro Stunde aufzustehen.[47] Wenn möglich, könnten Sie auch einen Teil Ihrer Arbeit im Stehen erledigen (eventuell mithilfe eines Stehpults) oder wenigstens alle Telefongespräche im Stehen führen.[48]

Aus der Kleinkindperspektive kann es Ihrem Selbstvertrauen einen gesunden Anschub geben, wenn Sie so tun, als wären Sie ein Löwe. Doch auch die Gruppe von Menschen, in der Sie sich bewegen, kann schon viel bewirken. Das wissen Sie intuitiv. Ihre Stimmung wird von den Personen um Sie herum beeinflusst, und Sie bewegen sich von Natur aus zu bestimmten Personen hin und von anderen weg. In Gegenwart bestimmter Personen fühlen Sie sich glücklich,[49] und auch das Gegenteil ist der Fall. Ein deprimierter Zimmergenosse z. B. kann Sie mächtig runterziehen.[50] In Bezug auf unser Selbstvertrauen verhält es sich genauso. In einer Studie aus dem Jahr 2021 mit dem Titel *The Social Transmission of Overconfidence* führte das Forschungsteam sechs Experimente durch, bei denen den Teilnehmenden nach dem Zufallsprinzip Aufgaben zugeordnet wurden, an denen sie gemeinsam arbeiten sollten. Vor und nach der Zusammenarbeit mit einem Partner wurde die Eigenwahrnehmung des Selbstvertrauens gemessen. Dabei zeigte sich, dass die Zusammenarbeit mit einer selbstbewussten Partnerin das eigene Selbstvertrauen nicht nur stärkte, sondern dass dieser Effekt noch tagelang anhielt und sich auf Personen übertrug, die nur indirekt mit der ursprünglich sehr selbstbewussten Person verbunden waren. Das alles passierte, ohne dass es die Teilnehmenden bewusst wahrnahmen. Dabei muss man allerdings beachten, dass der Effekt nur auftrat, wenn die Personen mit jemandem zusammengespannt wurden, den sie als Mitglied ihrer eigenen Gruppe betrachteten. In diesem Experiment hieß das, sie besuchten dieselbe Universität und nicht eine Universität, die im Football eine gegnerische Mannschaft stellte. Die Forschenden beschreiben diese Weitergabe von Selbstvertrauen als eine Form des sozialen Lernens, um »schnell und effizient lokale Normen in Sachen Selbstvertrauen zu übernehmen«.[51, 52]

Eine weitere Methode, um Selbstvertrauen aufzubauen, ist Schreiben. Schon in Bezug auf die Entwicklung einer spielerischen Haltung, Freundlichkeit, die Planung eines interessanten freien Tages oder eine Steigerung der Chancen, dass ein berufliches Projekt pünktlich fertig wird, haben wir darüber gesprochen, wie kraftvoll und nützlich Schreiben sein kann. Doch es kann auch genutzt werden, um unsere Leistungen zu dokumentieren und uns gegen das Impostor-Syndrom zu schützen. Kevin Cokley, der an der University of Texas in Austin pädagogische Psychologie lehrt, empfiehlt die Führung eines Arbeitstagebuchs und schlägt vor, jedes positive Feedback, jede Leistung und jeden Fortschritt schriftlich zu dokumentieren.[53] Wenn Sie dann einmal pro Woche oder pro Monat diese Aufzeichnungen durchsehen, erinnern Sie sich an all die Dinge, bei denen Sie objektiv ein starkes Selbstvertrauen haben können.

Und auch ein Lieblingsspiel der Kleinkinder kann Ihr Selbstvertrauen stärken: sich verkleiden. Aus zahlreichen Studien wissen wir, dass uns andere Leute unterschiedliche wahrnehmen, je nachdem, wie wir uns anziehen.[54] Doch was noch wichtiger ist: Auch wir selbst fühlen uns anders in einem anderen Outfit. Kleidung hat einen hohen Symbolwert, und wenn wir eine bestimmte Kleidung tragen, nehmen wir auch bestimmte Eigenschaften an.

Der Begriff »enclothed cognition« beschreibt den Einfluss von Kleidung auf unsere inneren Prozesse und wurde von zwei Forschenden der Northwestern University eingeführt. In einer Reihe von Experimenten mit Studierenden zeigten sie, dass das Tragen eines weißen Laborkittels die selektive Aufmerksamkeit erhöhte. Und sie konnten sogar nachweisen, dass eine schlichte Veränderung der Beschreibung des Kittels (Arztkittel statt Malerkittel) die Aufmerksamkeitsspanne der Testpersonen erhöhte.[55] Praktischer gesagt: Wenn wir formelle Kleidung tragen, z. B. einen Anzug, fühlen wir uns nachweislich mächtiger und besser in der Lage, abstrakte Informationen zu verarbeiten und breiter zu denken. Außerdem steigern wir so unser Verhandlungsgeschick.[56, 57]

Lassen Sie sich also nicht aufhalten, experimentieren Sie mit der Kleidung, die für Sie am besten funktioniert. Egal, ob es sich um einen Blazer oder einen Umhang handelt, indem Sie sich verkleiden, können Sie Ihr Selbstbewusstsein steigern.

Es ist nichts Falsches daran, auf Nummer sicher zu gehen, doch unser Leben könnte ganz anders – und womöglich viel besser – sein, wenn wir von Kleinkindern lernen würden, lockerer mit Risiken umzugehen und selbstbewusster zu sein. Hilfreich ist das vor allem am Arbeitsplatz, aber auch in unserem Privatleben. Leider arbeiten mit zunehmendem Alter die Kräfte einer altersbedingten Risikoscheu und Selbstunterschätzung gegen uns. Doch wir können selbst entscheiden, die Abwärtskurve zu verändern und uns auf eine forschende Haltung zu fokussieren, so wie es Kleinkinder tun. Nur so können wir herausfinden, wozu wir wirklich fähig sind.

## Von Kleinkindern lernen
### 10. Regel:
### *Wenn Sie Ihr körperliches und kognitives Potenzial voll ausschöpfen wollen, ist es wichtig, dass Sie Risiken eingehen.*

- Es ist okay, manchmal die Regeln zu brechen und sich selbst herauszufordern, um zu sehen, wie hoch Sie klettern können.
- Kurzfristig bekommen Sie vielleicht weniger Sticker, aber wenn Sie sich fürs Risiko entscheiden, lernen Sie mehr.
- Sie sind toll in allem, was Sie tun. Wenn Sie so denken, bleiben Sie beharrlicher und verbessern Ihre Leistung.
- Ihre Freunde sind ebenso toll in allem, was sie ausprobieren und tun. Glauben Sie an sie.
- Es spielt keine Rolle, was Sie gestern oder letztes Jahr geschafft haben. Sie sind auf jeden Fall toll.
- Verkleiden Sie sich, verbringen Sie viel Zeit mit selbstbewussten Menschen und vermeiden Sie eine zusammengesunkene Haltung. All das gibt Ihrem Selbstvertrauen jeden Tag Anschub.

# Schluss

I n der Einleitung haben wir ein hypothetisches Szenario betrachtet: Wie würde es sich anfühlen, mit Ihrem Kleinkind-Ich durch einen Teil Ihres Erwachsenen-Alltags zu gehen? Ich habe die Welt der Kleinkinder als eine »andere Welt« bezeichnet, und das ist sie tatsächlich. So idealistisch das alles klingt, wenn wir es mit unserem Leben als Erwachsene vergleichen – mit Romantisierung hat das nichts zu tun. Die wunderbare Welt der Kleinkinder ist real. Und sie ist einfach unglaublich.

In diesem Buch haben wir einen ganzen Berg von Forschungsergebnissen angesehen, der uns zeigt, was für tolle Menschen Kleinkinder sind und wie viel wir von ihnen lernen können. Kein Zweifel: Niemand ist freundlicher, neugieriger oder verspielter als ein Kleinkind. Niemand kümmert sich so sehr ums Teamwork, ist so risikobereit oder lacht so gern wie Kleinkinder. Die wissenschaftlichen Beweise dafür sind unwiderlegbar. Kleinkinder gehören zu den besten Menschen, die unsere Gesellschaft zu bieten hat.

Wenn wir mehr über verschiedene Gruppen von Menschen lernen und unsere Gesellschaft sich fortentwickelt, werden einige Etiketten überflüssig, zumal wenn sie beleidigend sind. In Bezug auf Kleinkinder gilt das für Begriffe wie »Trotzalter«, »erste Pubertät« und andere, von denen wir inzwischen wissen, dass sie nicht zutreffen und überholt sind. Kinder im Alter von zwei Jahren sind nicht trotzig, sondern tiefsinnig. Kinder im Alter von drei Jahren sind eigentlich wahre Engel, und Vierjährige sind einfach freundlich. Indem wir Kleinkinder beobachten und studieren, können wir nicht nur die faszinierende Art kennenlernen, wie sie ihre Zeit verbringen, sondern auch viele wertvolle Dinge lernen. Ein großer Teil ihres ganz natürlichen Verhaltens kann uns inspirieren. Und statt uns auf die Vorstellung zu versteifen, wir müssten sie unterrichten, können sie uns vieles beibringen. Ich hoffe, das haben Sie durch dieses Buch gelernt. Wenn Sie sich noch einmal an einige Lektionen erinnern möchten, schauen Sie sich die Kästen am Ende der Kapitel an, dort finden Sie wichtige Zusammenfassungen. Im Anhang stelle ich Ihnen noch einen exemplarischen Tagesplan zusammen, dessen Elemente Sie in Ihren Alltag übernehmen können.

Ein roter Faden in diesem Buch bezieht sich darauf, wie wir uns mithilfe von eigenen Kindheitserinnerungen inspirieren und unser Verhalten verändern können. In Kapitel 2 haben wir gesehen, wie sowohl positive als auch negative Kindheitserinnerungen Erwachsenen helfen, freundlicher zu sein. In Kapitel 5 ging es darum, so zu denken wie ein Kind, um mehr Spaß und Spiel in den Tag zu bringen. Außerdem half dieses Denken Erwachsenen auch, mehr in der Gegenwart zu leben. In Kapitel 7 zeigte sich, dass selbst durch eine indirekte Kindheitserinnerung, durch ein schlichtes Superhelden-Poster an der Wand, das Verhalten von Erwachsenen verändert wurde, sodass sie mehr arbeiten und beharrlicher dranbleiben konnten.

Aus diesen und vielen anderen Gründen empfehle ich Ihnen zum Schluss des Buchs das Folgende: Suchen Sie sich ein Foto, das Sie als Kleinkind zeigt, irgendwo in dem magischen Alter zwischen einem und fünf Jahren. Vielleicht müssen Sie dazu einen ganzen Stapel Fotos durchgehen oder jemanden aus Ihrer Familie fragen, aber glauben Sie mir, es ist die Mühe wert. Sobald Sie dieses Foto gefunden haben, rahmen Sie es ein und hängen es irgendwo auf, wo Sie es jeden Tag sehen. Vielleicht an Ihrem Schreibtisch, über dem Küchentisch oder an einer Wand, wo Sie immer wieder vorbeikommen. Dieses Foto wird Sie an eine Zeit erinnern, an die Sie gar nicht so viele konkrete Erinnerungen haben, und doch … Eine Zeit, in der Sie unbedingt lernen wollten, ständig lachten, sich Hilfe bei anderen Menschen suchten und das Selbstvertrauen hatten, dass Sie alles tun könnten.

Eine Zeit, in der Sie ganz einfach Ihr Leben mehr genossen. Diese Eigenschaften existieren immer noch, genau wie dieser ganz besondere Mensch. Sie stecken inzwischen nur in einem größeren und älteren Körper. Doch das freundliche Kleinkind mit all den wunderbaren Eigenschaften ist nicht verschwunden. Machen Sie sich auf den Weg, um es zu finden.

# Dank

Zunächst möchte ich den Tausenden von Kleinkindern danken, um die ich mich über viele Jahre hinweg kümmern durfte. Ihr seid eine große Inspiration, und dieses Buch wäre nie entstanden, hätten wir nicht miteinander zu tun gehabt. Danke, dass ihr nicht aufgehört habt, freundlich, rücksichtsvoll und großzügig zu sein. Die Welt ist ein besserer Ort, weil es euch alle gibt, und ich hoffe, dieses Buch wirft ein Schlaglicht auf euch wunderbare Menschen.

Das Buch wäre aber auch nicht möglich gewesen ohne die Hilfe meiner unglaublich hilfsbereiten und ermutigenden Agentin Laurie Abkemeier. Danke, dass du immer an mich und dieses Buch geglaubt hast. Ein besonderer Dank gilt auch meiner Lektorin Darcie Abbene, die dem Text mit noch mehr Geschichten über Kleinkinder Leben eingehaucht hat. Ich möchte mich auch bei meiner Verlegerin Lindsey Triebel und dem ganzen Team bei HCI bedanken für die viele harte Arbeit an diesem Buch. Ich bin sehr dankbar, eine so talentierte Verlagstruppe an meiner Seite zu wissen.

Einige wunderbare Mentorinnen und Mentoren im Klinikbereich haben mir geholfen zu lernen, wie man mit Kleinkindern und größeren Kindern umgeht. Das war ein großes Glück für mich. Ich danke Greg Hagan, Jill Kasper und Shannon Scott-Vernaglia von der Harvard Medical School und Susan Niermeyer von der University of Colorado. Danke für alles, was ihr tut, um das Leben von Kindern besser zu machen, und für die Ausbildung, die ihr den Ärztinnen und Ärzten zukommen lasst, die ihnen helfen sollen.

Ein Dank geht auch an meine Forschungsmentorinnen und -mentoren in der Vergangenheit und Gegenwart, die das Leben von Kindern und Erwachsenen weltweit verbessern: Nancy Lightfoot von der Laurentian University; Jonathan Spector und Atul Gawande von der Harvard Medical School; Abdul Bachani und Adnan Hyder von der Johns Hopkins University; Zulfiqar Bhutta, Shaun Morris und Mark Tessaro vom Hospital for Sick Children sowie Anthony Chan und Mohit Bhandari von der McMaster University. Ein besonderer Dank auch an Sabrina Latorre, meine Assistentin, die dafür gesorgt hat, dass alle unsere Forschungsprojekte glatt weiterliefen, während ich an diesem Buch schrieb, und meinen Kalender so effizient gemanagt hat, dass ich mehr schreiben konnte.

Ich danke meinem Bruder Rehman für seinen Enthusiasmus und dafür, dass er mir immer wieder neue Daten geschickt hat, die für dieses Buch wichtig waren. Außerdem hat er jedes Textstück gelesen, das ich ihm geschickt habe. Es war enorm wichtig für mich, jemanden zu haben, der mich auf freundliche Art herausforderte, damit meine Botschaften noch besser zum Tragen kommen. Ich danke meinen Eltern Shamsh und Salma, die mir in meinem Leben alle Möglichkeiten eröffnet haben. Dafür bin ich ewig dankbar. Die Geschichten, die ihr mir über meine eigene Zeit als Kleinkind erzählt habt – beispielsweise die zehn Minuten Selbstgespräch jeden Morgen –, haben mir geholfen, viele Ideen in diesem Buch mit noch mehr Überzeugung zu vertreten. Und sie haben mir geholfen, wiederzuentdecken, wie ich mir einige meiner Kleinkind-Eigenschaften zurückerobern kann.

Mein letzter Dank ist der wichtigste: Ich danke meiner Frau Zuleikha. Unsere abendlichen Gespräche und unsere gemeinsame Begeisterung für alles, was Arya während des Tages tat, haben mich zu immer neuen Forschungsfragen gebracht. Und ohne deine Liebe und Unterstützung während der gesamten Arbeit wäre ich ohnehin nicht in der Lage gewesen, dieses Buch jemals fertig zu bekommen. Ich danke dir.

# Anhang

*Ein goldenes Sternchen*
*für jeden Tag*

In diesem Buch haben wir zahlreiche Strategien besprochen, mit denen Sie Ihr Wohlbefinden verbessern können. Die meisten sind einfach und lassen sich leicht übernehmen, andere verlangen etwas Zeit und Übung. Hier nun ein exemplarischer Tagesplan, der Ihnen hilft, sich auf die wichtigsten Lektionen der Kleinkinder einzulassen.

| Zeit | Aktivität |
|------|-----------|
| **Gleich nach dem Aufwachen** | • Geben Sie sich ein High-Five, um Ihr Selbstvertrauen zu stärken<br>• Frühstücken Sie und hören Sie auf zu essen, sobald Sie satt sind<br>• Ob Sie zur Arbeit fahren oder nicht: Sorgen Sie dafür, dass Sie sich bewegen, und wenn es nur ein längerer Weg vom Ende des Parkplatzes oder einmal ums Haus ist |

| | |
|---|---|
| **Vormittag bei der Arbeit** | • Begrüßen Sie Ihre Kolleginnen und Kollegen mit einem strahlenden Lächeln und machen Sie ein bisschen Smalltalk<br>• Probieren Sie ein paar Scherze aus; wenn sie nicht funktionieren, verlegen Sie sich auf simuliertes Lachen<br>• Fokussieren Sie sich im Team auf gute Kommunikation und Respekt<br>• Halten Sie ein Meeting, in dem Sie spazieren gehen<br>• Lehnen Sie eine Anfrage höflich ab<br>• Verkleiden Sie sich mit einem Umhang oder schauen Sie sich Fotos Ihres liebsten Superhelden an, um am Ende des Vormittags dranzubleiben |
| **Mittagszeit** | • Essen Sie Ihr Lieblingsgemüse<br>• Gehen Sie mit dem lustigsten Menschen im Büro zum Mittagessen<br>• Spielen Sie ein bisschen. Wenn Ihnen nichts einfällt, denken Sie an Ihre Kindheit |

| | |
|---|---|
| **Nachmittag bei der Arbeit** | • Sprechen Sie in der dritten Person von sich, wenn Sie sich auf den Nachmittag vorbereiten<br>• Gehen Sie mit einer neuen Idee ein Risiko ein<br>• Lachen Sie herzhaft, bevor Sie etwas Neues lernen<br>• Denken Sie an Ihr Kleinkind-Ich, um sozialer zu handeln<br>• Treffen Sie sich mit Ihrem Mentor und stellen Sie viele Fragen<br>• Jubeln Sie laut mit einem Kollegen oder ermutigen ihn oder sie auf andere Weise<br>• Bitten Sie um Hilfe, wann immer Sie sie brauchen<br>• Halten Sie wenn möglich ein Nickerchen |
| **Abend** | • Sollten Sie ein Date haben, fragen Sie nach und zeigen Sie Selbstvertrauen<br>• Statt fernzusehen, spielen Sie lieber, bewegen sich oder lesen<br>• Schalten Sie eine Stunde vor dem Schlafengehen alle Bildschirme aus<br>• Denken Sie darüber nach, wie Sie an diesem Tag gespielt haben, damit Sie morgen noch mehr spielen<br>• Führen Sie Ihre Routine zur Schlafenszeit durch: eine warme Dusche oder ein Bad, eincremen, 20 bis 40 Minuten Gutenachtgeschichte |

# Anmerkungen

## Einleitung

1   A. Gopnik, A. N. Meltzoff, P. K. Kuhl, *The Scientist in the Crib: Minds, Brains, and How Children Learn* (New York, NY: William Morrow, 1999).

2   P. R. Huttenlocher, »Morphometric Study of Human Cerebral Cortex Development«, *Neuropsychologia* 28, no. 6 (1990), doi:10.1016/0028-3932(90)90031-I.

3   S. Siddiqui, U. Chatterjee, D. Kumar et al., »Neuropsychology of Prefrontal Cortex«, *Indian Journal of Psychiatry* 50, no. 3 (2008), doi:10.4103/0019-5545.43634.

4   N. J. Blanco & V. M. Sloutsky, »Adaptive Flexibility in Category Learning? Young Children Exhibit Smaller Costs of Selective Attention Than Adults«, *Developmental Psychology* 55, no. 10 (2019): 2060–2076, doi:10.1037/dev0000777.

5   S. L. Thompson-Schill, M. Ramscar, E. G. Chrysikou, »Cognition Without Control: When a Little Frontal Lobe Goes a Long Way«, *Current Directions in Psychological Science* 18, no. 5 (2009), doi:10.1111/j.1467-8721.2009.01648.x.

6   T. Wujec, »Build a Tower, Build a Team« [Video], TED, Februar 2020, https://www.ted.com/talks/tom_wujec_build_a_tower_build_a_team/transcript.

7   Thompson-Schill et al., »Cognition Without Control«.

8   D. J. Siegel & T. P. Bryson, *The Whole-Brain Child: 12 Revolutionary Strategies to Nurture Your Child's Developing Mind* (New York, NY: Bantam, 2012).

9   A. Gopnik, S. O'Grady, C. G. Lucas et al., »Changes in Cognitive Flexibility and Hypothesis Search Across Human Life History from Childhood to Adolescence to Adulthood«, *Proceedings of the National Academy of Sciences of the United States of America* 114, no. 30 (2017): 7892–7899, doi:10.1073/pnas.1700811114.

10  F. H. Gage, »Structural Plasticity of the Adult Brain«, *Dialogues in Clinical Neuroscience* 6, no. 2 (2004): 135–141, doi:10.31887/DCNS.2004.6.2/fgage.

11  B. Laditan, *Toddlers Are A**holes: It's Not Your Fault* (New York, NY: Workman Publishing Company, 2015).

12  M. M. Chouinard, »Children's Questions: A Mechanism for Cognitive Development«, *Monographs of the Society for Research in Child Development* 72, no. 1 (2007): 1–126, doi:10.1111/j.1540-5834.2007.00412.x.

13  S. J. Bober, R. Humphry, H. W. Carswell et al., »Toddlers' Persistence in the Emerging Occupations of Functional Play and Self-Feeding«, *American Journal of Occupational Therapy* 55, no. 4 (2001): 369–376, doi:10.5014/ajot.55.4.369.

# Kapitel 1

1   Now This Kids, »Adorable Toddler Goes Viral on TikTok for Healthy Eating«
    [Video], *YouTube*, 7. August 2021, https://www.youtube.com/watch?v=
    hYBY8pvd4A4.

2   L. Maxwell, »Anchorage Boy Becomes TikTok Sensation by Eating Vegetables«,
    *Alaska's News Source*, 23. August 2021, https://www.alaskasnewssource.
    com/2021/08/24/anchorage-boy-becomes-tiktok-sensation-by-eating-vegetables/.

3   Organization for Economic Co-operation and Development (OECD), »Obesity
    Update 2017«, chrome-extension://efaidnbmnnnibpcajpcglclefindmkaj/
    https://www.gzs.si/Portals/184/Najnovej%C5%A1i%20podatki%20o%20
    debelosti%20v%20letu%202017.pdf.

4   A. Malhotra, T. Noakes, S. Phinney, »It Is Time to Bust the Myth of Physical
    Inactivity and Obesity: You Cannot Outrun a Bad Diet«, *British Journal of Sports
    Medicine* 49 (2015): 967–968, doi:10.1136/bjsports-2015-094911.

5   M. Reiner, C. Niermann, D. Jekauc et al., »Long-Term Health Benefits of Physical
    Activity—a Systematic Review of Longitudinal Studies«, BMC *Public Health* 13,
    no. 1 (2013), doi:10.1186/1471–2458–13–813.

6   J. S. Savage, J. O. Fisher, L. L. Birch, »Parental Influence on Eating Behavior:
    Conception to Adolescence«, *Journal of Law, Medicine and Ethics* 351, no. 1
    (2007): 22–34, doi:10.1111/j.1748–720X.2007.00111.x.

7   J. O. Fisher & L. L. Birch, »Restricting Access to Palatable Foods Affects Children's
    Behavioral Response, Food Selection, and Intake«, *American Journal of Clinical
    Nutrition* 69, no. 6 (1999): 1264–1272, doi:10.1093/ajcn/69.6.1264.

8   C. F. Emery, K. L. Olson, V. S. Lee et al., »Home Environment and Psychosocial
    Predictors of Obesity Status Among Community-Residing Men and Women«,
    *International Journal of Obesity* 39, no. 9 (2015): 1401–1407, https://doi.
    org/10.1038/ijo.2015.70.

9   M. K. Fox, B. Devaney, K. Reidy et al., »Relationship Between Portion Size and
    Energy Intake Among Infants and Toddlers: Evidence of Self-Regulation«,
    *Journal of the American Dietetic Association* 106 (2006, 1 Suppl.): 77–83,
    doi:10.1016/j.jada.2005.09.039.

10  A. D. Smethers, L. S. Roe, C. E. Sanchez et al., »Portion Size Has Sustained Effects
    over 5 Days in Preschool Children: A Randomized Trial«, *American Journal of
    Clinical Nutrition* 109, no. 5 (2019):1361–1372, doi:10.1093/ajcn/nqy383.

11  I. Steenhuis and M. Poelman, »Portion Size: Latest Developments and Interven-
    tions,« *Current Obesity Reports* 6, no. 1 (2017): 10–17, doi:10.1007/
    s13679–017–0239-x.

12  S. L. Johnson, S. O. Hughes, X. Cui, et al., »Portion Sizes for Children Are
    Predicted by Parental Characteristics and the Amounts Parents Serve Them-
    selves«, *American Journal of Clinical Nutrition* 99, no. 4 (2014): 763–770,
    doi:10.3945/ajcn.113.078311.

13  Fox et al., »Relation Between Portion Size and Energy Intake«.

14 J. Harvey, R. Krukowski, J. Priest et al., »Log Often, Lose More: Electronic Dietary Self-Monitoring for Weight Loss«, *Obesity* 27, no. 3 (2019): 380–384, doi:10.1002/oby.22382.

15 D. Buettner, »Enjoy Food and Lose Weight with One Simple Phrase«, *Psychology Today,* 10. Januar 2011, https://www.psychologytoday.com/intl/blog/thrive/201101/enjoy-food-and-lose-weight-one-simple-phrase.

16 J. K. Orrell-Valente, L. G. Hill, W. A. Brechwald et al., »›Just Three More Bites‹: An Observational Analysis of Parents' Socialization of Children's Eating at Mealtime«, *Appetite* 48, no. 1 (2007): 37–45, doi:10.1016/j.appet.2006.06.006.

17 Savage, Fisher, Birch, »Parental Influence on Eating Behavior«.

18 Consensus Conference Panel, Nathaniel F. Watson, M. Safwan Badr, Gregory Belenky et al., »Recommended Amount of Sleep for a Healthy Adult: A Joint Consensus Statement of the American Academy of Sleep Medicine and Sleep Research Society«, *Journal of Clinical Sleep Medicine* 11, no. 6 (2015): 591–592, and *Journal of Clinical Sleep Medicine* 38, no. 6 (2015): 843–844, doi:10.5665/sleep.4716.

19 C. M. Depner, E. L. Melanson, R. H. Eckel et al., »Ad Libitum Weekend Recovery Sleep Fails to Prevent Metabolic Dysregulation During a Repeating Pattern of Insufficient Sleep and Weekend Recovery Sleep«, *Current Biology* 29, no. 6 (2019): 957–967, doi:10.1016/j.cub.2019.01.069.

20 J. Willumsen & F. Bull, »Development of WHO Guidelines on Physical Activity, Sedentary Behavior, and Sleep for Children Less Than 5 Years of Age«, *Journal of Physical Activity and Health* 17, no. 1 (2020): 96–100, doi:10.1123/jpah.2019-0457.

21 L. Matricciani, T. Olds, J. Petkov, »In Search of Lost Sleep: Secular Trends in the Sleep Time of School-Aged Children and Adolescents«, *Sleep Medicine Reviews* 16, no. 3 (2012): 203–211, doi:10.1016/j.smrv.2011.03.005.

22 J. A. Mindell, E. S. Leichman, C. Lee et al., »Implementation of a Nightly Bedtime Routine: How Quickly Do Things Improve?«, *Infant Behavior & Development* 49 (2017): 220–227, doi:10.1016/j.infbeh.2017.09.013.

23 H. Merali, »For Better Sleep, Borrow the Bedtime Routine of a Toddler«, *Popular Science,* 5. Dezember 2021, https://www.popsci.com/diy/how-to-sleep-better/.

24 J. A. Mindell & A. A. Williamson, »Benefits of a Bedtime Routine in Young Children: Sleep, Development, and Beyond«, *Sleep Medicine Reviews* 40 (2018): 93–108, doi:10.1016/j.smrv.2017.10.007.

25 J. A. Mindell, L. S. Telofski, B. Wiegand et al., »A Nightly Bedtime Routine: Impact on Sleep in Young Children and Maternal Mood«, *Sleep* 32, no. 5 (2009): 599–606, doi:10.1093/sleep/32.5.599.

26 Mindell et al., »Implementation of a Nightly Bedtime Routine«.

27 Merali, »For Better Sleep«.

28 L. Hale, L. M. Berger, M. K. LeBourgeois et al., »A Longitudinal Study of Preschoolers' Language-Based Bedtime Routines, Sleep Duration, and Well-Being«, *Journal of Family Psychology* 25, no. 3 (2011): 423–433, doi:10.1037/a0023564.

29    A. Huffington, *The Sleep Revolution (New York,* NY: *Harmony, 2016;* dt. *Die Schlafrevolution,* Kulmbach: Plassen, 2016).

30    R. Umoh, »Why Arianna Huffington Literally Tucks Her Phone into Bed Every Night – and Why You Should Too,« CNBC, 28. November 2017, https://www.cnbc.com/2017/11/28/why-arianna-huffington-literally-tucks-her-phone-into-bed-every-night.html.

31    A. D. Staples, C. Hoyniak, M. E. McQuillan et al., »Screen Use Before Bedtime: Consequences for Nighttime Sleep in Young Children«, *Infant Behavior & Development* 62 (2021): 101522, doi:10.1016/j.infbeh.2020.101522.

32    Z. Xie, F. Chen, W. A. Li et al., »A Review of Sleep Disorders and Melatonin«, *Neurological Research* 39, no. 6 (2017): 559–565, doi:10.1080/01616412.2017. 1315864.

33    S. M. W. Rajaratnam, B. Middleton, B. M. Stone et al., »Melatonin Advances the Circadian Timing of EEG Sleep and Directly Facilitates Sleep Without Altering Its Duration in Extended Sleep Opportunities in Humans«, *The Journal of Physiology* 561, no. 1 (2004): 339–351, doi:10.1113/jphysiol.2004.073742.

34    K. E. West, M. R. Jablonski, B. Warfield et al., »Blue Light from Light-Emitting Diodes Elicits a Dose-Dependent Suppression of Melatonin in Humans,« *Journal of Applied Physiology* 110, no. 3 (2011): 619–626, doi:10.1152/japplphysi-ol.01413.2009.

35    C. Cajochen, »Alerting Effects of Light«, *Sleep Medicine Reviews* 11, no. 6 (2007): 453–464, doi:10.1016/j.smrv.2007.07.009.

36    L. Hale & S. Guan, »Screen Time and Sleep Among School-Aged Children and Adolescents: A Systematic Literature Review«, *Sleep Medicine Reviews* 21 (2015): 50–58, doi:10.1016/j.smrv.2014.07.007.

37    L. Exelmans & J. van den Bulck, »Bedtime Mobile Phone Use and Sleep in Adults«, *Social Science & Medicine* 148 (2016): 93–101, doi:10.1016/j.socscimed. 2015.11.037.

38    N. Hughes & J. Burke, »Sleeping with the Frenemy: How Restricting ›Bedroom Use‹ of Smartphones Impacts Happiness and Wellbeing«, *Computers in Human Behavior* 85 (2018): 236–244, doi:10.1016/j.chb.2018.03.047.

39    M. Weissbluth, »Naps in Children: 6 Months–7 Years«, *Sleep* 18, no. 2 (1995): 82–87, doi:10.1093/sleep/18.2.82.

40    T. M. Ward, C. Gay, T. F. Anders et al., "Sleep and Napping Patterns in 3-to-5-Year-Old Children Attending Full-Day Childcare Centers«, *Journal of Pediatric Psychology* 33, no. 6 (2007): 666–672, doi:10.1093/jpepsy/jsm102.

41    S. E. Williams & J. S. Horst, »Goodnight Book: Sleep Consolidation Improves Word Learning via Storybooks«, *Frontiers in Psychology* 5 (2014): 1–12, doi:10.3389/fpsyg.2014.00184.

42    A. L. Miller, R. Seifer, R. Crossin et al., »Toddler's Self-Regulation Strategies in a Challenge Context Are Nap-Dependent«, *Journal of Sleep Research* 24, no. 3 (2015): 279–287, doi:10.1111/jsr.12260.

43    R. Dhand & H. Sohal, »Good Sleep, Bad Sleep! The Role of Daytime Naps in

Healthy Adults«, *Current Opinion in Internal Medicine* 6, no. 1 (2007): 91–94, doi:10.1097/01.mcp.0000245703.92311.d0.

44 A. Birat, P. Bourdier, E. Piponnier et al., »Metabolic and Fatigue Profiles Are Comparable Between Prepubertal Children and Well-Trained Adult Endurance Athletes«, *Frontiers in Physiology* 9 (2018), doi:10.3389/fphys.2018.00387.

45 M. Gavin, »Fitness and Your 2- to 3-Year-Old«, *Nemours KidsHealth*, 2019, https://kidshealth.org/en/parents/fitness-2-3.html.

46 M. S. Tremblay, J. P. Chaput, K. B. Adamo et al., »Canadian 24-Hour Movement Guidelines for the Early Years (0–4 years): An Integration of Physical Activity, Sedentary Behaviour, and Sleep«, BMC *Public Health* 17 (2017, Suppl 5), https://doi.org/10.1186/s12889-017-4859-6.

47 R. W. Taylor, J. J. Haszard, K. A. Meredith-Jones et al. »24-h Movement Behaviors from Infancy to Preschool: Cross-Sectional and Longitudinal Relationships with Body Composition and Bone Health«, *International Journal of Behavioral Nutrition and Physical Activity* 15, no. 1 (2018):118, doi:10.1186/s12966-018-0753-6.

48 A. M. Gibson, D. J. Muggeridge, A. R. Hughes et al., »An Examination of Objectively Measured Sedentary Behavior and Mental Well-Being in Adults across Week Days and Weekends,« PLOS *One* 12, no. 9 (2017): e0185143, doi:10.1371/journal.pone.0185143.

# Kapitel 2

1 L. B. Aknin, C. P. Barrington-Leigh, E. W. Dunn et al., »Prosocial Spending and Well-Being: Cross-Cultural Evidence for a Psychological Universal«, *Journal of Personality and Social Psychology* 104, no. 4 (2013): 635–652, doi:10.1037/a0031578.

2 A. V. Whillans, E. W. Dunn, G. M. Sandstrom et al., »Is Spending Money on Others Good for Your Heart?«, *Health Psychology* 35, no. 6 (2016): 574–583, doi:10.1037/hea0000332.

3 K. E. Buchanan & A. Bardi, »Acts of Kindness and Acts of Novelty Affect Life Satisfaction«, *Journal of Social Psychology* 150, no. 3 (2010): 235–237, doi:10.1080/00224540903365554.

4 N. P. Podsakoff, S. W. Whiting, P. M. Podsakoff et al., »Individual and Organizational-Level Consequences of Organizational Citizenship Behaviors: A Meta-Analysis«, *Journal of Applied Psychology* 94, no. 1 (2009): 122–141, doi:10.1037/a0013079.

5 Charities Aid Foundation, »World Giving Index 2022: A Global View of Giving Trends«, 2023, https://www.cafonline.org/about-us/publications/2022-publications/caf-world-giving-index-2022.

6 M. Kay, »Kids Decide Between Helping the Homeless or Ice Cream« [Video], *YouTube*, 27. Mai 2015, https://www.youtube.com/watch?v=rksBNj1CsxA.

7    J. Ulber, K. Hamann, M. Tomasello, »Extrinsic Rewards Diminish Costly Sharing in 3-Year-Olds«, *Child Development* 87, no. 4 (2016): 1192–1203, doi:10.1111/cdev.12534.

8    A. Grant, *Give and Take: A Revolutionary Approach to Success* (New York, NY: Viking, 2013; dt. Geben und nehmen, München: Droemer, 2016).

9    R. C. Barragan, R. Brooks, A. N. Meltzoff, »Altruistic Food Sharing Behavior by Human Infants After a Hunger Manipulation«, *Scientific Reports* 10, no. 1 (2020), doi:10.1038/s41598-020-58645-9.

10    D. U. Martin, M. I. MacIntyre, C. Perry et al., »Young Children's Indiscriminate Helping Behavior toward a Humanoid Robot«, *Frontiers in Psychology* 11 (2020): 239, doi:10.3389/fpsyg.2020.00239.

11    A. M. Rosenthal-von der Putten, F. P. Schulte, S. C. Eimler et al., »Investigations on Empathy Towards Humans and Robots Using fMRI«, *Computers in Human Behavior* 33 (2014): 201–212, https://doi.org/10.1016/j.chb.2014.01.004.

12    C. Berridge, Y. Zhou, J. M. Robillard et al., »Companion Robots to Mitigate Loneliness Among Older Adults: Perceptions of Benefit and Possible Deception«, *Frontiers in Psychology* 14 (2023), https://doi.org/10.3389/fpsyg.2023.1106633.

13    A. Dahl, R. K. Schuck, J. J. Campos, »Do Young Toddlers Act on Their Social Preferences?«, *Developmental Psychology* 49, no. 10 (2013): 1964–1970, doi:10.1037/a0031460.

14    C. Sebastian-Enesco, M. V. Hernandez-Lloreda, F. Colmenares, »Two and a Half-Year-Old Children Are Prosocial Even When Their Partners Are Not«, *Journal of Experimental Child Psychology* 116, no. 2 (2013): 186–198, doi:10.1016/j.jecp.2013.05.007.

15    F. Warneken & M. Tomasello, »The Emergence of Contingent Reciprocity in Young Children«, *Journal of Experimental Child Psychology* 116, no. 2 (2013): 338–350, doi:10.1016/j.jecp.2013.06.002.

16    J. M. Horowitz, A. Brown, K. Cox, »Views on Race in America 2019«, *Pew Research Center,* 2019, https://www.pewresearch.org/social-trends/2019/04/09/race-in-america-2019/.

17    K. Shutts, »Young Children's Preferences: Gender, Race, and Social Status«, *Child Development Perspectives* 9, no. 4 (2015): 262–266, doi:10.1111/cdep.12154.

18    K. D. Kinzler & E. S. Spelke, »Do Infants Show Social Preferences for People Differing in Race?«, *Cognition* 119, no. 1 (2011): 1–9, doi:10.1016/j.cognition.2010.10.019.

19    A. Hofmeyer, K. Kennedy, R. Taylor, »Contesting the Term ›Compassion Fatigue‹: Integrating Findings from Social Neuroscience and Self-Care Research«, *Collegian* 27, no. 2 (2020): 232–237, doi:10.1016/j.colegn.2019.07.001.

20    D. Laible, E. Karahuta, W. Stout et al., »Toddlers' Helping, Sharing, and Empathic Distress: Does the Race of the Target Matter?,« *Developmental Psychology* 57, no. 9 (2021): 1452–1462, doi:10.1037/dev0001233.

21    F. Warneken, C. Sebastian-Enesco, N. E. Benjamin et al., »Pay to Play: Children's Emerging Ability to Use Acts of Generosity for Selfish Ends«, *Journal of*

*Experimental Child Psychology* 188 (2019): 104675, doi:10.1016/j.jecp.2019.104675.

22 Y. Song, M. L. Broekhuizen, J. S. Dubas, »Happy Little Benefactor: Prosocial Behaviors Promote Happiness in Young Children from Two Cultures«, *Frontiers in Psychology* 11 (2020), doi:10.3389/fpsyg.2020.01398.

23 Ulber, Hamann, Tomasello, »Extrinsic Rewards Diminish Costly Sharing in 3-Year-Olds«.

24 Dies sind fischförmige Salzcracker und teddybär-förmige Kekse beliebter Snacks aus den USA.

25 L. B. Aknin, J. K. Hamlin, E. W. Dunn, »Giving Leads to Happiness in Young Children«, PLOS *One* 7, no. 6 (2012): e39211, doi:10.1371/journal.pone.0039211.

26 J. Andreoni, »Impure Altruism and Donations to Public Goods: A Theory of Warm-Glow Giving«, *Economic Journal* 100, no. 401 (1990): 464–477, doi:10.2307/2234133.

27 J. Moll, F. Krueger, R. Zahn et al., »Human Fronto-Mesolimbic Networks Guide Decisions about Charitable Donation«, *Proceedings of the National Academy of Sciences of the United States of America* 103, no. 42 (2006): 15623–15628, doi:10.1073/pnas.0604475103.

28 L. Dossey, »The Helper's High«, *Explore* 14, no. 6 (2018): 393–399, doi:10.1016/j.explore.2018.10.003.

29 E. O'Brien & S. Kassirer, »People Are Slow to Adapt to the Warm Glow of Giving«, *Psychological Science* 30, no. 2 (2019): 193–204, doi:10.1177/0956797618814145.

30 C. Vinney, »What's the Difference Between Eudaimonic and Hedonic Happiness?«, *ThoughtCo.*, 2020, https://www.thoughtco.com/eudaimonic-and-hedonic-happiness-4783750.

31 B. P. H. Hui, J. C. K. Ng, E. Berzaghi et al., »Rewards of Kindness? A Meta-Analysis of the Link Between Prosociality and Well-Being«, *Psychological Bulletin* 146, no. 12 (2020): 1084–1116, doi:10.1037/bul0000298.

32 Hui et al., »Rewards of Kindness?«

33 F. Borgonovi, »Doing Well by Doing Good. The Relationship Between Formal Volunteering and Self-Reported Health and Happiness«, *Social Science & Medicine* 66, no. 11 (2008): 2321–2334, https://doi.org/10.1016/j.socscimed.2008.01.011.

34 I. Lok & E. W. Dunn, »Are the Benefits of Prosocial Spending and Buying Time Moderated by Age, Gender, or Income?«, PLOS *One* 17, no. 6 (2022): e0269636, https://doi.org/10.1371/journal.pone.0269636.

35 Charities Aid Foundation, »World Giving Index 2022.«

36 A. M. Sparks, D. M. T. Fessler, C. Holbrook, »Elevation, an Emotion for Prosocial Contagion, Is Experienced More Strongly by Those with Greater Expectations of the Cooperativeness of Others«, PLOS *One* 14, no. 12 (2019): e0226071, doi:10.1371/journal.pone.0226071.

37 K. Ko, S. Margolis, J. Revord et al., »Comparing the Effects of Performing and

Recalling Acts of Kindness«, *Journal of Positive Psychology* 16, no. 1 (2021): 73–81, doi:10.1080/17439760.2019.1663252.

38  F. Gino & S. D. Desai, »Memory Lane and Morality: How Childhood Memories Promote Prosocial Behavior«, *Journal of Personality and Social Psychology* 102, no. 4 (2012): 743–758, doi:10.1037/a0026565.

39  S. Grueneisen & F. Warneken, »The Development of Prosocial Behavior – from Sympathy to Strategy«, *Current Opinion in Psychology* 43 (2022): 323–328, doi:10.1016/j.copsyc.2021.08.005.

40  F. Warneken, »Need Help? Ask a 2-year-old« [Video], TEDx, 22. April 2014, https://www.youtube.com/watch?v=-qul57hcu4I.

# Kapitel 3

1  B. M. Waller & R. I. M. Dunbar, »Differential Behavioural Effects of Silent Bared Teeth Display and Relaxed Open Mouth Display in Chimpanzees (Pan troglodytes)«, *Ethology* 111, no. 2 (2005): 129–142, doi:10.1111/j.1439-0310.2004.01045.x.

2  C. Addyman & I. Addyman, »The Science of Baby Laughter«, *Comedy Studies* 4, no. 2 (2013): 143–153, doi:10.1386/cost.4.2.143_1.

3  E. Hoicka, B. Soy Telli, E. Prouten et al., »The Early Humor Survey (EHS): A Reliable Parent-Report Measure of Humor Development for 1- to 47-Month-Olds«, *Behavior Research Methods* 54, no. 4 (2022): 1928–1953, doi:10.3758s1342 8-021-01704-4.

4  A. Moore, »You've Got to Laugh: Why a Sense of Humour Helps in Dark Times«, *The Guardian,* 11. Oktober 2020, https://www.theguardian.com/lifeandstyle/2020/oct/11/you-have-got-to-laugh-why-a-sense-of-humour-helps-in-dark-times.

5  J. Aaker & N. Bagdonas, »Why Great Leaders Take Humor Seriously« [Video]. TED, August 2021, https://www.ted.com/talks/jennifer_aaker_and_naomi_bagdonas_why_great_leaders_take_humor_seriously/c.

6  R. Holden, *Living Wonderfully* (New York, NY: HarperCollins Publishers, 1994).

7  A. Cekaite & M. Andren, »Children's Laughter and Emotion Sharing with Peers and Adults in the Preschool«, *Frontiers in Psychology* 10 (2019): 852, doi:10.3389/fpsyg.2019.00852.

8  C. Haviva & K. B. Starzyk, »Zero to 60 Laughs per Hour: Observed Laughter, Physical Health, Personality, and Well-Being in People Aged 67 to 95, an Exploratory Study«, *Journal of Nonverbal Behavior* 46, no. 4 (2022): 363–381, doi:10.1007/s10919-022-00407-4.

9  Cekaite & Andren, »Children's Laughter and Emotion«, 852.

10  Math and Reading Help Blog, »Sesame Street Strives to Combine Humor and Science«, Oktober 2011, http://mathandreadinghelp.org/articles/Sesame_Street_Strives_to_Combine_Humor_and_Science.html.

11  Sesame Street, »James Marsden: Engineer« [Video], *YouTube*, 6. Januar 2012, https://www.youtube.com/watch?v=3bPAGchXF4I.

12 R. Esseily, L. Rat-Fischer, E. Somogyi et al., »Humour Production May Enhance Observational Learning of a New Tool-Use Action in 18-Month-Old Infants«, *Cognition & Emotion* 30, no. 4 (2016): 817–825, doi:10.1080/02699931.2015.1036 840.

13 R. A. Wise, »Dopamine, Learning and Motivation«, *Nature Reviews Neuroscience* 5, no. 6 (2004): 483–494, doi:10.1038/nrn1406.

14 R. L. Garner, »Humor in Pedagogy: How Ha-Ha Can Lead to Aha!«, *College Teaching* 54, no. 1 (2006): 177–180, doi:10.3200/CTCH.54.1.177–180.

15 J. C. Coronel, M. B. O'Donnell, P. Pandey et al., »Political Humor, Sharing, and Remembering: Insights from Neuroimaging«, *Journal of Communication* 71, no. 1 (2021): 129–161, doi:10.1093/joc/jqaa041.

16 G. S. Bains, L. S. Berk, N. Daher et al., »The Effect of Humor on Short-Term Memory in Older Adults: A New Component for Whole-Person Wellness«, *Advances in Mind-Body Medicine* 28, no. 2 (2014): 16–24.

17 G. S. Bains, L. S. Berk, E. Lohman et al., »Humors Effect on Short-Term Memory in Healthy and Diabetic Older Adults«, *Alternative Therapies in Health and Medicine* 21, no. 3 (2015): 16–25.

18 B. M. Savage, H. L. Lujan, R. R. Thipparthi et al., »Staying Current: Humor, Laughter, Learning, and Health! A Brief Review«, *Advances in Physiology Education* 41 (2017): 341–347, doi:10.1152/advan.00030.2017.-Human.

19 J. A. Banas, N. Dunbar, D. Rodriguez et al., »A Review of Humor in Educational Settings: Four Decades of Research«, *Communication Education* 60, no. 1 (2011): 115–144, doi:10.1080/03634523.2010.496867.

20 M. B Wanzer, A. B. Frymier, J. Irwin, »An Explanation of the Relationship Between Instructor Humor and Student Learning: Instructional Humor Processing Theory«, *Communication Education* 59, no. 1 (2010): 1–18, doi:10.1080/03634520903367238.

21 J. A. Banas, R. S. Bisel, M. W. Kramer et al., »The Serious Business of Instructional Humor Outside the Classroom: A Study of Elite Gymnastic Coaches' Uses of Humor During Training«, *Journal of Applied Communication Research* 47, no. 6 (2019): 628–647, doi:10.1080/00909882.2019.1693052.

22 T. S. Z. T. Badli & M. A. Dzulkifli, »The Effect of Humour and Mood on Memory Recall«, *Procedia—Social and Behavioral Sciences* 97 (2013): 252–257, doi:10.1016/j.sbspro.2013.10.230.

23 F. F. Y. Chan, »The Use of Humor in Television Advertising in Hong Kong«, *Humor—International Journal of Humor Research* 24, no. 1 (2011): 43–61, doi:10.1515/humr.2011.003.

24 Coronel et al., »Political Humor, Sharing, and Remembering«.

25 M. J. Baldassari & M. Kelley, »Make ›em Laugh? The Mnemonic Effect of Humor in a Speech«, *Psi Chi Journal of Psychological Research* 17, no. 1 (2012): 2–9.

26 L. Mineo, »Good Genes Are Nice, but Joy Is Better«, *Harvard Gazette, 11.* April 2017, https://news.harvard.edu/gazette/story/2017/04/over-nearly-80-years-harvard-study-has-been-showing-how-to-live-a-healthy-and-happy-life.

27 L. C. Giles, »Effect of Social Networks on 10 Year Survival in Very Old Australians: The Australian Longitudinal Study of Aging«, *Journal of Epidemiology and Community Health* 59, no. 7 (2005): 574–579, doi:10.1136/jech.2004.025429.

28 J. Pryce-Jones, *Happiness at Work: Maximizing Your Psychological Capital for Success* (Wiley, 2010).

29 Olivet Nazarene University, »Research on Friends at Work«, 2018, https://online. olivet.edu/news/research-friends-work.

30 A. W. Gray, B. Parkinson, R. I. Dunbar, »Laughter's Influence on the Intimacy of Self-Disclosure«, *Human Nature* 26, no. 1 (2015): 28–43, doi:10.1007/ s12110-015-9225-8.

31 L. E. Kurtz & S. B. Algoe, »When Sharing a Laugh Means Sharing More: Testing the Role of Shared Laughter on Short-Term Interpersonal Consequences«, *Journal of Nonverbal Behavior* 41, no. 1 (2017): 45–65, doi:10.1007/s10919-016-0245-9.

32 A. Jones, »Don't Panic: There Are Actually Some Huge Benefits to Your Toddler's Lovey Attachment«, *Romper,* 8. Juli 2019, https://www.romper.com/p/your-tod-dlers-lovey-attachment-is-about-more-than-just-a-soft-toy-according-to-ex-perts-18169778.

33 Mayo Clinic, »Chronic Stress Puts Your Health at Risk«, 1. August 2023, https:// www.mayoclinic.org/healthy-lifestyle/stress-management/in-depth/stress/ art-20046037.

34 J. Yim, »Therapeutic Benefits of Laughter in Mental Health: A Theoretical Review«, *Tohoku Journal of Experimental Medicine* 239, no. 3 (2016): 243–249, doi:10.1620/tjem.239.243.

35 J. Zhao, H. Yin, G. Zhang, et al., »A Meta-Analysis of Randomized Controlled Trials of Laughter and Humour Interventions on Depression, Anxiety and Sleep Quality in Adults«, *Journal of Advanced Nursing* 75, no. 11 (2019): 2435–2448, doi:10.1111/jan.14000.

36 D. Louie & E. Frates, »The Laughter Prescription: A Tool for Lifestyle Medicine«, *American Journal of Lifestyle Medicine* 10, no. 4 (2016): 262–267, doi:10.1177/1559827614550279.

37 Y. Yoshikawa, E. Ohmaki, H. Kawahata et al., »Beneficial Effect of Laughter Therapy on Physiological and Psychological Function in Elders«, *Nursing Open* 6, no. 1 (2019): 93–99, doi:10.1002/nop2.190.

38 S. Romundstad, S. Svebak, A. Holen et al., »A 15-Year Follow-Up Study of Sense of Humor and Causes of Mortality«, *Psychosomatic Medicine* 78, no. 3 (2016): 345–353.

39 K. Hayashi, I. Kawachi, T. Ohira et al., »Laughter Is the Best Medicine? A Cross-Sectional Study of Cardiovascular Disease among Older Japanese Adults«, *Journal of Epidemiology* 26, no. 10 (2016): 546–552, doi:10.2188/jea.JE20150196.

40 C. Addyman, C. Fogelquist, L. Levakova et al., »Social Facilitation of Laughter and Smiles in Preschool Children«, *Frontiers in Psychology* 9 (2018), doi:10.3389/ fpsyg.2018.01048.

41 R. R. Provine, »Laughter as a Scientific Problem: An Adventure in Sidewalk

Neuroscience«, *Journal of Comparative Neurology* 524, no. 8 (2016): 1532–1539, doi:10.1002/cne.23845.

42    E. Hoicka & N. Akhtar, »Early Humour Production«, *British Journal of Developmental Psychology* 30, no. 4 (2012): 586–603, doi:10.1111/j.2044–835X.2011.02075.x.

43    Animalkind, »›Hi, I'm Maisie!‹ Watch This Adorable Toddler Greeting Some Household Ants«, USA *Today,* 3. August 2023, https://www.usatoday.com/videos/life/animalkind/2023/08/03/nature-loving-toddler-introduces-herself-ants/12313763002/.

44    H. Merali, »How to Make Yourself Laugh«, *Popular Science,* 25. Juli 2022, https://www.popsci.com/diy/how-to-make-yourself-laugh/.

45    C. N. van der Wal & R. N. Kok, »Laughter-Inducing Therapies: Systematic Review and Meta-Analysis«, *Social Science & Medicine* 232 (2019): 473–488, doi:10.1016/j.socscimed.2019.02.018.

46    R. M. Ripoll, »Simulated Laughter Techniques for Therapeutic Use in Mental Health«, *Journal of Psychology & Clinical Psychiatry* 8, no. 2 (2017), doi:10.15406/jpcpy.2017.08.00479.

47    K. Stiwi & J. Rosendahl, »Efficacy of Laughter-Inducing Interventions in Patients with Somatic or Mental Health Problems: A Systematic Review and Meta-Analysis of Randomized-Controlled Trials«, *Complementary Therapies in Clinical Practice* 47 (2022), doi:10.1016/j.ctcp.2022.101552.

48    D. Bressington, J. Mui, C. Yu et al., »Feasibility of a Group-Based Laughter Yoga Intervention as an Adjunctive Treatment for Residual Symptoms of Depression, Anxiety and Stress in People with Depression«, *Journal of Affective Disorders* 248 (2019): 42–51, doi:10.1016/j.jad.2019.01.030.

49    M. Stewart & M. Johnson, »What Happened When We Introduced Four-Year-Olds to an Old People's Home«, *The Conversation,* 7. August 2017, https://theconversation.com/what-happened-when-we-introduced-four-year-olds-to-an-old-peoples-home-82164.

50    ABC TV, »Celebrating the Last Day Together. Old People's Home for 4 Year Olds« [Video], *YouTube,* 3. Mai 2021, https://www.youtube.com/watch?v=Znep0lJoOqw.

# Kapitel 4

1    C. Clark & A. Teravainen-Goff, »Children and Young People's Reading in 2019«, *National Literacy Trust,* 2020, http://cdn-literacytrust-production.s3.amazonaws.com/media/documents/Reading_trends_in_2019_-_Final.pdf.

2    US Bureau of Labor Statistics, »People Age 65 and Older More Likely Than Younger People to Read for Personal Interest«, 2018, https://www.bls.gov/opub/ted/2018/people-age-65-and-older -more-likely-than-younger-people-to-read-for-personal-interest.htm.

3    B. Martin & E. Carle, *Brown Bear, Brown Bear, What Do You See?* (New York, NY: Henry Holt and Company, LLC, 1996).

4    R. Gelles-Watnick & A. Perrin, »Who Doesn't Read Books in America?«, *Pew Research Center,* 2021, https://www.pewresearch.org/short-reads/2021/09/21/who-doesnt-read-books-in-america/.

5    C. M. Zettler-Greeley, »Reading Milestones«, *Nemours KidsHealth,* Mai 2022, https://kidshealth.org/en/parents/milestones.html.

6    M. L. Greif, D. G. K. Nelson, F. C. Keil et al., »What Do Children Want to Know About Animals and Artifacts? Domain-Specific Requests for Information«, *Psychological Science* 17, no. 6 (2006): 455–459, doi:10.1111/j.1467–9280.2006.01727.x.

7    D. M. Sobel & K. H. Corriveau, »Children Monitor Individuals' Expertise for Word Learning,« *Child Development* 81, no. 2 (2010): 669–679, https://doi.org/10.1111/j.1467–8624.2009.01422.x.

8    J. Piaget, *The Origins of Intelligence in Children* (Madison, CT: International Universities Press, 1952).

9    S. Jenkins, *What Do You Do When Something Wants to Eat You?* (New York, NY: Clarion Books, 2001).

10   S. Jenkins, *Biggest, Strongest, Fastest* (New York, NY: Clarion Books, 1997).

11   M. Shavlik, J. R. Bauer, A. E. Booth, »Children's Preference for Causal Information in Storybooks«, *Frontiers in Psychology* 11 (2020), doi:10.3389/fpsyg.2020.00666.

12   S. Dehaene & L. Cohen, »Cultural Recycling of Cortical Maps«, *Neuron* 56, no. 2 (2007): 384–398, doi:10.1016/j.neuron.2007.10.004.

13   W. Piper, *The Little Engine That Could* (New York, NY: Grosset & Dunlap, 2001).

14   J. S. Hutton, K. Phelan, T. Horowitz-Kraus et al., »Shared Reading Quality and Brain Activation During Story Listening in Preschool-Age Children«, *Journal of Pediatrics* 191 (2017): 204–211, doi:10.1016/j.jpeds.2017.08.037.

15   S. Dehaene, F. Pegado, L. W. Braga et al., »How Learning to Read Changes the Cortical Networks for Vision and Language«, *Science* 330, no. 6009 (2010): 1359–1364, doi:10.1126/science.1194140.

16   T. E. Moffitt, L. Arseneault, D. Belsky et al., »A Gradient of Childhood Self-Control Predicts Health, Wealth, and Public Safety«, *Proceedings of the National Academy of Sciences of the United States of America* 108, no. 7 (2011): 2693–2698, doi:10.1073/pnas.1010076108.

17   K. Haimovitz, C. S. Dweck, G. M. Walton, »Preschoolers Find Ways to Resist Temptation After Learning That Willpower Can Be Energizing«, *Developmental Science* 23, no. 3 (2020): e12905, doi:10.1111/desc.12905.

18   L. H. Owen, O. B. Kennedy, C. Hill et al., »Peas, Please! Food Familiarization Through Picture Books Helps Parents Introduce Vegetables into Preschoolers' Diets«, *Appetite* 128 (2018): 32–43, doi:10.1016/j.appet.2018.05.140.

19   G. S. Berns, K. Blaine, M. J. Prietula et al., »Short- and Long-Term Effects of a Novel on Connectivity in the Brain«, *Brain Connect* 3, no. 6 (2013): 590–600, doi:10.1089/brain.2013.0166.

20    K. Oatley, »Fiction: Simulation of Social Worlds«, *Trends in Cognitive Sciences* 20, no. 8 (2016): 618–628, doi:10.1016/j.tics.2016.06.002.

21    R. A. Mar, K. Oatley, J. Hirsh et al., »Bookworms Versus Nerds: Exposure to Fiction Versus Non-Fiction, Divergent Associations with Social Ability, and the Simulation of Fictional Social Worlds«, *Journal of Research in Personality* 40, no. 5 (2006): 694–712, doi:10.1016/j.jrp.2005.08.002.

22    D. I. Tamir, A. B. Bricker, D. Dodell-Feder et al., "Reading Fiction and Reading Minds: The Role of Simulation in the Default Network«, *Social Cognitive and Affective Neuroscience* 11, no. 2 (2015): 215–224, doi:10.1093/scan/nsv114.

23    C. Hammond, »Does Reading Fiction Make Us Better People?«, BBC *Future,* 2. Juni 2019, https://www.bbc.com/future/article/20190523-does-reading-fiction-make-us-better-people.

24    R. Munsch & S. McGraw, *Love You Forever* (Richmond Hill, ON, Canada: Firefly Books, 1995).

25    Weill Institute for Neurosciences UCSF, »Healthy Aging vs. Diagnosis«, 2023, https://memory.ucsf.edu/symptoms/healthy-aging.

26    R. C. Petersen, O. Lopez, M. J. Armstrong et al., »Practice Guideline Update: Mild Cognitive Impairment«, *Neurology* 90, no. 3 (2018): 126–135, doi:10.1212/WNL.0000000000004826.

27    Y. H. Chang, I. C. Wu, C. A. Hsiung, »Reading Activity Prevents Long-Term Decline in Cognitive Function in Older People: Evidence from a 14-Year Longitudinal Study«, *International Psychogeriatrics* 33, no. 1 (2021): 63–74, doi:10.1017/S1041610220000812.

28    Directorate-General of Budget, Accounting and Statistics, Executive Yuan, »Survey on Social Development Trends, 2004,« 2005, https://doi.org/10.6141/TW-SRDA-AA200007-1.

29    E. A. L. Stine-Morrow, G. S. McCall, I. Manavbasi et al., »The Effects of Sustained Literacy Engagement on Cognition and Sentence Processing Among Older Adults«, *Frontiers in Psychology* 13 (2022), doi:10.3389/fpsyg.2022.923795.

30    University of Michigan Institute for Social Research, »2019 Consumption and Activities Mail Survey (CAMS)«, 2021, https://hrsdata.isr.umich.edu/data-products/2019-consumption-and-activities-mail-survey-cams.

31    A. Bavishi, M. D. Slade, B. R. Levy, »A Chapter a Day: Association of Book Reading with Longevity«, *Social Science & Medicine* 164 (2016): 44–48, doi:10.1016/j.socscimed.2016.07.014.

32    M. Wolf, »Skim Reading Is the New Normal. The Effect on Society Is Profound«, *The Guardian,* 25. August 2018, https://www.theguardian.com/commentisfree/2018/aug/25/skim-reading-new-normal-maryanne-wolf.

33    M. Wolf & M. Barzillai, »The Importance of Deep Reading,« *Educational Leadership* 66 (2009): 32–37.

34    Z. Liu, »Digital Reading: An Overview«, *Chinese Journal of Library and Informational Science* 5, no. 1 (2012): 85–94.

35  Maastricht University, »Project Deep Learning«, 2022, https://www.maastricht-university.nl/meta/437653/project-deep-reading.

36  R. Turner, »Deep Reading Has Become a Lost Art as Digital Screens Take Over, but You Can Retrain Your Brain«, ABC News, 20. Dezember 2019, https://www.abc.net.au/news/2019-12-21/how-to-engage-your-deep-reading-brain-to-combat-digital-screens/11819682.

37  Turner, »Deep Reading Has Become a Lost Art«.

38  V. Clinton-Lisell, »Listening Ears or Reading Eyes: A Meta-Analysis of Reading and Listening Comprehension Comparisons«, Review of Educational Research 92, no. 4 (2022): 543–582, doi:10.3102/00346543211060871.

39  N. Kucirkova & K. Littleton, »The Digital Reading Habits of Children: A National Survey of Parents' Perceptions of and Practices in Relation to Children's Reading for Pleasure with Print and Digital Books«, Book Trust, 2016, https://www.booktrust.org.uk/globalassets/resources/research/digital_reading_survey-final-report-8.2.16.pdf.

40  T. G. Munzer, A. L. Miller, H. M. Weeks et al., »Differences in Parent-Toddler Interactions with Electronic Versus Print Books«, Pediatrics 143, no. 4 (2019): e20182012, doi:10.1542/peds.2018-2012.

41  P. Delgado, C. Vargas, R. Ackerman et al., »Don't Throw Away Your Printed Books: A Meta-Analysis on the Effects of Reading Media on Reading Comprehension«, Educational Research Review 25 (2018): 23–38, doi:10.1016/j.edurev.2018.09.003.

42  L. G. Duncan, S. P. Mcgeown, Y. M. Griffiths et al., »Adolescent Reading Skill and Engagement with Digital and Traditional Literacies as Predictors of Reading Comprehension«, British Journal of Psychology 107, no. 2 (2016): 209–238, doi:10.1111/bjop.12134.

43  T. Lauterman & R. Ackerman, »Overcoming Screen Inferiority in Learning and Calibration«, Computers in Human Behavior 35 (2014): 455–463, doi:10.1016/j.chb.2014.02.046.

# Kapitel 5

1  M. Yogman, A. Garner, J. Hutchinson et al., "The Power of Play: A Pediatric Role in Enhancing Development in Young Children«, Pediatrics 142, no. 3 (2018): e20182058, doi:10.1542/peds.2018-2058.

2  Yogman et al., »The Power of Play«.

3  S. Shaheen, »How Child's Play Impacts Executive Function-Related Behaviors«, Applied Neuropsychology: Child 3, no. 3 (2014): 182–187, doi:10.1080/21622965.2013.839612.

4  T. Rice, »Commentary: How Child's Play Impacts Executive Function-Related Behaviors«, Frontiers in Psychology 7 (2016), doi:10.3389/fpsyg.2016.00968.

5  Yogman et al., »The Power of Play«.

6   K. Wong, »How to Add More Play to Your Grown-Up Life, Even Now«, *New York Times*, 14. August 2020, https://www.nytimes.com/2020/08/14/smarter-living/adults-play-work-life-balance.html.

7   US Bureau of Labor Statistics, »Average Hours per Day Spent in Selected Leisure and Sports Activities by Age«, 2021, https://www.bls.gov/charts/american-time-use/activity-leisure.htm.

8   K. Brauer, R. T. Proyer, G. Chick, »Adult Playfulness: An Update on an Under-studied Individual Differences Variable and Its Role in Romantic Life«, *Social and Personality Psychology Compass* 15, no. 4 (2021): e12589, doi:10.1111/spc3.12589.

9   Brauer, Proyer, Chick, »Adult Playfulness«.

10  R. T. Proyer, F. Gander, E. J. Bertenshaw et al., »The Positive Relationships of Playfulness with Indicators of Health, Activity, and Physical Fitness«, *Frontiers in Psychology* 9 (2018), doi:10.3389/fpsyg.2018.01440.

11  B. Nabavizadeh, N. Hakam, J. T. Holler et al., »Epidemiology of Child Playground Equipment-Related Injuries in the USA: Emergency Department Visits, 1995–2019«, *Journal of Paediatrics and Child Health* 58, no. 1 (2022): 69–76, doi:10.1111/jpc.15644.

12  D. Koller, »Therapeutic Play in Pediatric Health Care: The Essence of Child Life Practice«, *Child Life Council*, 2008, https://www.childlife.org/docs/default-source/research-ebp/therapeutic-play-in-pediatric-health-care-the-essence-of-child-life-practice.pdf?sfvrsn=8902b14d_2.

13  R. T. Proyer, F. Gander, K. Brauer et al., »Can Playfulness Be Stimulated? A Randomised Placebo-Controlled Online Playfulness Intervention Study on Effects on Trait Playfulness, Well-Being, and Depression«, *Applied Psychology: Health and Well-Being* 13, no. 1 (2021): 129–151, doi:10.1111/aphw.12220.

14  R. T. Proyer, »Examining Playfulness in Adults: Testing Its Correlates with Personality, Positive Psychological Functioning, Goal Aspirations, and Multi-Methodically Assessed Ingenuity«, *Psychological Test and Assessment Modeling* 54, no. 2 (2012): 103–127.

15  R. T. Proyer, »Playfulness over the Lifespan and Its Relation to Happiness«, *Zeitschrift Für Gerontologie Und Geriatrie* 47, no. 6 (2014): 508–512, doi:10.1007/s00391-013-0539-z.

16  L. A. Barnett, »How Do Playful People Play? Gendered and Racial Leisure Perspectives, Motives, and Preferences of College Students«, *Leisure Sciences* 33, no. 5 (2011): 382–401, doi:10.1080/01490400.2011.606777.

17  R. T. Proyer, »The Well-Being of Playful Adults: Adult Playfulness, Subjective Well-Being, Physical Well-Being, and the Pursuit of Enjoyable Activities«, *European Journal of Humour Research* 1, no. 1 (2013): 84–98, doi:10.7592/EJHR2013.1.1.proyer.

18  C. Clifford, E. Paulk, Q. Lin et al. »Relationships Among Adult Playfulness, Stress, and Coping During the COVID-19 Pandemic«, *Current Psychology* 21 (2022): 1–10, doi:10.1007/s12144-022-02870-0.

19  Proyer et al., »The Positive Relationships of Playfulness«.

20 R. T. Proyer, N. Tandler, K. Brauer, »Playfulness and Creativity: A Selective Review«, in *Creativity and Humor,* hg. von Sarah R. Luria, John Baer, James C. Kaufman (Philadelphia, PA: Elsevier, 2019), 43–60, doi:10.1016/B978-0-12-813 802-1.00002-8.

21 S. West, E. Hoff, I. Carlsson, »Enhancing Team Creativity with Playful Improvisation Theater: A Controlled Intervention Field Study«, *International Journal of Play* 6, no. 3 (2017): 283–293, doi:10.1080/21594937.2017.1383000.

22 S. E. West, E. Hoff, & I. Carlsson, »Play and Productivity Enhancing the Creative Climate at Workplace Meetings with Play Cues«, *American Journal of Play* 9, no. 1 (2016): 71–86.

23 N. Althuizen, B. Wierenga, J. Rossiter, »The Validity of Two Brief Measures of Creative Ability«, *Creativity Research Journal* 22, no. 1 (2010): 53–61, doi:10.1080/10400410903579577.

24 D. L. Zabelina & M. D. Robinson, »Child's Play: Facilitating the Originality of Creative Output by a Priming Manipulation«, *Psychology of Aesthetics, Creativity, and the Arts* 4, no. 1 (2010): 57–65, doi:10.1037/a0015644.

25 Brauer, Proyer, Chick, »Adult Playfulness: An Update«.

26 G. Chick, C. Yarnal, A. Purrington, »Play and Mate Preference: Testing the Signal Theory of Adult Playfulness«, *American Journal of Play* 4, no. 4 (2012): 407–440.

27 R. T. Proyer, K. Brauer, A. Wolf et al. »Adult Playfulness and Relationship Satisfaction: An APIM Analysis of Romantic Couples«, *Journal of Research in Personality* 79 (2019): 40–48, doi:10.1016/j.jrp.2019.02.001.

28 Y. L. de Moraes, M. A. C. Varella, C. Santos Alves da Silva et al., »Adult Playful Individuals Have More Long- and Short-Term Relationships«, *Evolutionary Human Sciences* 3 (2021): e24, https://doi.org/10.1017/ehs.2021.19.

29 K. Brauer, S. F. Friedemann, G. Chick et al., »›Play with Me, Darling!‹ Testing the Associations Between Adult Playfulness and Indicators of Sexuality«, *Journal of Sex Research* 60, no. 4 (2023): 522–534, doi:10.1080/00224499.2022.2077289.

30 D. Babis, O. Korin, U. Ben-Shalom et al., »Medical Clowning's Contribution to the Well-Being of Older Adults in a Residential Home«, *Educational Gerontology* 48, no. 9 (2022): 404–414, doi:10.1080/03601277.2022.2043663.

31 H. Suszek, M. Kofta, M. Kopera, »Returning to the Present Moment: Thinking About One's Childhood Increases Focus on the Hedonistic Present«, *Journal of General Psychology* 146, no. 2 (2019): 170–199, doi:10.1080/00221309.2018.15436 46.

32 R. T. Proyer, F. Gander, K. Brauer et al., »Can Playfulness Be Stimulated? A Randomised Placebo-Controlled Online Playfulness Intervention Study on Effects on Trait Playfulness, Well-Being, and Depression«, *Applied Psychology: Health & Wellbeing* 13, no. 1 (2021): 129–151, doi:10.1111/aphw.12220.

# Kapitel 6

1 M. Tomasello & K. Hamann, »The 37th Sir Frederick Bartlett Lecture: Collaboration in Young Children«, *Quarterly Journal of Experimental Psychology* 65, no. 1 (2012): 1–12, doi:10.1080/17470218.2011.608853.

2 Global News, »Tiny BC Toddler Becomes Viral TikTok Sensation Working in his Parents' Store« [Video], *YouTube*, 16. Februar 2023, https://www.youtube.com/watch?v=m7phULYVknw.

3 R. Cross, R. Rebele, A. Grant, »Collaborative Overload«, *Harvard Business Review*, Januar-Februar 2016, https://hbr.org/2016/01/collaborative-overload.

4 F. Delice, M. Rousseau, J. Feitosa, »Advancing Teams Research: What, When, and How to Measure Team Dynamics over Time«, *Frontiers in Psychology* 10 (2019), doi:10.3389/fpsyg.2019.01324.

5 F. Warneken, F. Chen, M. Tomasello, »Cooperative Activities in Young Children and Chimpanzees«, *Child Development* 77, no. 3 (2006): 640–663, doi:10.1111/j.1467–8624.2006.00895.x.

6 M. Tomasello, »Becoming Human: A Theory of Ontogeny« [Video], Association for Psychological Science Annual Convention, 28. Mai 2019, https://www.youtube.com/watch?v=BNbeleWvXyQ.

7 Warneken, Chen, Tomasello, »Cooperative Activities in Young Children.«

8 »Communication Barriers in the Modern Workplace«, *Economist*, 2018, https://www.lucidchart.com/pages/research/economist-report.

9 Warneken, Chen, Tomasello, »Cooperative Activities in Young Children«.

10 U. Kachel, M. Svetlova, M. Tomasello, »Three-Year-Olds' Reactions to a Partner's Failure to Perform Her Role in a Joint Commitment«, *Child Development* 89, no. 5 (2018): 1691–1703, doi:10.1111/cdev.12816.

11 »The Psychology of Computer Rage«, *Psychology in Action*, 2015, https://www.psychologyinaction.org/2015–12–27-the-psychology-of-computer-rage/.

12 »Survey: Over a Third of Americans Confess to Verbal or Physical Abuse of Their Computers«, *Business Wire*, 2013, https://www.businesswire.com/news/home/20130730005132/en/Survey-Americans-Confess-Verbal-Physical-Abuse-Computers.

13 Kachel, Svetlova, Tomasello, »Three-Year-Olds' Reactions«.

14 M. Timms, »Blame Culture Is Toxic. Here's How to Stop It«, *Harvard Business Review*, 9. Februar 2022, https://hbr.org/2022/02/blame-culture-is-toxic-heres-how-to-stop-it.

15 B. M. Lloyd-Walker, A. J. Mills, D. H. T. Walker, »Enabling Construction Innovation: The Role of a No-Blame Culture as a Collaboration Behavioural Driver in Project Alliances«, *Construction Management and Economics* 32, no. 3 (2014): 229–245, doi:10.1080/01446193.2014.892629.

16 M. Kew, »Mercedes FE Employing Same ›No Blame‹ Culture as F1 Team«, Motorsport.com, 5. Februar 2021, https://www.motorsport.com/formula-e/news/mercedes-no-blame-culture-f1/5282171.

17  B. Dattner, »An Overview of the Blame Game«, *Psychology Today,* 9. Februar 2011, https://www.psychologytoday.com/ca/blog/credit-and-blame-at-work/201102/an-overview-of-the-blame-game.

18  U. Kachel, M. Svetlova, M. Tomasello, »Three- and 5-Year-Old Children's Understanding of How to Dissolve a Joint Commitment«, *Journal of Experimental Child Psychology* 184 (2019): 34–47, doi:10.1016/j.jecp.2019.03.008.

19  R. Knight, »How to Quit Your Job Without Burning Bridges«, *Harvard Business Review,* 4. Dezember 2014, https://hbr.org/2014/12/how-to-quit-your-job-without-burning-bridges.

20  B. Nogrady, »Exiting Gracefully: How to Leave a Job Behind«, *Nature* 601 (2022): 151–153.

21  P. Grocke, F. Rossano, M. Tomasello, »Young Children Are More Willing to Accept Group Decisions in Which They Have Had a Voice«, *Journal of Experimental Child Psychology* 166 (2018): 67–78, doi:10.1016/j.jecp.2017.08.003.

22  Q. Ong, Y. E. Riyanto, S. M. Sheffrin, »How Does Voice Matter? Evidence from the Ultimatum Game«, *Experimental Economics* 15, no. 4 (2012): 604–621, doi:10.1007/s10683–012–9316-x.

23  A. Adhvaryu, T. Molina, A. Nyshadham, »Expectations, Wage Hikes, and Worker Voice«, *Economic Journal* 132, no. 645 (2022): 1978–1993, doi.org/10.1093/ej/ueac001.

24  A. W. Woolley, C. F. Chabris, A. Pentland et al., »Evidence for a Collective Intelligence Factor in the Performance of Human Groups«, *Science* 330, no. 6004 (2010): 686–688, doi:10.1126/science.1193147.

25  A. C. Edmondson & M. Mortensen, »What Psychological Safety Looks Like in a Hybrid Workplace«, *Harvard Business Review,* 19. April 2021, https://hbr.org/2021/04/what-psychological-safety-looks-like-in-a-hybrid-workplace.

26  J. Rozovsky, »The Five Keys to a Successful Google Team«, *re:Work,* 17. November 2015, https://rework.withgoogle.com/blog/five-keys-to-a-successful-google-team.

27  C. Duhigg, »What Google Learned from Its Quest to Build the Perfect Team«, *New York Times Magazine,* 25. Februar 2016, https://www.nytimes.com/2016/02/28/magazine/what-google-learned-from-its-quest-to-build-the-perfect-team.html.

28  J. M. Engelmann & M. Tomasello, »Children's Sense of Fairness as Equal Respect«, *Trends in Cognitive Sciences* 23, no. 6 (2019): 454–463, doi:10.1016/j.tics.2019.03.001.

29  V. Masterson, »6 Surprising Facts About the Global Gender Pay Gap«, *World Economic Forum,* 8. März 2022, https://www.weforum.org/agenda/2022/03/6-surprising-facts-gender-pay-gap.

30  P. Kanngiesser & F. Warneken, »Young Children Consider Merit When Sharing Resources with Others«, PLOS *One* 7, no. 8 (2012): e43979, doi:10.1371/journal.pone.0043979.

31 K. Hamann, J. Bender, M. Tomasello, »Meritocratic Sharing Is Based on Collaboration in 3-Year-Olds«, *Developmental Psychology* 50, no. 1 (2014): 121–128, doi:10.1037/a0032965.

32 N. Baumard, O. Mascaro, C. Chevallier, »Preschoolers Are Able to Take Merit into Account when Distributing Goods«, *Developmental Psychology* 48, no. 2 (2012): 492–498, doi:10.1037/a0026598.

33 F. Yang, Y. J. Choi, A. Misch et al., »In Defense of the Commons: Young Children Negatively Evaluate and Sanction Free Riders«, *Psychological Science* 29, no. 10 (2018): 1598–1611, doi:10.1177/0956797618779061.

34 A. P. Melis, K. Altrichter, M. Tomasello, »Allocation of Resources to Collaborators and Free-Riders in 3-Year-Olds«, *Journal of Experimental Child Psychology* 114, no. 2 (2013): 364–370, doi:10.1016/j.jecp.2012.08.006.

35 F. Warneken, K. Lohse, A. P. Melis et al., »Young Children Share the Spoils After Collaboration«, *Psychological Science* 22, no. 2 (2011): 267–273, doi: 10.1177/0956797610395392.

36 Engelmann & Tomasello, »Children's Sense of Fairness as Equal Respect«.

37 Engelmann & Tomasello.

38 H. Rakoczy, M. Kaufmann, K. Lohse, »Young Children Understand the Normative Force of Standards of Equal Resource Distribution«, *Journal of Experimental Child Psychology* 150 (2016): 396–403, doi:10.1016/j.jecp.2016.05.015.

39 »Sociometric Badges«, MIT *Media Laboratory,* 2011, https://hd.media.mit.edu/badges/.

40 A. S. Pentland, »The New Science of Building Great Teams«, *Harvard Business Review,* April 2012, https://hbr.org/2012/04/the-new-science-of-building-great-teams.

41 A. Pentland, »Defend Your Research: We Can Measure the Power of Charisma«, *Harvard Business Review,* Januar 2010, https://hbr.org/2010/01/defend-your-research-we-can-measure-the-power-of-charisma.

# Kapitel 7

1 M. Oxenden, »›Now, Let's Be a Starfish!‹: Learning with Ms. Rachel, Song by Song«, *New York Times,* 2. Juli 2023, https://www.nytimes.com/2023/06/30/style/ms-rachel-youtube-videos.html.

2 Ms. Rachel–Toddler Learning Videos, »Blippi & Ms. Rachel Learn Vehicles – Wheels on the Bus—Videos for Kids—Tractor, Car, Truck+More« [Video], *YouTube,* 29. Juli 2023, https://www.youtube.com/watch?v=gFuEoxh5hd4.

3 L. T. Eby, T. D. Allen, S. C. Evans et al., »Does Mentoring Matter? A Multidisciplinary Meta-Analysis Comparing Mentored and Non-Mentored Individuals«, *Journal of Vocational Behavior* 72, no. 2 (2008): 254–267, doi:10.1016/j.jvb.2007.04.005.

4    C. Morselli, P. Tremblay, B. McCarthy, »Mentors and Criminal Achievement«, *Criminology* 44, no. 1 (2006): 17–43, doi:10.1111/j.1745–9125.2006.00041.x.

5    L. T. Eby & M. M. Robertson, »The Psychology of Workplace Mentoring Relationships«, *Annual Review of Organizational Psychology and Organizational Behavior* 7 (2020): 75–100, doi:10.1146/annurev-orgpsych-012119.

6    K. Klein & P. Cappelli, »Workplace Loyalties Change, but the Value of Mentoring Doesn't«, *Knowledge at Wharton,* 16. Mai 2007, https://knowledge.wharton. upenn.edu/podcast/knowledge-at-wharton -podcastworkplace-loyalties-change-but-the-value-of-mentoring-doesnt.

7    A. J. Duvall, »Calculating a Mentor's Effect on Salary and Retention«, *Financial Management,* 1. Dezember 2016, https://www.fm-magazine.com/issues/2016/dec/ mentors-effect-on-salary-and-retention.html.

8    L. Tan & J. B. Main, »Faculty Mentorship and Research Productivity, Salary, and Job Satisfaction«, in American Society for Engineering Education Annual Conference Proceedings, 2021.

9    T. D. Allen, E. Lentz, R. Day, »Career Success Outcomes Associated with Mentoring Others: A Comparison of Mentors and Nonmentors«, *Journal of Career Development* 32, no. 3 (2006): 272–285, doi:10.1177/0894845305 282942.

10   Olivet Nazarene University, »New Research Examines How Mentors Factor in the Workplace«, 2019, https://online.olivet.edu/research-statistics-on-professional-mentors.

11   J. C. Leary, E. G. Schainker, J. A. K. Leyenaar, »The Unwritten Rules of Mentor-ship: Facilitators of and Barriers to Effective Mentorship in Pediatric Hospital Medicine«, *Hospital Pediatrics* 6, no. 4 (2016): 219–225, doi:10.1542/ hpeds.2015–0108.

12   S. E. Straus, M. O. Johnson, C. Marquez et al., »Characteristics of Successful and Failed Mentoring Relationships: A Qualitative Study across Two Academic Health Centers«, *Academic Medicine* 88, no. 1 (2013): 82–89, doi:10.1097/ ACM.0b013e31827647a0.

13   J. A. Leonard, S. R. Cordrey, H. Z. Liu et al., »Young Children Calibrate Effort Based on the Trajectory of Their Performance«, *Developmental Psychology* 59, no. 3 (2023): 609–619, doi:10.1037/dev0001467.

14   A. Ten, P. Kaushik, P. Y. Oudeyer et al., »Humans Monitor Learning Progress in Curiosity-Driven Exploration«, *Nature Communications* 12, no. 1 (2021), doi:10.1038/s41467–021–26196-w.

15   X. Zhang, S. D. McDougle, J. A. Leonard, »Thinking About Doing: Representa-tions of Skill Learning«, in *Proceedings of the 44th Annual Conference of the Cognitive Science Society* 44, no. 44 (2022).

16   J. A. Leonard, Y. Lee, L. E. Schulz, »Infants Make More Attempts to Achieve a Goal When They See Adults Persist«, *Science* 357 (2017): 1290–1294, https://osf.io/j4935/.

17   J. A. Leonard, A. Garcia, L. E. Schulz, »How Adults' Actions, Outcomes, and

Testimony Affect Preschoolers' Persistence«, *Child Development* 91, no. 4 (2020): 1254–1271, doi:10.1111/cdev.13305.

18  D. Hu, J. N. Ahn, M. Vega et al., »Not All Scientists Are Equal: Role Aspirants Influence Role Modeling Outcomes in STEM«, *Basic and Applied Social Psychology* 42, no. 3 (2020): 192–208, doi:10.1080/01973533.2020.1734006.

19  C. Cotroneo, »Forget Geniuses. Hard Workers Make the Best Role Models«, *Treehugger,* 13. März 2020, https://www.treehugger.com/genius-role-model-einstein-edison-4859419.

20  Leonard, Garcia, Schulz, »How Adults' Actions, Outcomes, and Testimony ...«.

21  Leonard, Garcia, Schulz.

22  M. Mayfield & J. Mayfield, »The Effects of Leader Motivating Language Use on Employee Decision Making«, *International Journal of Business Communication* 53, no. 4 (2016): 465–484, doi:10.1177/2329488415572787.

23  D. McGinn, »The Science of Pep Talks«, *Harvard Business Review,* Juli 2017, https://hbr.org/2017/07/the-science-of-pep-talks26, 2023.

24  Mayfield & Mayfield, »The Effects of Leader Motivating Language Use«.

25  T. Van Bommel, »The Power of Empathy in Times of Crisis and Beyond«, *Catalyst,* 2021, https://www.catalyst.org/reports/empathy-work-strategy-crisis/.

26  A. L. Duckworth, C. Peterson, M. D. Matthews et al., »Grit: Perseverance and Passion for Long-Term Goals«, *Journal of Personality and Social Psychology* 92, no. 6 (2007): 1087–1101, doi:10.1037/0022–3514.92.6.1087.

27  J. A. Leonard, D. M. Lydon-Staley, S. D. S. Sharp et al., »Daily Fluctuations in Young Children's Persistence«, *Child Development* 93, no. 2 (2022): e222–e236, doi:10.1111/cdev.13717.

28  B. J. Morris & S. R. Zentall, »High Fives Motivate: The Effects of Gestural and Ambiguous Verbal Praise on Motivation«, *Frontiers in Psychology* 5 (2014), doi:10.3389/fpsyg.2014.00928.

29  J. A. Leonard, D. N. Martinez, S. C. Dashineau et al., »Children Persist Less When Adults Take Over«, *Child Development* 92, no. 4 (2021): 1325–1336, doi:10.1111/cdev.13492.

30  J. Verrey, »Here, Let Me Do It: Task Takeover Hurts Team Performance«, Bachelor's thesis, Harvard College, 2019, http://nrs.harvard.edu/urn-3:HUL.InstRepos:41971553.

31  Y. Kim, »What Kids Can Teach Adults About Asking for Help« [Video], TED, 28. Oktober 2020, https://www.youtube.com/watch?v=EG6QA47rMNgc.

32  X. Zhao & N. Epley, »Surprisingly Happy to Have Helped: Underestimating Prosociality Creates a Misplaced Barrier to Asking for Help«, *Psychological Science* 33, no. 10 (2022): 1708–1731, doi:10.1177/09567976221097615.

33  K. Lucca, R. Horton, J. A. Sommerville, »Infants Rationally Decide When and How to Deploy Effort«, *Nature Human Behaviour* 4, no. 4 (2020): 372–379, doi:10.1038/s41562–019–0814–0.

34  Make-A-Wish Foundation of America, »Our History«, https://wish.org/about-us.

35  A. D. Patel, P. Glynn, A. M. Falke et al., »Impact of a Make-A-Wish Experience on

Healthcare Utilization«, *Pediatric Research* 85, no. 5 (2019): 634–638, doi:10. 1038/s41390–018–0207–5.

36  B. Chappell, »Holy Empathy! Batkid Lives Superhero Dream in San Francisco«, *National Public Radio,* 15. November 2013, https://www.npr.org/sections/ thetwo-way/2013/11/15/245480296/holy-empathy-batkid-lives-superhero- dream-in-san-francisco.

37  D. Nachman (Regisseur), *Batkid Begins* [Film], 2015, Warner Bros.

38  A. Duckworth, *Grit: The Power of Passion and Perseverance.* Übers.: Mengden, Leon. (München: C. Bertelsmann: 2017).

39  R. E. White, E. O. Prager, C. Schaefer et al., »The ›Batman Effect‹: Improving Perseverance in Young Children«, *Child Development* 88, no. 5 (2017): 1563–1571, doi:10.1111/cdev.12695.

40  R. Karniol, L. Galili, D. Shtilerman et al., »Why Superman Can Wait: Cognitive Self-Transformation in the Delay of Gratification Paradigm«, *Journal of Clinical Child and Adolescent Psychology* 40, no. 2 (2011): 307–317, doi:10.1080/15374416. 2011.546040.

41  D. M. Marx, S. J. Ko, R. A. Friedman, »The ›Obama Effect‹: How a Salient Role Model Reduces Race-Based Performance Differences«, *Journal of Experimental Social Psychology* 45, no. 4 (2009): 953–956, doi:10.1016/j.jesp.2009.03.012.

42  D. R. van Tongeren, R. Hibbard, M. Edwards et al., »Heroic Helping: The Effects of Priming Superhero Images on Prosociality«, *Frontiers in Psychology* 9 (2018), doi:10.3389/fpsyg.2018.02243.

43  Karniol et al., »Why Superman Can Wait«.

# Kapitel 8

1  The Ellen DeGeneres Show, »Ellen Meets Adorable Viral Hugging Toddlers« [Video], *YouTube,* 18. September 2019, https://www.youtube.com/watch?v= 6TyBCufF3RM.

2  Y. J. Yu, »This 4-Year-Old Narrating While Snowboarding Is Melting Our Hearts«, *Good Morning America,* 11. Februar 2022, https://www.goodmorningamerica. com/family/story/year-narrating-snowboarding-melting-hearts-82823802.

3  A. Winsler, R. M. Diaz, D. J. Atencio et al., »Verbal Self-Regulation over Time in Preschool Children at Risk for Attention and Behavior Problems«, *Journal of Child Psychology and Psychiatry, and Allied Disciplines* 41, no. 7 (2000): 875–886.

4  R. M. Duncan & J. A. Cheyne, »Private Speech in Young Adults: Task Difficulty, Self-Regulation, and Psychological Predication«, *Cognitive Development* 16, no. 4 (2001): 889–906, https://doi.org/10.1016/S0885–2014(01)00069–7.

5  A. Orvell, B. D. Vickers, B. Drake et al., »Does Distanced Self-Talk Facilitate Emotion Regulation Across a Range of Emotionally Intense Experiences?«, *Clinical Psychological Science* 9, no. 1 (2021): 68–78,doi:10.1177/21677026209 51539.

6    Y. Theodorakis, S. Chroni, K. Laparidis et al., »Self-Talk in a Basketball-Shooting Task«, *Perceptual and Motor Skills* 92 (2001): 309–315.

7    N. A. Kompa & J. L. Mueller, »Inner Speech as a Cognitive Tool – or What Is the Point of Talking to Oneself?«, *Philosophical Psychology* (2022): 1–24, doi:10.1080/09515089.2022.2112164.

8    C. S. White & M. Daugherty, »Creativity and Private Speech in Young Children«, in *Private Speech, Executive Functioning, and the Development of Verbal Self-Regulation,* eds. Adam Winsler, Charles Fernyhough, Ignacio Montero (Cambridge, UK: Cambridge University Press, 2009).

9    Kompa & Mueller, »Inner Speech as a Cognitive Tool«.

10   Kompa & Mueller.

11   B. N. Jack, M. E. Le Pelley, N. Han et al., »Inner Speech Is Accompanied by a Temporally Precise and Content-Specific Corollary Discharge«, *Neuroimage* 198 (2019): 170–180, doi:10.1016/j.neuroimage.2019.04.038.

12   X. Tian, J. M. Zarate, D. Poeppel, »Mental Imagery of Speech Implicates Two Mechanisms of Perceptual Reactivation«, *Cortex* 77 (2016): 1–12, doi:10.1016/j.cortex.2016.01.002.

13   A. Fishbach, »Society for the Science of Motivation Presidential Address: Can We Harness Motivation Science to Motivate Ourselves?«, *Motivation Science* 7, no. 4 (2021): 363–374, doi:10.1037/mot0000243.

14   A. Mulvihill, N. Matthews, P. E. Dux et al., »Preschool Children's Private Speech Content and Performance on Executive Functioning and Problem-Solving Tasks«, *Cognitive Development* 60, no. 2 (2021), doi:10.1016/j.cogdev.2021.101116.

15   J. Sawyer, »I Think I Can: Preschoolers' Private Speech and Motivation in Playful Versus Non-Playful Contexts«, *Early Childhood Research Quarterly* 38 (2017): 84–96, doi:10.1016/j.ecresq.2016.09.004.

16   Duncan & Cheyne, »Private Speech in Young Adults«.

17   D. Alarcon-Rubio, J. A. Sanchez-Medina, A. Winsler, »Private Speech in Illiterate Adults: Cognitive Functions, Task Difficulty, and Literacy«, *Journal of Adult Development* 20, no. 2 (2013): 100–111, doi:10.1007/s10804–013–9161-y.

18   G. Lupyan & D. Swingley, »Self-Directed Speech Affects Visual Search Performance«, *Quarterly Journal of Experimental Psychology* 65, no. 6 (2012): 1068–1085, doi:10.1080/17470218.2011.647039.

19   M. Whedon, N. B. Perry, E. B. Curtis et al., »Private Speech and the Development of Self-Regulation: The Importance of Temperamental Anger«, *Early Childhood Research Quarterly* 56 (2021): 213–224, doi:10.1016/j.ecresq.2021.03.013.

20   E. Kross, *Chatter: Die Stimme in deinem Kopf. Wie wir unseren inneren Kritiker in einen inneren Coach verwandeln.* Übers.: Mengden, Leon (München: btb, 2022).

21   M. Horvat, D. Kukolja, D. Ivanec, »Comparing Affective Responses to Standardized Pictures and Videos: A Study Report«, in *Proceedings of the 38th International Convention on Information and Communication Technology, Electronics and Microelectronics* (MIPRO), IEEE, 1394–1398.

22   J. S. Moser, A. Dougherty, W. I. Mattson et al., »Third-Person Self-Talk Facilitates

Emotion Regulation Without Engaging Cognitive Control: Converging Evidence from ERP and fMRI«, *Scientific Reports* 7, no. 1 (2017), doi:10.1038/s41598-017-04047-3.

23   J. B. Leitner, O. Ayduk, R. Mendoza-Denton et al., »Self-Distancing Improves Interpersonal Perceptions and Behavior by Decreasing Medial Prefrontal Cortex Activity During the Provision of Criticism«, *Social Cognitive and Affective Neuroscience* 12, no. 4 (2017): 534–543, doi:10.1093/scan/nsw168.

24   E. Kross, E. Bruehlman-Senecal, J. Park et al., »Self-Talk as a Regulatory Mechanism: How You Do It Matters«, *Journal of Personality and Social Psychology* 106, no. 2 (2014): 304–324, doi:10.1037/a0035173.

25   C. R. Furman, E. Kross, A. N. Gearhardt, »Distanced Self-Talk Enhances Goal Pursuit to Eat Healthier«, *Clinical Psychological Science* 8, no. 2 (2020): 366–373, doi:10.1177/2167702619896366.

26   D. M. Cutton & D. Landin, »The Effects of Self-Talk and Augmented Feedback on Learning the Tennis Forehand«, *Journal of Applied Sport Psychology* 19, no. 3 (2007): 288–303, doi:10.1080/10413200701328664.

27   C. Edwards, D. Tod, M. McGuigan, »Self-Talk Influences Vertical Jump Performance and Kinematics in Male Rugby Union Players«, *Journal of Sports Sciences* 26, no. 13 (2008): 1459–1465, doi:10.1080/02640410802287071.

28   A. Hatzigeorgiadis, N. Zourbanos, E. Galanis et al., »Self-Talk and Sports Performance: A Meta-Analysis«, *Perspectives on Psychological Science* 6, no. 4 (2011): 348–356, doi:10.1177/1745691611413136.

29   A. Papaioannou, F. Ballon, Y. Theodorakis et al., »Combined Effect of Goal Setting and Self-Talk in Performance of a Soccer-Shooting Task«, *Perceptual and Motor Skills* 98, no. 1 (2004): 89–99, doi:10.2466/pms.98.1.89–99.

30   J. Tutek, H. E. Gunn, K. L. Lichstein, »Worry and Rumination Have Distinct Associations with Nighttime Versus Daytime Sleep Symptomology«, *Behavioral Sleep Medicine* 19, no. 2 (2021): 192–207, doi:10.1080/15402002.2020.1725012.

31   Kross, *Chatter: The Voice in Our Head*.

32   M. McGonigle-Chalmers, H. Slater, A. Smith, »Rethinking Private Speech in Preschoolers: The Effects of Social Presence«, *Developmental Psychology* 50, no. 3 (2014): 829–836, doi:10.1037/a0033909.

33   L. Manfra & A. Winsler, »Preschool Children's Awareness of Private Speech«, *International Journal of Behavioral Development* 30, no. 6 (2006): 537–549, doi:10.1177/0165025406072902.

34   A. Winsler & R. M. Diaz, »Private Speech in the Classroom: The Effects of Activity Type, Presence of Others, Classroom Context, and Mixed-Age Grouping«, *International Journal of Behavioral Development* 18, no. 3 (1995): 463–487, doi:10.1177/016502549501800305.

35   S. Breyel & S. Pauen, »Private Speech During Problem-Solving: Tool Innovation Challenges Both Preschoolers' Cognitive and Emotion Regulation«, *Journal of Cognition and Development* 24, no. 3 (2023): 354–374, doi:10.1080/15248372.2022.2144319.

36  White & Daugherty, »Creativity and Private Speech in Young Children«.

37  B. Borzykowski, »Why Talking to Yourself Is the First Sign of … Success«, BBC *Worklife*, 27. April 2017, https://www.bbc.com /worklife/article/20170428-why-talking-to-yourself-is-the-first-sign-of-success.

38  K. Wong, »The Benefits of Talking to Yourself«, *New York Times*, 8. Juni 2017, https://www.nytimes.com/2017/06/08/smarter-living/benefits-of-talking-to-yourself-self-talk.html.

# Kapitel 9

1  T. Kushnir & M.A. Koenig, »What I Don't Know Won't Hurt You: The Relation between Professed Ignorance and Later Knowledge Claims«, *Developmental Psychology* 53, no. 5 (2017): 826–835, doi:10.1037/dev0000294.

2  J. Sully: *Untersuchungen über die Kindheit*. Übers.: Stimpfl, J. (Leipzig: Wunderlich Verlag, 1897).

3  B. MacWhinney, »CHILDES: Child Language Data Exchange System«, Carnegie Mellon University, (n. d.), retrieved 5. August 2023, https:// www.lti.cs.cmu.edu/ projects/spoken-interfaces-and-dialogue-processingchildes-child-language-data-exchange-system.

4  M.M. Chouinard, P. L. Harris, M. P. Maratsos, »Children's Questions: A Mechanism for Cognitive Development«, *Monographs of the Society for Research in Child Development* 72, no. 1 (2007): 1–129, doi:10.1111/j.1540–5834.2007.00412.x.

5  R. L. Koegel, J. L. Bradshaw, K. Ashbaugh et al., »Improving Question-Asking Initiations in Young Children with Autism Using Pivotal Response Treatment«, *Journal of Autism and Developmental Disorders* 44, no. 4 (2014): 816–827, doi:10.1007/s10803–013–1932–6.

6  D.M. Bravata, S. A. Watts, A. L. Keefer et al., »Prevalence, Predictors, and Treatment of Impostor Syndrome: A Systematic Review«, *Journal of Autism and Developmental Disorders* 35, no. 4 (2020): 1252–1275, doi:10.1007/ s11606–019–05364–1.

7  I. Cojuharenco & N. Karelaia, »When Leaders Ask Questions: Can Humility Premiums Buffer the Effects of Competence Penalties?«, *Organizational Behavior and Human Decision Processes* 156 (2020): 113–134, doi:10.1016/j. obhdp.2019.12.001.

8  Cojuharenco & Karelaia, »When Leaders Ask Questions«.

9  M. T. McDermott, »Mistaken for Pregnant? Readers Respond«, *New York Times*, 21. September 2016, https://www.nytimes.com/2016/09/20/well/family/mistaken-for-pregnant-readers-respond.html.

10  E. Hart, E. M. VanEpps, M. E. Schweitzer, »The (Better than Expected) Consequences of Asking Sensitive Questions«, *Organizational Behavior and Human Decision Processes* 162 (2021): 136–154, doi:10.1016/j.obhdp.2020.10.014.

11   J. M. Bugg & M. A. McDaniel, »Selective Benefits of Question Self-Generation and Answering for Remembering Expository Text«, *Journal of Educational Psychology* 104, no. 4 (2012): 922–931, doi:10.1037/a0028661.

12   S. C. Pan, I. Zung, M. N. Imundo et al., »User-Generated Digital Flashcards Yield Better Learning Than Premade Flashcards«, *Journal of Applied Research in Memory and Cognition,* published online 2022, doi:10.1037/mac0000083.

13   M. Yeomans, A. Kantor, D. Tingley, »The Politeness Package: Detecting Politeness in Natural Language«, *The R Journal* 10, no. 2 (2018): 489–502.

14   N. Vitukevich, »Water Cooler Talk: Weather, ›Game of Thrones,‹ Football Dominate Office Chatter«, *Office Pulse,* 15. September 2016, https://office pulse.captivate.com/watercooler-talk-what -professionals-are-discussing-at-the-office.

15   J. R. Methot, E. H. Rosado-Solomon, P. E. Downes et al., »Office Chitchat as a Social Ritual: The Uplifting Yet Distracting Effects of Daily Small Talk at Work«, *Academy of Management Journal* 64, no. 5 (2021): 1445–1471, doi:10.5465/AMJ.2018.1474.

16   K. Huang, M. Yeomans, A. W. Brooks et al., »It Doesn't Hurt to Ask: Question-Asking Increases Liking«, *Journal of Personality and Social Psychology* 113, no. 3 (2017): 430–452, doi:10.1037/pspi0000097.

17   Huang et al., »It Doesn't Hurt to Ask«.

18   Raising Children Network (Australia), »Language Development: Children 0–8 Years«, 17. Februar 2021, https://raising-children.net.au/babies/development/language-development/language-development-0-8.

19   J. Hayes, I. Stewart, J. McElwee, »Children's Answering of Yes-No Questions: A Review of Research Including Particular Consideration of the Relational Evaluation Procedure«, *The Behavioral Development Bulletin* 22, no. 1 (2017): 173–182, doi:10.1037/bdb0000027.

20   M. Okanda & S. Itakura, »Do Young and Old Preschoolers Exhibit Response Bias Due to Different Mechanisms? Investigating Children's Response Time«, *Journal of Experimental Child Psychology* 110, no. 3 (2011): 453–460, doi:10.1016/j.jecp.2011.04.012.

21   D. Laible, T. Panfile, and D. Makariev, »The Quality and Frequency of Mother-Toddler Conflict: Links with Attachment and Temperament«, *Child Development* 79, no. 2 (2008): 426–443.

22   22. N. Martyn, »Infancy and Early Childhood Matter So Much Because of Attachment«, *The Conversation,* 29. Mai 2019, https://theconversation.com/infancy-and-early-childhood-matter-so-much-because-of-attachment-117733.

23   R. A. Spitz, *No and Yes. On the Genesis of Human Communication* (Madison, CT: International Universities Press, 1957).

24   N. Alia-Klein, R. Z. Goldstein, D. Tomasi et al., »What Is in a Word? No Versus Yes Differentially Engage the Lateral Orbitofrontal Cortex«, *Emotion* 7, no. 3 (2007): 649–659.

25   X. Zhao & N. Epley, »Surprisingly Happy to Have Helped: Underestimating

Prosociality Creates a Misplaced Barrier to Asking for Help«, *Psychological Science* 33, no. 10 (2022): 1708–1731, doi:10.1177/09567976221097615.

26 C. Carter, »Five Research-Based Ways to Say No«, *Greater Good Magazine*, 25. November 2015, https://greatergood.berkeley.edu/article/item/5_research_based_ways_to_say_no.

27 V. K. Bohns, M. M. Roghanizad, A. Z. Xu, »Underestimating Our Influence over Others' Unethical Behavior and Decisions«, *Personality and Social Psychology Bulletin* 40, no. 3 (2014): 348–362, doi:10.1177/0146167213511825.

28 D. Kahneman & A. Tversky, »Intuitive Prediction: Biases and Corrective Procedures«, TIMS *Studies in Management Science* 12 (1977): 313–327.

29 R. Buehler, D. Griffin, M. Ross, »Exploring the ›Planning Fallacy‹: Why People Underestimate Their Task Completion Times«, *Journal of Personality and Social Psychology* 67, no. 3 (1994): 366–381, https://doi.org/10.1037/0022–3514.67.3.366.

30 B. M. Katt, A. Tawfik, V. Lau et al., »The Planning Fallacy in the Orthopedic Operating Room«, *Cureus* 13, no. 1 (2021): e12433, doi:10.7759/cureus.12433.

31 S. A. Spiller & J. G. Lynch, »Consumers Commit the Planning Fallacy for Time but Not for Money«, ACR *North American Advances* 36 (2009): 1040–1041.

32 Sydney Opera House, »Interesting Facts about the Sydney Opera House«, https://www.sydneyoperahouse.com/building/interesting-facts-about-sydney-opera-house.

33 K. Pyke, »Faculty Gender Inequity and the ›Just Say No to Service‹ Fairytale«, in *Disrupting the Culture of Silence: Confronting Gender Inequality and Making Change in Higher Education* (Stylus Publishing, 2014).

34 J. Moss, »Burnout Is About Your Workplace, Not Your People«, *Harvard Business Review,* 11. Dezember 2019, https://hbr.org/2019/12/burnout-is-about-your-workplace-not-your-people.

35 K. Dickinson, »The Planning Fallacy: Why Your Plans Go Awry and 5 Steps to Get Back on Track«, *Big Think,* 18. Januar 2023, https://bigthink.com/the-learning-curve/the-planning-fallacy-and-how-to-get-back-on-track/.

36 D. K. Forsyth & C. D. B. Burt, »Allocating Time to Future Tasks: The Effect of Task Segmentation on Planning Fallacy Bias«, *Memory & Cognition* 36, no. 4 (2008): 791–798, doi:10.3758/MC.36.4.791.

37 J. Kruger & M. Evans, »If You Don't Want to Be Late, Enumerate: Unpacking Reduces the Planning Fallacy«, *Journal of Experimental Social Psychology* 40, no. 5 (2004): 586–598, doi:10.1016/j.jesp.2003.11.001.

38 Kruger & Evans, »If You Don't Want to Be Late, Enumerate«.

39 S. Koole & M. van't Spijker, »Overcoming the Planning Fallacy Through Willpower: Effects of Implementation Intentions on Actual and Predicted Task-Completion Times«, *European Journal of Social Psychology* 30, no. 6 (2000): 873–888, doi:10.1002/1099–0992(200011/12)30:6<873::AID-EJSP22>3.0.CO;2-U.

40 Y. Huang, Z. Yang, V. G. Morwitz, »How Using a Paper Versus Mobile Calendar

Influences Everyday Planning and Plan Fulfillment«, *Journal of Consumer Psychology* 33, no. 1 (2023): 115–122, doi:10.1002/jcpy.1297.

41 Z. J. Ayres, *Managing Your Mental Health during Your PhD* (New York, NY: Springer International Publishing, 2022), doi:10.1007/978–3–031–14194–2.

42 L. M. Giurge & V. K. Bohns, »You Don't Need to Answer Right Away! Receivers Overestimate How Quickly Senders Expect Responses to Non-Urgent Work E-mails«, *Organizational Behavior and Human Decision Processes* 167 (2021): 114–128, doi:10.1016/j.obhdp.2021.08.002.

43 V. M. Patrick & H. Hagtvedt, »›I Don't‹ Versus ›I Can't‹: When Empowered Refusal Motivates Goal-Directed Behavior«, *Journal of Consumer Research* 39, no. 2 (2012): 371–381, doi:10.1086/663212.

44 A. Connor, »Why You Need to Say ›I Don't,‹ Versus ›I Can't‹«, Medium, 14. November 2018, https://medium.com/writing-cooperative/why-you-need-to-say-i-dont-versus-i-can-t-4112028ea6f2.

# Kapitel 10

1 E. B. Hansen Sandseter, »Categorising Risky Play – How Can We Identify Risk-Taking in Children's Play?«, *European Early Childhood Education Research Journal* 15, no. 2 (2007): 237–252, doi:10.1080/13502930701321733.

2 E. B. Hansen Sandseter, »Children's Expressions of Exhilaration and Fear in Risky Play«, *Contemporary Issues in Early Childhood* 10, no. 2 (2009): 92–106, doi:10.2304/ciec.2009.10.2.92.

3 O. Kvalnes, E. B. Hansen Sandseter, »Experiences, Mastery, and Development Through Risk«, in *Risky Play* (New York, NY: Springer International Publishing, 2023), doi:10.1007/978–3–031–25552–6.

4 S. Wyver, P. Tranter, G. Naughton et al., »Ten Ways to Restrict Children's Freedom to Play: The Problem of Surplus Safety«, *Contemporary Issues in Early Childhood* 11, no. 3 (2010): 263–277, doi:10.2304/ciec.2010.11.3.263.

5 Wyver et al., »Ten Ways to Restrict«.

6 M. Brussoni, R. Gibbons, C. Gray et al., »What Is the Relationship between Risky Outdoor Play and Health in Children? A Systematic Review«, *International Journal of Environmental Research and Public Health* 12, no. 6 (2015): 6423–6454, doi:10.3390/ijerph120606423.

7 A. Roig, H. Meunier, E. Poulingue et al., »Is Economic Risk Proneness in Young Children (Homo sapiens) Driven by Exploratory Behavior? A Comparison with Capuchin Monkeys (Sapajus apella)«, *Journal of Comparative Psychology* 136, no. 2 (2022): 140–150, doi:10.1037/com0000314.supp.

8 J. Riviere, M. Stomp, E. Augustin et al., »Decision-Making Under Risk of Gain in Young Children and Mangabey Monkeys«, *Developmental Psychobiology* 60, no. 2 (2018): 176–186, doi:10.1002/dev.21592.

9   Roig et al., »Is Economic Risk Proneness in Young Children«.

10  Roig et al.

11  A. G. Rosati, M. E. Thompson, R. Atencia et al., »Distinct Developmental Trajectories for Risky and Impulsive Decision-Making in Chimpanzees«, *Journal of Experimental Psychology: General* 152, no. 6 (2023): 1551–1564, doi:10.1037/xge0001347.

12  W. T. Harbaugh, K. Krause, L. Vesterlund, »Risk Attitudes of Children and Adults: Choices over Small and Large Probability Gains and Losses«, *Experimental Economics* 5 (2002): 53–84, https://doi.org/10.1023/A:1016316725855.

13  R. K. Delaney, J. N. Strough, N. J. Shook et al., »Don't Risk It. Older Adults Perceive Fewer Future Opportunities and Avoid Social Risk Taking«, *International Journal of Aging & Human Development* 92, no. 2 (2021): 139–157, doi:10.1177/0091415019900564.

14  Delaney et al., »Don't Risk It«.

15  M. A. Grubb, A. Tymula, S. Gilaie-Dotan et al., »Neuroanatomy Accounts for Age-Related Changes in Risk Preferences«, *Nature Communications* 7 (2016), doi:10.1038/ncomms13822.

16  P. Ayton, G. Bernile, A. Bucciol et al., »The Impact of Life Experiences on Risk Taking«, *Journal of Economic Psychology* 79 (2020), doi:10.1016/j.joep.2020.102274.

17  R. Faff, T. Hallahan, M. McKenzie, »Women and Risk Tolerance in an Aging World«, *International Journal of Accounting & Information Management* 19, no. 2 (2011): 100–117, doi:10.1108/18347641111136427.

18  C. Cueva, R. E. Roberts, T. Spencer et al., »Cortisol and Testosterone Increase Financial Risk Taking and May Destabilize Markets«, *Scientific Reports* 5 (2015), doi:10.1038/srep11206.

19  G. Aydogan, R. Daviet, R. Karlsson Linner et al., »Genetic Underpinnings of Risky Behaviour Relate to Altered Neuroanatomy«, *Nature Human Behavior* 5, no. 6 (2021): 787–794, doi:10.1038/s41562-020-01027-y.

20  S. Suzuki, E. L. S. Jensen, P. Bossaerts et al., »Behavioral Contagion During Learning About Another Agent's Risk-Preferences Acts on the Neural Representation of Decision-Risk«, *Proceedings of the National Academy of Sciences of the United States of America* 113, no. 14 (2016): 3755–3760, doi:10.1073/pnas.1600092113.

21  S. Pillay, »3 Reasons You Underestimate Risk«, *Harvard Business Review,* 17. Juli 2014, https://hbr.org/2014/07/3-reasons-youunderestimate-risk.

22  S. R. Fisk & J. Overton, »Bold or Reckless? The Impact of Workplace Risk-Taking on Attributions and Expected Outcomes«, PLOS *One* 15, no. 3 (2020), doi:10.1371/journal.pone.0228672.

23  M. J. T. de Ruijter, A. D. Dahlen, G. Rukh et al., »Job Satisfaction Has Differential Associations with Delay Discounting and Risk-Taking«, *Scientific Reports* 13, no. 1 (2023), doi:10.1038/s41598-023-27601-8.

24  N. K. Mai, T. T. Do, N. A. Phan, »The Impact of Leadership Traits and Organiza-

tional Learning on Business Innovation«, *Journal of Innovation and Knowledge* 7, no. 3 (2022), doi:10.1016/j.jik.2022.100204.

25    S. R. Yussen & V. M. Levy, »Developmental Changes in Predicting One's Own Span of Short-Term Memory«, *Journal of Experimental Child Psychology* 19, no. 3 (1975): 502–508, doi:10.1016/0022–0965(75)90079-X.

26    D. M. Piehlmaier, »Overconfidence Among Young Decision-Makers: Assessing the Effectiveness of a Video Intervention and the Role of Gender, Age, Feedback, and Repetition«, *Scientific Reports* 10, no. 1 (2020), doi:10.1038/s41598–020–61078-z.

27    A. R. Lipko, J. Dunlosky, W. E. Merriman, »Persistent Overconfidence Despite Practice: The Role of Task Experience in Preschoolers' Recall Predictions«, *Journal of Experimental Child Psychology* 103, no. 2 (2009): 152–166, doi:10.1016/j.jecp.2008.10.002.

28    H. E. Shin, D. F. Bjorklund, E. F. Beck, »The Adaptive Nature of Children's Overestimation in a Strategic Memory Task«, *Cognitive Development* 22, no. 2 (2007): 197–212, doi:10.1016/j.cogdev.2006.10.001.

29    T. Reyes, R. S. Vassolo, E. E. Kausel et al., »Does Overconfidence Pay Off When Things Go Well? CEO Overconfidence, Firm Performance, and the Business Cycle«, *Strategic Organization* 20, no. 3 (2022): 510–540, doi:10.1177/1476127020930659.

30    A. Galasso & T. S. Simcoe, »CEO Overconfidence and Innovation«, *Management Science* 57, no. 8 (2011): 1469–1484, doi:10.1287/mnsc.1110.1374.

31    S. C. Murphy, W. von Hippel, S. L. Dubbs et al., »The Role of Overconfidence in Romantic Desirability and Competition«, *Personality and Social Psychology Bulletin* 41, no. 8 (2015): 1036–1052, doi:10.1177/0146167215588754.

32    B. P. Buunk, P. Dijkstra, D. Fetchenhauer et al., »Age and Gender Differences in Mate Selection Criteria for Various Involvement Levels«, *Personal Relationships* 9, no. 3 (2002): 271–278, doi:10.1111/1475–6811.00018.

33    Murphy et al., »The Role of Overconfidence in Romantic Desirability«.

34    J. Kruger & D. Dunning, »Unskilled and Unaware of It: How Difficulties in Recognizing One's Own Incompetence Lead to Inflated Self-Assessments«, *Journal of Personality and Social Psychology* 77, no. 6 (1999): 1121–1134, doi:10.1037//0022–3514.77.6.1121.

35    M. Korbmacher, C. Kwan, G. Feldman, »Both Better and Worse Than Others Depending on Difficulty: Replication and Extensions of Kruger's (1999) Above and Below Average Effects«, Judgment *and Decision Making* 17, no. 2 (2022): 449–486, doi:10.1017/s1930297500009189.

36    J. Kruger, »Lake Wobegon Be Gone! The ›Below-Average Effect‹ and the Egocentric Nature of Comparative Ability Judgments«, *Journal of Personality and Social Psychology* 77, no. 2 (1999): 221–232.

37    D. A. Moore & P. J. Healy, »The Trouble with Overconfidence«, *Psychological Review* 115, no. 2 (2008): 502–517, doi:10.1037/0033–295X.115.2.502.

38    D. A. Moore, »Not So Above Average After All: When People Believe They Are

Worse Than Average and Its Implications for Theories of Bias in Social Compari-son«, *Organizational Behavior and Human Decision Processes* 102, no. 1 (2007): 42–58, doi:10.1016/j.obhdp.2006.09.005.

39   B. Finn & J. Metcalfe, »The Role of Memory for Past Test in the Underconfidence with Practice Effect«, *Journal of Experimental Psychology: Learning, Memory and Cognition* 33, no. 1 (2007): 238–244, doi:10.1037/0278–7393.33.1.238.

40   A. Koriat, L. Sheffer, H. Ma'ayan, »Comparing Objective and Subjective Learning Curves: Judgments of Learning Exhibit Increased Underconfidence with Practice«, *Journal of Experimental Psychology: General* 131, no. 2 (2002): 147–162, doi:10.1037/0096–3445.131.2.147.

41   B. Finn & J. Metcalfe, »Overconfidence in Children's Multi-Trial Judgments of Learning«, *Learning and Instruction* 32 (2014): 1–9, doi:10.1016/j.learnins-truc.2014.01.001.

42   D. R. Carney, A. J. C. Cuddy, A. J. Yap, »Power Posing: Brief Nonverbal Displays Affect Neuroendocrine Levels and Risk Tolerance«, *Psychological Science* 21, no. 10 (2010): 1363–1368, doi:10.1177/0956797610383437.

43   A. Cuddy, »Your Body Language May Shape Who You Are« [Video], TED, Juni 2012, https://www.ted.com/talks/amy_cuddy_your_body_language_may_shape_who_you_are/comments.

44   E. Elkjar, M. B. Mikkelsen, J. Michalak et al., »Expansive and Contractive Postures and Movement: A Systematic Review and Meta-Analysis of the Effect of Motor Displays on Affective and Behavioral Responses«, *Perspectives on Psychological Science* 17, no. 1 (2022): 276–304, doi:10.1177/1745691620919358.

45   Good Morning America, »Toddler Adorably Mimics Dad's Crossed Arm Pose« [Video], *YouTube*, 30. November 2022, https://www.you-tube.com/watch?v=5JwIuZS_8js.

46   T. Bulmash, »To Fix Your Posture, Sit Like a Kid«, *Medium*, 13. Januar 2021, https://elemental.medium.com/the-key-to-balance-may-come-from-your-past-490579fc23f5.

47   Mayo Clinic Health System, »Do You Have Good Posture?«, 22. September 2019, https://www.mayoclinichealthsystem.org/hometown-health/speaking-of-health/do-you-have-good-posture.

48   Mayo Clinic Health System, »Office Ergonomics: Your How-to Guide«, 25. Mai 2023, https://www.mayoclinic.org/healthy-lifestyle/adult-health/in-depth/office-ergonomics/art-20046169.

49   J. H. Fowler & N. A. Christakis, »Dynamic Spread of Happiness in a Large Social Network: Longitudinal Analysis over 20 Years in the Framingham Heart Study«, *The* BMJ (Online) 338, no. 7685 (2009): 23–26, doi:10.1136/bmj.a2338.

50   M. J. Howes, J. E. Hokanson, D. A. Loewenstein, »Induction of Depressive Affect After Prolonged Exposure to a Mildly Depressed Individual«, *Journal of Personality and Social Psychology* 49, no. 4 (1985): 1110–1113, doi:10.1037/0022–3514.49.4.1110.

51   J. T. Cheng, C. Anderson, E. R. Tenney et al., »The Social Transmission of

Overconfidence«, *Journal of Experimental Psychology: General* 150, no. 1 (2021): 157–186, doi:10.1037/xge0000787.

52    J. T. Cheng, E. R. Tenney, D. A. Moore et al., »Overconfidence Is Contagious«, *Harvard Business Review,* 17. November 2020, https://hbr.org/2020/11/overconfidence-is-contagious.

53    K. Wong, »Dealing with Impostor Syndrome When You're Treated as an Impostor«, *New York Times,* 12. Juni 2018, https://www.nytimes.com/2018/06/12/smarter-living/dealing-with-impostor-syndrome-when-youre-treated-as-an-impostor.html.

54    N. Howlett, K. Pine, I. Orakcıoğlu et al., »The Influence of Clothing on First Impressions«, *Journal of Fashion Marketing and Management: An International Journal* 17, no. 1 (2013): 38–48, doi.org/10.1108/13612021311305128.

55    H. Adam & A. D. Galinsky, »Enclothed Cognition,« *Journal of Experimental Social Psychology* 48, no. 4 (2012): 918–925, doi.org/10.1016/j.jesp.2012.02.008.

56    M. L. Slepian, S. N. Ferber, J. M. Gold et al., »The Cognitive Consequences of Formal Clothing«, *Social Psychological and Personality Science* 6, no. 6 (2015): 661–668, doi.org/10.1177/1948550615579462.

57    M. W. Kraus & W. B. Mendes, »Sartorial Symbols of Social Class Elicit Class-Consistent Behavioral and Physiological Responses: A Dyadic Approach«, *Journal of Experimental Psychology: General* 143, no. 6 (2014): 2330–2340, doi.org/10.1037/xge0000023.

# Register

THOMAS ERIKSON

# Alles Lügner!?

## Endlich verstehen, wie andere manipulieren

Erfolgreich durch das Geflecht aus Lügen
und Halbwahrheiten

Haben Sie manchmal das Gefühl, dass alle um Sie herum lügen?
Im Job, im Privatleben, in den sozialen Medien und in der Politik
sowieso? Umso wichtiger ist es, Lüge und Wahrheit auseinan-
derhalten zu können. Doch die Trennlinie verläuft oft weniger
klar als gedacht ...

Thomas Erikson, Autor des Bestsellers *Alles Idioten!?*, erklärt auf
unterhaltsame Weise, aus welchen Gründen Menschen die Unwahrheit sagen und wann Lügen mit guten Absichten zusammenhängen. Mithilfe dieses Buchs können Sie unterscheiden, ob
jemand nur eine Notlüge erzählt oder wirklich manipulieren will.
Und Sie lernen Lügner zur Rede zu stellen.

DAVID JP PHILLIPS

# High on Life:
# Du bestimmst, wie du dich fühlst
## Mit körpereigenen Dopamin, Serotonin, Oxytocin und Co zum Erfolgsglück auf Knopfdruck

»Stell dir vor, du hättest eine Chemiefabrik mit sechs Substanzen in deinem Gehirn, die du nach Belieben mischen kannst, um das gewünschte Gefühl zu erzeugen, wann immer du es haben willst oder brauchst. Und das Ganze wäre auch noch gratis!«

*David JP Phillips*

Erfolg auf Knopfdruck: dank High on Life zum Greifen nah. Denn die sechs Botenstoffe Dopamin, Oxytocin, Serotonin, Kortisol, Endorphin und Testosteron beeinflussen unser emotionales Wohlbefinden. Und auf diese Stoffe kannst du mithilfe einfacher Gewohnheiten und Techniken Einfluss nehmen. Egal, ob du in einer Situation überzeugend auftreten, einfühlsam sein oder gute Laune versprühen möchtest: Dreh einfach auf dem Mischpult der Neurotransmitter an den richtigen Reglern, und schon lieferst du im entscheidenden Moment die erwartete Leistung ab. Nicht externe Faktoren, sondern allein du bestimmst, wie du dich fühlst. In diesem Buch erfährst du, wie es funktioniert.

Der Nummer-1-Bestseller aus Schweden
endlich auf Deutsch